文化部民族民间文艺发展中心青年课题资助

GuiShuYuGongXiang
YiGeShuiZuCunZhaiDeShengHuoWenHuaKaoCha

规束与共享

一个水族村寨的生活文化考察

王学文 著

民族出版社

图书在版编目（CIP）数据

规束与共享：一个水族村寨的生活文化考察/王学文著.
—北京：民族出版社，2010.7
ISBN 978-7-105-11027-8

Ⅰ.①规… Ⅱ.①王… Ⅲ.①水族—乡村—社会生活—调查研究—荔波县 Ⅳ.①D422.7

中国版本图书馆 CIP 数据核字（2010）第134540号

规束与共享——一个水族村寨的生活文化考察

策划编辑：倩　男
责任编辑：龚黔兰
封面设计：晓玉工作室
出版发行：民族出版社
社　　址：北京市和平里北街14号　邮编：100013
电　　话：010-58130038（编辑室）
　　　　　010-64211734（发行部）
网　　址：http://www.mzcbs.com
投稿信箱：gongqianlan@sina.com
印　　刷：北京正合鼎业印刷技术有限公司
经　　销：各地新华书店
版　　次：2010年7月第1版　2010年7月北京第1次印刷
开　　本：640毫米×960毫米　1/16
字　　数：270千字
印　　张：18
定　　价：38.00元
ISBN 978-7-105-11027-8/D·2011（汉287）

区位关系图
荔波县在黔南州的位置
规划区
水利乡在荔波县的位置
水利大寨在水利乡的位置
村寨关系图
黔南州城乡规划设计研究院 2007.12

水利大寨区位关系图

水族的居住环境

水族妇女

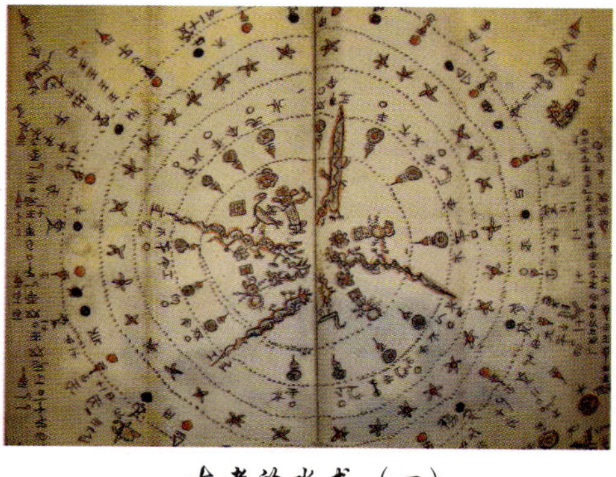

古老的水书（一）

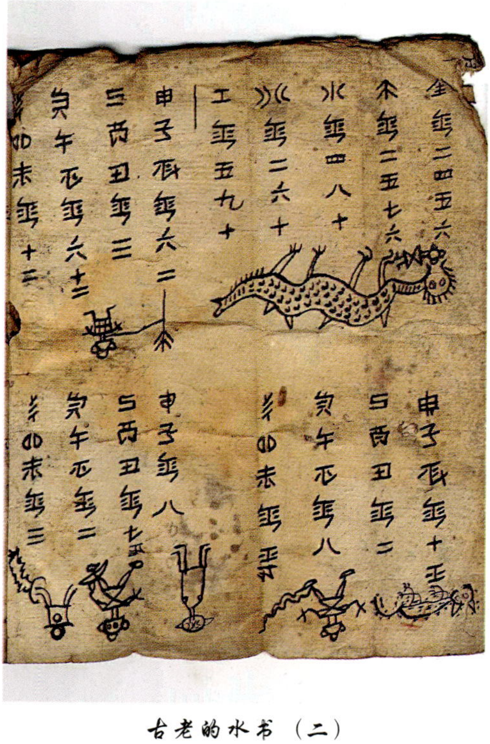

古老的水书（二）

水族少女

水族妇女聚在一起纺线

织布的水族老人

水族妇女在塘边清洗做酸用的辣椒

男方到女方家迎亲（赵　猛　摄影）

水族的铜鼓

水族的石棺墓

目　录

序：水族村落生活文化剖析的范例　潘朝霖／1

1. **绪　论**　／1

　　1.1 缘起　／1

　　1.2 学术史　／6

　　1.3 研究方法　／20

　　1.4 框架与内容　／22

　　1.5 田野调查情况　／24

2. **走进水族村落世界**　／26

　　2.1 何为水族？　／26

　　2.2 水利大寨的人文生态　／44

　　2.3 小结　／62

3. **家族记忆·祭祖实践·家支体系**　／64

　　3.1 家族记忆　／64

　　3.2 祭祖实践　／81

　　3.3 家支协作体系　／89

　　3.4 小结　／97

4. **鬼神体系与生活秩序**　／100

　　4.1 “忙”：鬼神体系　／100

　　4.2 沟通媒介　／111

　　4.3 生活的失衡与调节　／130

　　4.4 小结　／140

5. 差序的节日与姻亲关系 / 143
5.1 差序的节日 / 143
5.2 卯节与姻亲关系的生产 / 162
5.3 小结 / 176
6. 礼物交换与社会和谐 / 178
6.1 礼物与交换类型 / 179
6.2 协作之礼 / 192
6.3 主家外家之礼 / 199
6.4 小结 / 210
7. 变迁中的村寨 / 214
7.1 走出去与走进来 / 215
7.2 电视媒介 / 226
7.3 自己的影像 / 233
7.4 小结 / 239
8. 结语：规束与共享 / 242
8.1 立体的关系网络 / 242
8.2 规束与共享的生活秩序 / 246
8.3 思考 / 250
附　录 / 253
附录1　水利大寨罗氏过阴过程的记录 / 253
附录2　水利大寨龙狮队白事哀调 / 258
参考文献 / 261
致　　谢 / 273

重要图表目录

图 1 水利大寨吴国利家居住层示意图 / 53
图 2 水书先生吴友凤的家族谱系 / 82
图 3 歌师吴国利的家族谱系 / 82
图 4 水利大寨家庭中祖宗香火图示 / 92
图 5 水利大寨娘娘座上区分家支的纸挂 / 95
图 6 鬼的属性图 / 107
图 7 鬼所影响的对象图 / 107
图 8 水利大寨村民生活失衡问题的处理程序 / 142

表 1 田野调查情况表 / 25
表 2 水利大寨家支表 / 90
表 3 水利大寨鬼神表 / 102
表 4 村落神媒分类表 / 129
表 5 水利大寨神媒接受求助的情况
（2007 年 7 月 15—8 月 15 日） / 131
表 6 水利大寨十户家庭一年中求助神媒的情况
（2007 年春节—2008 年春节） / 131
表 7 水历、农历与四季的对应关系表 / 145
表 8 端节批次表 / 149
表 9 2007 年水族过卯节村寨及姓氏表 / 155
表 10 2006 年水各大寨卯节促成婚姻情况表 / 172
表 11 2007 年卯节期间六户家庭接待客人数量表 / 174
表 12 水利大寨四次打平伙情况表 / 198

表 13 姻亲关系建立过程中的礼物交换情况 /200
表 14 姻亲关系建立后主家与外家礼物交换情况 /201
表 15 吴树高家建新房礼单 /205
表 16 水利大寨两个家庭的水族方面的影像 /237

序：水族村落生活文化剖析的范例

潘朝霖

水族是偏居西南山区的小民族，而作者是生活在北方草原的蒙古族。但就是这样一位年轻的研究者，却将研究的触角延伸到水族山乡，将解剖水利村生活文化作为博士学位研究的课题，推出了《规束与共享——一个水族村寨的生活文化考察》一书。这是水学研究的重要成果。尽管“加重”了水学研究的“主客位失衡”，但却是我们所期盼的，是水族学者值得借鉴的研究模式。

2005 年 9 月下旬，贵州省旅游局邀请文化部民族民间文艺发展中心主任李松、清华大学张小军教授、北京大学张汉生教授等到黔南布依族苗族自治州、黔东南苗族侗族自治州、黔西南布依族苗族自治州进行项目考察，我和贵州教育学院张晓松教授有幸应邀随行。其中任务之一就是物色文化跟踪考察的一两个村寨。在贵阳出发前，李松等就水族村寨征求我的意见。我说 20 世纪 30 年代著名学者李方桂、岑家梧、张为纲到荔波县开展水族文化调查研究，水利村是李方桂采集水语资料的重要村寨之一。水利村的水族文化特征保存得相对完整，还有水书先生，群众汉语水平有所提高，交流容易，加上距乡政府不远，交通比较便利。这次考察的第一站是荔波县，水利大寨是我们在荔波县的最后考察点。

水利大寨是幸运的，有幸被列为文化部民族民间文艺发展中心青年项目的研究课题，成为作者的博士论文选题，于是就有了现在这部关于水族村寨生活文化的著作。我读后有几点感受。

一、舍弃“走马观花”，选择“下马看花、种花”

当今人们盛行网络查询检索，不少信息能实现“秀才不出门，能知天下事”的愿望。一些学者只沉迷网上搜索剪辑，当成研究成果的资料源头，如果能走马观花，再下去溜一两次拍几张照片点缀，那就是不错的创作态度。

《规束与共享——一个水族村寨的生活文化考察》约20万字。按照作者的水平，如果在网上检索摘录资料，加上一两次的调查实录，再进行分析汇编，随便应付结题那是很容易办到的。但是，面对浮躁风日盛和急功近利的世风，作者静心沉气，两年间七下荔波县，耗时90来天，在水利大寨农户家吃住，融入他们的生活，进行实地考察。在调查中，注意运用所学到的新理论、新方法，在来回搜集资料和整理资料的过程中，不断发现问题和充实资料，逐步完善课题研究成果。应该说，作者的治学态度是严谨的、科学的，丝毫不敢懈怠，舍弃了“走马看花”，选择了“下马看花、种花”。他本着为课题研究负责、为水族文化的本质负责的精神而书写，在他来到寒舍时，我为之感动、感谢。

二、舍弃“脱离生活”，选择“深入生活、贴近生活”

眼下出现的“脱离生活”的研究模式显得很普遍，其研究成果也必然是“脱离生活”。正如作者所言，“所谓‘脱离生活’，则是受传统文化研究和历史研究等因素的影响，水族文化研究中概括多，剖析少；大历史多，小历史少；‘大传统’中的定性多，‘小传统’的描述和揭示少。”这似乎是历史的惯性，也是特定历史时期的学风问题。这一类的著作也需要，但不能多要。在一些地区社科优秀成果奖中，这种势头依旧占上风，总是把“脱离生活”的多民族的概括性成果视为大作，却将对单一民族的深入研究的成果当作小品。

其实不然，水族资料在中国大历史中所见到的少之又少。1942年，张为纲教授到荔波县调查水族文化，在《水家来源试探》调查成果中不禁感慨：“其史实明见于载籍者甚少。即今著中华民族史者，亦罕述及。”对于正史“见于载籍者甚少”、“亦罕述及”的水族，又没有自己通行的文字记述自己的史料，大多资料只能从浩繁的汉族史料中寻寻觅觅，探幽发微，点滴拾萃，梳理辨证。具体的生活文化资料，必须较长时间地实地跟踪调查。相比之下，面上概括务虚的成果相对容易出得来，点上解剖的课题研究难度就大得多。这是从务虚到务实的转变，从“脱离生活”到“深入生活、贴近生活”的转化。因为有这样可喜的转化，使我们能看到水利大寨活生生的生活文化场景，以及内涵变化的本质分析。

三、既注重“表象描述”，更注重“内在本质的剖析”

在对水利大寨的社会文化调查中，表象描述是少不了的。但是，作者既注重“表象描述”，更注重“内在本质的剖析”。这就需要准确地把握内在的资料。作者对家族记忆与家支体系的调查分析就相当到位。

由于没有明确的文字记载，水族的族谱宗支全凭口口相传，出现“含混的家支记忆”。水利大寨的个案可能是众多姓氏家族的常态，具有普遍的意义。

家族记忆与家支体系是宗族姓氏发展与民族关系最为紧密的大事。近代清晰，远代模糊，几乎都是缺乏自己通行文字记载历史之民族的常态。即使有文字的民族，记录的也不一定就符合历史的真实。鲁迅曾指出，中国族谱往往存在上溯到历史上显赫人物为始祖现象的特殊心态，其实不异于拉虎皮做大旗。这是大众的心理需求，是大众的精神支柱。水利大寨选择吴泰伯故事作为

"英雄祖先历史"的现象似乎顺理成章。水利大寨所反映的内部家支的记忆比关于宗族和始祖的记忆要清晰，比整个水族族群的记忆更为清晰。尽管如此，荔波县水利大寨和同宗的三都县水各大寨关于"大哥与小弟"位置的排序问题各执一词，似乎都有道理。吴姓的分居只不过20来代人的历史，就产生了如此无法考证的难题。但是，为什么对于极为悠远之始祖吴泰伯的名姓与故事却记得如此的准确呢？从水利大寨的家族宗支繁衍谱系解剖，更能感受到鲁迅分析中国族谱的犀利眼光与深邃思想。

各个家族姓氏的来源差异很大，但是并不影响整个族群的认可与历史的追溯。作者从水利大寨的调查，又推及水族族群的文化心理层面。发现水族的族群记忆表现出强烈的"华夏化"。水族的族群认同，"是一种自觉的从根上与华夏文化建立联系。他们以水书与甲骨文、水语与汉语存在的关联以及文化上一些特征为证据，梳理出民族的发展历史，以一种开放的态度看待族属问题。"

另外，作者从水利大寨的婚姻的缔结关系与人伦秩序，从姓氏构成与家族"三家六房"的关系，以及人情世故、礼尚往来的交往中，解剖了水族社会赖以支撑的重要密码，揭示维系与构建水族传统和谐社会的基础，找到"规束与共享"的内在关系。在人们习以为常、熟视无睹的社会现象中发现社会的本质，这就需要知识与眼光。作者就是从宏观的视角，到相对微观、具体、整体性的调查研究；从高空俯视，再由表及里解剖，又由点及面考察，从对局部的生活文化的解剖，到对整体的关照，使人们看到一个可"触摸"的活生生的水族社会历史。

四、用外围眼光关照，审视庐山真面目

记得1988年，贵州省民间文艺家协会潘光华老师到三都水族自治县考察，看到水族的墓葬石刻艺术十分惊讶赞叹，回到贵阳之后连续在《贵州民族报》发表了三篇专题文章。其实，潘光华

是苗族，丹寨县人，与三都县毗邻，距县城仅33公里。对于水族墓葬石刻，三都县当地水族人熟视无睹，而邻县的有学识的外姓人就有颇多感怀。地域差异、民族差异，必然带来文化差异。文化差异很容易激发学者的思考激情。

《规束与共享——一个水族村寨的生活文化考察》的作者，从北面辽阔的内蒙古草原到西南山区的水族地区，从异文化角度审视水族，地域差异与民族差异越大，感触自然良多。为获取第一手资料，作者不是浮在下边的上边，而是进入、沉入下边的内部，积极克服水语障碍的困难，以同村成员身份参加水族的婚礼、葬礼，帮忙及送礼，蹲在火坑边端着大碗喝酒，手抓糯饭团而食之，有时还下地干农活，融入村寨以洞悉水族文化的本质特征，从习以为常的习俗中窥视水族文化的心理特质。可以说，作者多次参加水族的红白喜事及有关民俗活动，为解剖水族社会提供了很多深层次的珍贵资料。从人际关系交往的明细账资料中，作者分析当地的经济状况，审视家族宗支及亲友的亲疏关系，看到这是维系和谐人际关系、村际关系的重要基础。

作者根据标志性特征的原则，准确地捕捉到水书、水语是水族区别于其他民族的显著标志，并对水书先生的活动进行纵向横向的了解，既有其本人的自述，也有村寨其他人的评述，使读者能立体地感受到水书及水书先生在当地传播民族文化的真切感受，以及存在的问题。另外，作者对其他水族文化基因也不放过，如特殊的年节——卯节、村寨的树神及过阴等信仰也给予关注。

水利大寨是作者蹲点调查水族生活文化的“根据地”。为获取水族面上的资料以进行对照，作者还深入到三都水族自治县、都匀市的基场、奉合、阳和等水族聚居的县、乡进行调查，把握整体与局部、面上与点上的关系，使读者既能看到族际的区别与差异，又能看到水族族内的地域与宗族的差别现象与本质特征。

更值得一提的是，作者在穷搜遍览水族文献资料之后，鲜明地指出水族文化研究存在的“主客位失衡”与“脱离生活”的问题。“‘主客位失衡’即这些研究中研究者与被研究对象、研究者本身的族属等问题尚未引起研究者足够的警惕，还没有自觉地反思性地去平衡‘主客位’的关系，文化持有者在研究中经常处于失位状态。”再进一步说，就是水族自己的学者研究本民族的历史文化，不说深度的剖析，就是面上的广度调查研究，都存在严重“失衡”的问题。水族文化研究“主客位失衡”问题，就其问题性质而言，并不是一个无足轻重的问题。

水族文化习俗初始形成得益于“集体意识”，当其深度传承之后便形成“集体无意识”，在日常生活中自然而然地传承延续。水族历史文化的研究多么需要从“集体意识”到“集体无意识”的境界。

对水族历史文化的研究，准确地说是始于20世纪30年代，岑家梧、李方桂、张为纲、陈国均以及水族的潘一志等为这一领域的先驱。水族数千年的民族历史，系统地进行研究还不到一百年。如果没有这批汉族学者的研究奉献，水学研究会留下更多更大的缺憾。我写了《汉族学者对水书文化研究的重大贡献》一文，就是充分肯定前任研究者们的历史贡献。同时，本人早就意识到水学研究“主客位失衡”的严重性，同时清醒地看到水学研究必须依靠大量外民族学者在深度研究方面的投入与支援。清华大学教授赵丽明，台湾语言学者赖静如，中山大学教授程瑜、张振江等要搞调查研究，我就极力引荐他们到水族地区去。这些高学历的资深学者到水族地区开展调查研究的成果是丰厚的，对水族社会将产生深远影响。同样，我相信在水族社会的文化建设中，《规束与共享——一个水族村寨的生活文化考察》自有其应有的地位。

感谢作者的信任，多次读过《规束与共享——一个水族村寨的生活文化考察》之后，写下这些感受，聊以为序。

2010年3月

于贵州民族学院

1. 绪 论

1.1 缘起

钟敬文先生在《建立中国民俗学派》一文中指出："中国的社会结构，决定了中华民族民俗的整体形态，决定了我们必须以一国多民族民俗为研究对象。也可以说，中国的民俗学，由于社会结构的关系，规定了她的性格、她的特点，就是多民族的一国民俗学。同世界上的很多单民族的一国民俗学相比，这是我们的一大特点。"（钟敬文，1999：29）① 钟先生对中国民俗学的定位是"多民族的一国民俗学"，但从目前民俗学研究的现状来看，少数民族的民俗文化研究的广度和深度还不够，民俗学界还踯躅在逐步实现"多民族的一国民俗学"的旅途之上。

硕士毕业后，我进入文化部民族民间文艺发展中心工作。这一中心，一直以来从事着民族民间文化的搜集、整理和保存工作，因此我也得以有机会频繁地到少数民族地区开展文化调查和文化保护。在这一过程中，我开始关注并思考族群文化，也更加深刻地理解了钟先生所提的"多民族的一国民俗学"的现实意义和学术价值。在西南少数民族地区考察期间，我不断接触到国家政策概念下的"五十六个民族"与无法厘清的"某某人"、"某某家"

---

① 本书引文及观点的文献出处说明采取的是书后统一列举，文中仅辅以简单提示的方式。

的差异，体会到“民族”、“族群”、“家族”等这些概念在民众的日常生活层面多么的复杂生动。在与他们接触和进一步交往的过程中，我日益感到不同族群有自己特殊的认知结构和生活实践原则，而且居住在不同地域的同一个族群所呈现出的文化也不同。在西南少数民族地区，经常会碰到村寨相邻但文化却迥异的现象。尽管我们不应惊诧于这种文化差异，因为民俗学的一个基本观念便是“十里不同风，百里不同俗”，但我不禁要问，到底是什么力量（或机制、或观念）使这一个个少数民族村寨在一个不大的地域社会中仍保有着各自族群的特色呢？这一问题使我有了走进村寨一探究竟的冲动。同时，带着这样的疑问，阅读了相关的中国族群研究的文献，试图从中寻找答案。

近30年来，族群研究（ethnicity study）成了许多学科，特别是民族学、人类学关注的一个焦点。中国的民族学界、人类学界的族群研究一个突出的特点是围绕着“认同”、“关系”这两个关键词展开的，在理论与方法上进行着多角度、多层次的探索，正处于让这一源自国外学界的研究取向“中国化”的过程。民俗学界虽然也参与到了族群研究之中，但尚未形成较为成熟的研究思路和具有范式性的成果。民俗学是在族群中研究，而不研究族群，多关注族群某一民俗事项/象，而缺少对族群生活文化的“整体性”研究。认识和理解一个族群的文化，既要从宏观上关注这一族群的历史和记忆，关注在现代民族国家过程中不断建构和强化的民族文化标识，以及现实中层出不穷的民族问题，也需要从微观的角度出发，对一个具体的群落进行细致入微的考察，去寻找各种文化事象间的联系纽带和生产生活的运作逻辑。只有如此，族群研究才可称得上全面。而族群研究的微观面向，恰是与民俗学的旨趣和近年来的趋向相合，是民俗学可以在此着力开掘，并与其他族群研究形成对话的领域。

中国的民俗学界在关于“民”与“俗”的长期讨论①中，逐渐开始重视“生活文化”的研究视角，近年来的一些民俗志式的研究成果，都体现了这一重要的研究趋向，即强调在地化、在群化的研究，重视揭示民俗事象与生活世界的关联，强调民俗文化的整体性和生活化的特质。② 以这样的研究理路进行族群研究，无疑会对当下族群研究，特别是族群研究中的微观研究有所裨益，而且也可以突出民俗学的研究特色。同时，我所在的单位是始于20世纪80年代的“民族民间文艺集成志书”项目的组织协调单位。因为这种关系，我得以接触到丰富多彩的民族文化资料。“民族民间文艺集成志书”是在当时的政策指导和学术要求下，经历了普查、记录、书写、编审等多个程序后形成的一种文本，是迄今为止我国最全面最丰富的民族民间文化的集成。但以今天的学术视野重新审视这些文本时，我们不免有些遗憾，因为在民族文化被文本化呈现的时候，便被从民众生活中硬性地剥离出来，而流失了其生活化的特质。我们已经很难通过这些文本来理解这些被提取出来的文化事项与其所在的地域及人群的关系。当翻读过这些文本，再进入到田野现场或从田野现场归来，再到这些文本中求证的时候，我也越发深刻地体验到生活情境与集成文本之间的巨大张力。鉴于以上的思考，我进一步明确了研究方向，即选取一个具体的民族村寨，以生活性和整体性的视角考察它的生活文化，探讨民族村寨生存发展的逻辑和秩序。只有找到并理解了

① 对中国民俗学的“民”与“俗”等民俗学基本问题的总结与反思，可参看：高丙中《民俗文化与民俗生活》（1994）；赵世瑜《眼光向下的革命——中国现代民俗学思想史论》（1999）；户晓辉《现代性与民间文学》（2004）等。

② 刘铁梁教授主持的“北京民俗普查”项目自2001年开展以来，一直倡导和实践着这一研究思想和撰写方法，以《中国民俗文化志》北京市区卷本形式出版的系列民俗志是近年来集中体现这一研究趋向的代表（2006a，2006b，2006c）。其他相关的研究成果还有部分博士、硕士论文，如巴莫曲布嫫《史诗传统的田野研究：以诺苏彝族史诗“勒俄”为个案》（2003）；张士闪《乡土社会与乡民的艺术表演——以山东昌邑地区西小章村竹马表演为个案》（2005）；陆晓琴《乡土中的歌唱传统——广西西部德靖一带壮族社会的“吟诗”与“暖”》（2006）等。

这些基本的文化图式，才能深刻地了解族群交往和族群内部种种特别的现象，才能从整体上把握一个族群的“地方性知识”和他们的“意义之网”。

2006年9月，我所在的单位开始在贵州省黔南布依族苗族自治州进行一个“民族文化保护与乡村可持续发展”项目，我作为联络协调人员，开始接触到水族文化。水族自称“虽”［sui³］，主要聚居在贵州省黔南布依族苗族自治州的三都、荔波、都匀、独山，黔东南苗族侗族自治州的榕江、丹寨、雷山，广西的南丹、融水以及云南的富源等地。水族有自己的语言，属汉藏语系壮侗语族水语支，在各地区的水族中通用，内部一致性较大。水族有由极少人掌握的文字——“泐睢”［ai³sui³］，主要用于占卜。随着接触的深入，我不断看到许多异于以往生活体验和知识框架的现象。

水族的几个重要节日，如端节、卯节、荐节，并不是所有水族人都过，同一个节日过的日期也不同。水族有句话就说“过端的不过卯，过卯的不过端”。端节在农历的八月下旬起至十月上旬这段期间；卯节在农历六月期间；荐节在农历的正月初一。

水族吴姓在追溯祖源的“族谱编修”的过程中，将源头追溯到中华人文始祖黄帝，认为始祖为泰伯，在《吴姓第三房族谱碑文》中写道：“泰伯原本姬姓，娶姬孟子为妻，有个大夫对他说：‘陛下，你是一国之君，为何娶本姓为妻？不怕天下笑话乎！’王曰：‘卿说得对，朕改姓吴好了。’后人尊称他为吴泰伯，就是吴姓始祖。《史记》中的第一个‘世家’写的就是吴泰伯。”

在参加一个水族老人的葬礼时，我看到灵堂中挂着足有丈长三尺宽的挽幛，上面毛笔竖写着华丽的文言辞藻；看到布依族的“开路先生”用汉语地方土话念诵经文，为老人引魂开路；看到自称为“莫家人”的“地理先生”操着罗盘为老人测穴；同时，水族中掌握水书，能占卜的“水先生”也一直在其中。多么有趣的一种“组合”！

这些资料或来自田野或来自文本，都与族群的自我与他者的知识、交往逻辑、神圣观念有关。但是，当我将它们纳入以往族群研究成果的对比视野之中时，我无法得到满意而适当的学术解读。它们涉及族群理论中的“族群关系”（ethnic relations）研究和“族群本质”（ethnicity）研究的问题。我们固然可以选择其中一个方面，再搜罗一些相类似的可以满足我们所选理论框架的材料来回应族群研究中的相关结论；但是这种套路很难系统、完整地呈现出一个在现代化的影响下看似杂乱、琐碎甚至矛盾，实则具有自身处理机制的生活世界。而如果要避免上述的问题，一个策略便是整体性地观照和研究一个具体民族村寨。在这个时候，我走进我的田野调查地——水利大寨。

水利大寨是位于黔南布依族苗族自治州荔波县水利水族乡的一个典型的水族家族性村寨。它一方面保有着丰富的水族文化，家族体系、鬼神观念、节日还有社会交往习俗仍完整地在村落的生产生活中发挥着作用。另一方面，水利大寨不是一个世外桃源式的村寨，一直以来都与周边的地域社会紧密相联，表现出对现代化的强烈渴望。而且因为这一村寨所在的荔波县2007年被评为世界自然遗产地，可以想象，不久的将来这里将充满旅游的人群。对这样村寨的生活文化进行考察，可以让我们有效地把握住它的发展脉搏，有助于更新我们对于传统与现代的认识。

1.2 学术史

本研究的对象是中国西南地区的一个水族村寨。这一研究是在综合以往的族群研究和水族研究的基础上提出的，是对它生活文化的考察。因此，本部分的学术史包括三个部分：族群研究、水族研究，以及与本研究视角相关的村落生活文化的理论背景。

1.2.1 族群研究

族群的历史就是人类社会的历史，但“族群”作为一个学术上广泛使用的概念，同时成为媒体上“不言自明”的语汇，则是在西方工业化和现代化的演进过程中，伴随着日益加剧的群体性的社会问题而产生的。“族群”概念从肇始之日起，其内涵与外延便与“民族”、“种族”开始了纠缠不清的历史，而进入中国之后，它也遇到了同很多人文社会科学概念一样的命运，一方面是有学者不遗余力地进行概念辨析工作，力争让其在中国的学术语境下有明晰的范畴和操作性（阮西湖，2004；范可，2003；周大鸣，2001；周典恩，2006）。另一方面有学者则根据研究兴趣和所提出的问题，对这一概念重新厘定加以使用（王明珂，2006；马戎，2004）。还有很大一部分学者，则将其作为习常的、“名”与“实”无需辨别的概念，直接用在行文叙述之中，这种情况非常普遍。因此也就形成“置换说”、“兼用说”、“严格区分说”三种不同的状态（罗柳宁，2004）。就本研究而言，我的研究对象水族本身就是一个“民族”，在一定程度上不存在“族群”与“民族”的歧义，因此，我无意于进行“族群”与“民族”概念的辨析，而是将“族群”作为一个操作性的概念来使用。一方面因为，在与水族互动的人群中有待识别或不承认现有族属的人群（如莫家人），统一使用族群可以避免“族群”与“民族”概念的硬性对接，利于叙述和理解；另一方面，长久存在的族群之实与现代认定的民族之名之间有时并非完全重合，我们也要看到二者关系的多样性，这在水族中也存在。因此，本文所使用的“族群”与“民族”的定义倾向于王明珂的说法：“‘族群’指一个族群体系中所有层次的族群单位（如汉人、客家人、华裔美人）；‘民族’则是指族群体系中主要的或是最大范畴的单位，特别是近代国族主义下，透过学术界定与政治认可的‘民族’（如中华民族、汉族、大和民族、蒙古族等）。”（2006：10）

民族学、人类学、社会学关于族群研究的问题取向很多，但对以下两个问题的关注最为突出：族群关系（ethnic relations）与族群认同（ethnic identity）。尽管有人认为以“族群或种族关系”（ethnic or racial relations）为题的多半是社会学著作，以“族群本质”（ethnicity）为题的多是社会人类学著作（王明珂，2006：9）。但从研究内容来说，族群关系与族群认同的研究是很难分开的，只是在实现方式上稍有差异。以马戎《民族社会学——社会学的族群关系研究》（2004）与纳日碧力戈在《人类学关键词》中关于“族群”的研究为例（2004），无论是概念辨析、族群意识，还是族群关系、族群认同，社会学和人类学都有建树。关系和认同时常是作为一对互为解释的概念出现在研究之中。

族群研究的学者早已超越从体质特征判断族群身份的阶段，但通过客观文化特征，如语言、服饰、风俗习惯等，来判断族群身份的思维仍在国内学界流行。近来的研究表明，客观文化特征在定义族群时同样面临困境（王明珂，2006）。因此，越来越多的学者转向主观认同研究。归结起来，主观认同研究中主要有“情境选择说。（circumstantialists）”和“根基情感说”（primordial attachment）。“情境选择说”认为，族群的形成、维持和变迁与族群所处的政治、社会和经济息息相关，随情势变化，而且认同具有多重性。柯恩（Abner Cohen）、德斯皮斯（Leo A. Despres）是这方面的代表。“根基情感说”认为，族群认同主要来自于根基性的情感联系。一个人当他诞生时便与既定的血缘、地域、语言、风俗习惯等绑定在一起，文化的规定性使他们具有了族群的归属和认同情感。西尔斯（Edward Shils）、格尔兹（Clifford Geertz）是这方面的代表。在面对复杂的中国族群/民族研究时，这两种观点都有表现，也有综合两者的尝试。①

以上所指的族群研究是一种狭义的族群研究，即以探讨“族群之所以成为族群”为主要问题及其衍生出的如族群认定、民族政策等相关问题的一类研究。从广义的范围来看，族群研究可以包括与族群的社会、历史、文化、生活相关的各类研究，如对族群服饰的研究、族群语言的研究、族群某一仪式的研究等。在这种广义的范畴下，中国的族群研究成果实在难以计数。但在近年的这些研究成果中，台湾“中央”研究院民族学研究所黄应贵所主持的一系列关于基本文化分类概念的探讨，对于认识和理解族群文化，推进族群研究有重要的借鉴价值。

在这一系列的探讨中，已经出版的成果有关于人观、空间、时间、物质文化等基本文化分类概念的研究（黄应贵，1993、1995、1999、2004），在之后的计划中，还将有工作、超自然观念、知识、因果等基本文化分类概念的研究。这些基本文化分类概念“自然与涂尔干所强调西方哲学从亚里士多德以来所认为的了解之类别或范畴（the categories of understanding）有关，却也不尽相同。我们固然会去思考到底有哪些基本文化分类概念的存在，及这些分类概念是否真的是文化知识概念体系建构的基础，以及其性质是否会影响该文化成员认识世界的方向等问题。我们更希望能由此进一步去探讨与了解各民族文化的许多其他重要分类范畴与概念如何被建构。这里，我们不只是在反省及重建文化的概念，以便对文化本身能有更深入的了解与创造，也期望在人类学的研究上，能寻找到新的研究路径，以解决新的社会文化之情境下，过去研究理论与观点上的限制所涉及人类文化发展背后心灵深处的动力”（黄应贵，1999：序 i）。他们的主张通过一个个详实的田野

① 族群研究的学术史综述可参见：王明珂（2006），纳日碧力戈（2004），罗柳宁（2004）等。

案例得以生动地传递出来。林淑蓉以对中国贵州侗族的田野考察资料参与了这一系列的探讨，在她的《生产、节日与礼物的交换：侗族的时间概念》（1999）与《物/食物与交换：中国贵州侗族人群关系与社会价值》（2004）两篇论文中，前篇分析了侗族人以糯稻的成长来再现具有循环性的生产时间，以儿童的出生与命名来再现个人生命历程的生物时间，而以婚丧嫁娶过程中所交换的糯米、侗布、牲畜等再现其多重性的交换时间。这些不同时间的再现背后，呈现了侗族文化的价值所在，即社会繁衍的文化价值。第二篇则通过对侗族人在生产、生命仪礼及岁时祭仪中的食物分类与交换方式，以及家屋空间的设置与使用等的分析，呈现出侗族人对物的多重认知，以及物/食物在人群关系的构建和实现侗族平权社会中的作用。尽管这两篇论文的着眼点，一个为时间，一个为物/食物，但在其讨论过程中我们发现，在一个族群的日常生活中，时间、空间、物及交换是不可分割的，它们的相互联系和影响，是阐释理解这一族群文化不可或缺的方面。

黄应贵、林淑蓉等作者的研究，不仅让我们认识到这些基本文化分类概念在认识族群文化时的重要意义，而且随着他们研究成果的不断推出，我们也能看到这些基本文化分类概念间相互联系、相互结合的特点。同时，他们的研究也为族群研究提供了许多可借鉴的研究路径。相比较而言，大陆学者的族群研究还没有对这些基本文化分类概念的系列探讨成果出现，但一些人类学学者的研究已然涉及了这方面的问题，如王铭铭对于中国古代天、地、人观念的研究（2007），梁永佳关于云南大理喜洲镇的“地域等级”的研究（2005），以及褚建芳对于云南芒市一个傣族村寨仪式生活与经济伦理的研究（2005）等。另外，近年来民俗学的一些博士论文，也开始涉足对这些基本文化分类概念的考察，如张虎生关于拉萨转经的论文，即是一项对神圣空间和时间生活的研究（2006）。马光亭对我国苏北依村基督教群体的民俗考察，也是围绕着时间观念和制度而展开（2007）。本论文便受到他们关于族群的基本文化分类概念研究的影响，在研究过程中，始终围绕着时间、空间、交换等一些基本的文化分类进行，并力图发现它们的内在联系和在水族社会中的运作逻辑。

民俗学从来不缺少对民族文化的关注，但受民俗学的学术传统和问题观照的影响，民俗学的族群研究与人类学、民族学的研究有着显著的区别，多是在族群中研究某一文化事项，而不是研究族群。但在这一过程中，一些学者充分发扬了民俗学的研究传统，同时很好地借助了人类学、民族学的方法和理论，如朝戈金运用口头程式理论对冉皮勒《江格尔》的研究（2000），巴莫曲布嫫对诺苏彝族史诗“勒俄”的田野考察研究（2003），陆晓琴对广西西部德靖一带壮族社会的“吟诗”与“暖”的歌唱传统的研究（2006），郑长天对湘南盘瑶“坐歌堂”的结构与功能的研究（2007）等。本研究与这些民俗学的族群研究的路径不相同，并不是选取族群某一文化事项进行研究，而是对一个水族村寨的生活制度的全面考察，是倾向于整体性的研究。

1.2.2 水族研究

现代学术意义的水族研究始于20世纪30年代，而在此之前关于水族的叙述则只零散见于浩如烟海的典籍文献之中。水族有水书，但只有少数的神职人员才掌握，没有广泛地在民众中流通，也就没有形成文献学意义上的资料，而我们所说的典籍，则都是汉文献，受当时的人群观念和文献传统的影响，这些零散的资料无论从叙述视角还是资料的量与质来说，都需要进一步商榷、甄别。这些资料的集大成者要首推潘一志先生的《水族社会历史资料稿》。潘先生对有关水族的历代文献进行了详细的梳理。书稿中的“水族地区的建置沿革与地理情况”、“历代封建统治者对水族地区实行的政治压迫和水族人民历代反抗压迫的斗争”、“历代统治者对水族地区进行的经济压迫”等章节是这一工作的典范。（潘一志，1981）应该说，这部书稿是其后水族研究得以开始和进步的源泉之一。

要全面把握现代学术意义上水族研究的全貌，需要从学术史和研究取向两个方面来加以梳理。

20世纪30年代中后期，是水族研究的肇始。当时抗日战争爆发，沦陷区的大学和科研机构纷纷内迁，上海大夏大学和浙江大学等著名学府进入贵州。我国早期的一批民族学家、社会学家在这种危难的时局中得以接触和发现贵州这一天然的从事民族研究的宝地。水族也从这时起进入研究者的视野，岑家梧、李方桂、吴泽霖、陈国钧、张为纲等在先进的民族研究理论方法的指引下，对水族的主要聚居区三都和荔波进行了调查，并陆续发表了相关文章。如岑家梧《水书与水家来源》（1985）、吴泽霖《水家的妇女生活》（1942［2004］）、陈国钧《水家的地理分布》（1942［2004］）、张为纲《水家来源试探》（1942［2004］）、李方桂《水话研究》（1977［2005］）等。应该说，这一期间的水族调查研究虽然短暂，参与人员和成果数量都很有限，未成气候，但这批学者的学术素养和研究能力却是一流的，他们的研究涉及了水族的族源、生活、语言等多方面，他们的很多论断不断被后学所引用，为后来的水族研究奠定了基础。

进入20世纪50年代，伴随着民族识别和少数民族社会历史调查工作的推进，水族的研究也开始进入一个新的时期。这一时期的调查和结论，直接促成了“水族”成为国家确认的族称，进入到“五十六个民族”的行列，得以在县、乡一级享受到民族自治政策。然而，在当时的社会发展阶段论、阶级斗争思想以及调查动机下，这一时期的调查和研究带有浓厚的意识形态色彩。这一时期的成果，集中表现在80年代以来正式出版的《国家民委五种问题丛书》和以族群或地域为一整体而书写的志书类著作中。[①] 在这期间，专门针对水族文化的搜集整理工作也开始进行，随后这一工作也纳入80年代初在国家层面进行的“中国民族民间文艺集

① 涉及水族的包括《水族简史》（《水族简史》编写组，1985），《水语简志》（张均如，1980），《水族》（陈国安，1992），《三都水族自治县概况》（《三都水族自治县概况》编写组，1986）。

成志书”工作。① 与此同时，1983 年贵州省启动“六山六水”民族调查。这一调查继 50 年代的民族调查之后，持续二十多年，每年编印调查资料集，积累了近 2000 万字，其中涉及水族的调查报告有 50 余篇，近 100 万字，涉及内容广泛。关于水族语言的有夏勇良的《三都廷牌水语语音浅探》（1985）、《都匀市潘洞水语语音调查报告》（1987）等；关于水族原始宗教、婚丧习俗的有陈国安的《榕江县计划公社水族社会历史调查报告》（1983）、《榕江县水尾公社水族生活习俗调查》（1984）、《三都水族自治县九阡区水族节日调查》（1985）、《荔波县水族来源及原始宗教调查报告》（1986），岑秀文的《榕江县水尾公社水族的婚姻、丧葬、原始宗教调查》（1984）等，这一内容的调查报告最为丰富；另外还有关于水族人口、妇女儿童及社会经济发展的调查报告。这批调查报告反映了 20 世纪 80 年代中期至今的水族地区的政治、经济和文化状况，是水族研究中不可多得的资料。当时的调查者，如陈国安、雷广正、韩荣培等现已成为水族研究中的主力。

在这一时期的“族志”、“方志”、“文艺集成志书”的调查、编纂过程中，水族内部一批学者逐渐成长起来，如王品魁、石国义、潘朝霖等。本民族学者队伍的形成和相关政策的支持，直接促使 1989 年贵州省成立专门研究水族的民间学术团体——水家学会。这对水族研究来说，有着重要的里程碑的意义，他们认为这“标志着水家学作为一门新兴的综合性学科诞生了”（潘玉熙，1993：4）。这一组织成立至今，分别在三都、荔波等地召开多次会议，出版了《水家学研究》论文集四本，对水族研究工作和学术队伍建设起到了很大的作用。这一以水族为绝对主体的学术团体，尽管遇到重重困难，却始终坚持着开展水族研究，学会的成员已经成为水族文化搜集、整理和研究的中坚力量。但客观而言，

① 主要有水族故事集《石马宝》、《月亮山》、《水族民间故事选》，歌谣集《岛黛瓦》、《凤凰之歌》、《水族双歌单歌集》等，具体情况参见潘朝霖：《六山六水调查与水家学研究》（2002）。

他们整体的研究成果和理论发现还主要局限在水族区域内，还没有更深入地参与族群研究的对话，离建立“水家学”的梦想还有一段距离。

进入21世纪，我国人文社会科学理论与方法不断拓展和更新，加上外部国家政策、内部发展需求和无所不在的媒介力量的推波助澜，水族的研究工作正在呈现出渐热的趋势。特别是水书、水族端节进入我国第一批国家级非物质文化遗产名录后，以水族文化为研究对象的机构相继成立。[①] 资料集、研究论文和专著也以更快的速度问世。省外、乃至国外的学者在20世纪90年代后期对水族的关注也开始增多。2006年，巴蜀书社和四川民族出版社以原采集地为经，类别为纬，将1353件水书抄本影印出版，这进一步激发了水族研究的热情。在这一时期水族本民族学者的研究成果也很多，尤以《中国水族文化研究》（潘朝霖、韦宗林，2004）、《水族村落家族文化》（石国义，2007）最为显著。这两项成果分别由潘朝霖、韦宗林、石国义三位水族研究专家邀集数位水族学者共同完成。前者分为水族史话、水族农耕文化等八卷，对水族文化进行了全景式的呈现；后者则以水族村落家族文化为对象，分析了水族村落家族历史、结构及发展方向，同时附录了八个水族村落的案例。这两部著作，对于理解和认识水族文化有重要的意义。

纵观近80年的现代水族研究的学术历程，我们发现有以下三个重点：

一是水族族称、族源、迁徙的研究。这是水族研究中一个经久不衰、历久弥新的问题。从事过水族研究的学者几乎均涉猎过。以族源、迁徙为例，就有“殷商说”（张为纲，2004）、“骆越说”（水族简史编写组，1985）、“土著民族说”（王品魁、莫俊卿，1981）、“广东广西迁来说”（陈国安，1992）等观点。源

① 贵州民族学院设有“水书文化研究中心”，黔南民族师范学院设有“水族文化研究中心”等。

流问题的复杂性和追溯中所带有的不同现实观照，促使这一问题的答案必然是异彩纷呈的。水族的族称、族源、迁徙研究，所用的论证材料既有文献，也有口头传统，还有日常生活中的种种“遗存”。材料的丰富和歧异造成了不同的研究结论。但不管结论如何不同，这类研究基本处在传统文化史的研究框架之下。获得的材料不同，结论就不同；对材料缺少必要的甄别，对生活缺少关注和剖析。

二是水书、水语的研究。水书是水族的神职人员水书先生所掌握的一种独特的文字符号体系，家族内部传承，内容涉及天文历法、原始信仰、伦理道德等诸多方面，深刻影响着水族人的婚丧嫁娶、生产生活的趋吉避凶等。但水书的研究尚处于文字研究层面，学者较多将其孤立地作为一种文字书写体系在进行解读。在《贵州民族学院学报》2006 年第 2 期“水学研究”中的 5 篇文章中，只有潘朝霖的文章从生活层面的角度分析了水书的利用和传承状况，其他几篇均是文字学角度的研究。① 这应该说是水书研究的一个重大缺憾。水语的研究主要是在语言学的范畴中，曾晓渝对汉语水语关系的研究是这方面的代表（2004）。

三是文化事项和民俗生活的调查、描述性“研究”。这方面的内容非常广泛，但深层次的研究较少，多为对某一事项或民俗生活，如铜鼓、服饰、民居、端节、卯节等的一般性调查和概括性描述。受研究者的学术背景所限，这些研究缺少学术问题的观照，理论上的积累很薄弱，但资料价值巨大。

当然，近年来一些新的理论和方法也被引进到水族研究，为传统的水族研究注入了活力。程瑜（2006）以医学人类学的视角对水族民族医学进行了分析，指出水族民众的疾病观念和“神药两解”的治病取向，是与水族的环境和文化相适应的，在当前医

① 文章分别是：潘朝霖《“水书”难以独立运用的死结何在?》、潘淘洁《水书文字“酉、鸡”字形的书写特色初探》、韦宗林《水族古文字与甲骨文的联系》、罗春寒《水书的抢救》、叶成勇《水书起源时代试探》。

疗保障还不完善的情况下，更好地解决了关于当地人疾病和医疗的问题。刘剑（2007）通过描述一个水族村寨的葬礼仪式，探讨了葬礼过程中的组织、禁忌及消费等问题，指出水族人追求永生的生命观念。李承宏《互惠原则、互酬原则与关系网络——两个水族村落礼物交换的实地考察》（2004）的博士论文，则以水族的礼物交换为切入点，讨论了水族礼物交换的原则、意义及礼物与传统文化、习俗、社会结构、网络关系等之间的联系。尽管李承宏的论文说明了礼物交换在水族社会中的重要作用，并认为在水族的礼物交换中体现了互惠和互酬的原则，但他用以说明和解释的田野材料十分有限，而是更多地采用了其调查地点以外的、已经失去地方性特点的水族文化资料，因此我们很难看到水族礼物交换体系在现实中的运作状态。而且，他所提出的礼物交换原则“互惠”和“互酬”也值得进一步商榷。

综观水族研究可见，水族研究的资料工作非常扎实，但就民族学、人类学和民俗学的学术旨意与要求来看，水族研究还不够深入，表现出两个突出的问题，即“主客位失衡”和“脱离生活”。所谓“主客位失衡”即这些研究中研究者本身与被研究对象的族属等问题尚未引起研究者足够的警惕，还没有自觉地反思性地去平衡“主客位”的关系，文化持有者在研究中经常处于失位状态。所谓“脱离生活”，则是受传统文化研究和历史研究等因素的影响，水族文化研究中概括多，剖析少；大历史多，小历史少；“大传统”中的定性多，“小传统”的描述和揭示少。因此，关注一个具体时空下人群日常生活层面的文化自然成为本论文的一个基本视角。

1.2.3 村落生活文化研究

村落研究在20世纪90年代成为热点，不仅民俗学者、人类学者仍在前赴后继地走进村落，许多政治学、艺术学的学者也开始投入到村落研究之中。王铭铭指出，村落研究大体可分为三个角度：一是纵向的研究，即对村落历史和记忆的研究，侧重于历时性；二是横向的研究，即对村落间的关系研究、地域等级的研究等，侧重于共时性；三是村落的观念方面的研究，即对村落认同和宇宙观念的研究，侧重于认知层面（王铭铭、刘铁梁，2003）。今天，村落作为一种研究视野，用现代理论框架进行研究，已经是民俗学、人类学的一种共识，但在思想追求和实现方法上有着各自的特点。人类学强调超越村落，善于在村落中发现不同于现代社会的观念、行为，并选取某一人类学理论给予其宏大的充满现代甚或后现代意味的解释。民俗学强调村落中和村落间的“异文”，善于文化事项/象化的研究，重视村落个案，但解释上缺少张力。因此，在村落研究中，应该倡导人类学与民俗学的结盟，很好地整合各自的理论、方法，解决好宏观与微观、理论阐释与资料搜集的关系。近年民俗学的村落研究在认知和实践上的突破就是对村落生活文化的关注。

将生活文化作为民俗学的研究对象是在中国民俗学界关于“民”与“俗”的长期讨论中逐渐形成的。

钟敬文先生认识到民俗文化与民众生活的紧密关系，在 20 世纪 80 年代《民俗学及其作用》一文中即指出民俗学的研究对象是一个国家或民族中广大人民的“生活文化”（1982 [2002]）。与此相关联，高丙中（1992，1994）有感于民俗学界在现代社会所面临的学科危机，将胡塞尔（E. Husserl）现象学中的“生活世界”概念引入了关于民俗学研究对象和方法的探讨之中，借鉴萨姆纳（William Graham Sumner）的民俗学思想，指出生活世界作为人类本来的世界和人类世界的基本领域，是民俗学的研究领域，这是一个既成的事实，也是民俗学的学科位置所在。他指出生活世界是日常活动的世界，即围绕着日历的活动、围绕着人生的活动以及对一些偶发事件、意外事件的分类处理的活动，同时生活世界也是常识的世界，不仅有行为构成，也有它的精神构成。有了“生活世界”这个完整的概念，民俗学的领域不再显得零零碎碎了。同时在研究取向上，也倡导文化事象研究和生活整体研究并重，并指出了民俗学缺少“生活整体”研究的现实问题。从胡塞尔提出“生活世界”的背景和意义来讲，他虽然更多的是针对科学世界而言的，但却恰好暗合了民俗学一贯的关注人们生活的传统。当高丙中将其引入到民俗学研究对象的讨论时，这一概念就已部分地脱离了它原初的哲学意义，而纳入到民俗学的解释话语之中。它的引入，为民俗学的研究打了一针强心剂，使民俗学更加自信地去关注社会实际生活和活生生的人的文化观。但如何在研究中实现这种整体研究呢？刘铁梁关于村落的一系列研究和近年来所进行的民俗志的书写实践为这种整体研究的实现提供了一定的理论支撑和实践方法。

刘铁梁从社区理论出发，通过对村落实体性、自足性和村落意识的分析，指出村落是中国农村广阔地域上和历史渐变中的一种实际存在的最稳定的时空坐落，是一个个有活力的传承文化和发挥功能的有机体，村落中的民俗文化事象与村落的时空和生活紧密相连，是民俗传承的生活空间（1996）。从这一角度来看，村落无疑是一个观察和研究生活文化的最好的场域。在最近的研究中，他鲜明地提出民俗是生活层面上传承的文化，强调民俗文化的生活性和地方性特质，倡导以整体和联系的视角书写民俗志，注意各种文化事象间的互释性和关联性（2005，2006a，2006b，2006c，2006d）。为此，他提出一个中介性的概念“标志性文化”。所谓标志性文化是指能反映这一地方的特殊历史进程和贡献，体现地方民众的集体性格和气质，具有薪尽火传的生命力，深刻地联系着地方民众的生活方式和诸多文化现象的文化（2005）。找到并深描这样的文化事象，是民俗调查和民俗志书写中的重点。只有如此，才能反映出一个相互联系的生活整体，有效地规避民俗志文本零零碎碎的面貌，增强解释能力。

应该说，本研究就是在民俗学这种生活文化研究的理论探索的背景下所进行的一种实践。村落生活文化的内容是丰富而复杂的，但通过参与观察及对已有的水族研究的阅读，我们可以找到在水族村落社会具有“标志性文化”特征的文化事象。在对这些文化事象的考察过程中，我们可以勾连起整个村落社会的生产生活，从而提炼出族群认知结构和生活实践原则，即萨林斯（Marshall Sahlins）所说的“文化图式”（cultural schema）（1976［2002］）。我们发现，在实际的调查和写作过程中，村落生活文化中的标志性文化事象，通常就是黄应贵等学者所探讨的基本文化分类概念的具体化，这些标志性的文化事象通常牵涉到或本身就是这一具体时空里的人群所一直奉行的文化认知图式和实践原则。

综上所述，本研究设立了村寨生活与族群社会的研究主题。这一主题，一方面是要弥补长期以来族群研究和水族研究中对具体村落生产生活的忽视。在中国西南进行田野调查的过程中，我们常会惊诧于文化多样性的共存。我们很难理解为什么相距只有数里且交流频繁、共同繁衍发展了百年甚至更长时间的村寨，仍旧传承保留着各自的族群文化？以往的一些族群研究，不是没有看到这一现象，而是有意地回避了这种现实，或是采取了因势利导的解释策略。无论是面对保留着鲜明族群文化的情况，还是已经没有了鲜明的族群区隔的情况，都会从族群的历史和现状角度寻求理由。但这种寻求，并没有旗帜鲜明地指出族群生活的意义。族群生活，不是文字概念，而是一种现实。无论是族群认同，还是族群关系，都不能脱离开族群生活。族群生活，是理解一个群体何以成为族群的基础，是理解为什么有的族群保留自己的文化，有的族群没有了鲜明的特征的关键。再进一步来看，族群生活，当然包括宏观视角下的整个族群的生活面貌，同时不能忽视构成这一宏观面貌的一个相对微观的生活时空，即村寨。村寨是族群生活秩序产生和运作的场域，是产生和维系族群认同，塑造和调适族群关系的最基本的实体。族群生活秩序，这种“通则性”文化是在村寨的生产生活中产生和发展的。

简言之，本选题就是在阅读和吸取族群研究成果及水族相关文献的基础上，以村落生活文化的视角，对贵州省荔波县一个水族的吴姓家族村落——水利大寨的生活文化进行的整体性考察。通过文献阅读和田野调查，研究将从观念和行为两个层面出发，借助于历史与记忆、神圣与世俗、时间与空间、自观与他观等一系列基本文化分类概念，分析在水族的生活文化中居于核心位置的家族体系、鬼神观念和姻亲关系的存在状态与维系机制。并以礼物交换这一“总体的社会事实” （马塞尔·莫斯，1923[2002]），考察它们相互作用和影响的关系，以期揭示出水族村落生活中所遵循和实践的价值观念和行为逻辑。同时，对这样一个水族村寨正在经历着变迁的生活文化进行探讨。

从以上学术史的梳理和本选题的定位、采取的研究方法来看，这一研究的目的和意义也就可以明了了。

首先，该选题是与以“关系”和“认同”为主题的族群研究成果的一次对话。无论是族群内部还是各族群之间的关系，亦或族群认同的产生和建构，都不能脱离开具体的情境即生活世界来分析。本文将提供一个族群生活文化的民俗志个案，尽管其中没有紧张或突出的族群间关系的探讨，但所呈现出的家族记忆与族群观念的状况和日常的行为实践，却表明无论是“根基情感说”还是“情境选择说”，其单独的解释能力都是有限的。在一个具体而实际的族群生活中，为了维持群体的认同，通常是双管齐下，既有历史记忆等资源的支持，还有现实情境的影响，与他们生产生活的方方面面都有联系。村寨生活是族群社会的根基所在。

其次，本研究将村落生活文化作为一有机的整体，强调在一个具体时空中生活文化的互释性和联系性。这与多以民俗事象为对象的研究形成对照。这种在地化和在群化的整体性研究，是理解一个地方或群体的文化图式的有益尝试，也将为村落生活文化的书写与研究提供一种可供选择的方式。特别是本文所借助的一些基本文化分类概念，并非是某一村落所独有，它们是我们认识一个群体和社会所必需的一些视角，应该引起学者们的关注。

再次，本研究是以他者的眼光对水族村落文化的一次审视，是对以往水族文化研究中所表现出的“主客位失衡”和“脱离生活”倾向的一次修正。本论文想要通过“解剖麻雀”的办法，将一些研究者“概括”出来的文化放到具体的日常生活中去考察，从中发现这些文化的地方性和生活性特征，勾勒出这些文化在生活中的运作方式，和所呈现出的文化图式意义。而这种研究是对以往文化史式的研究套路的突破，将使水族研究进入到一个更大的族群研究和文化研究的平台之上。目前，无论是水书、水语的研究，还是族称、族源的研究，都面临着更新学术方法的问题。

最后，我们所进行的民族村落的生活文化研究，不是在描述和呈现一个孤立的“田野之岛”，而是始终将研究放在一个大的政治、经济、历史、文化背景之下的。水利大寨，是一个国家中的村落，从传媒意义而言，也是一个走向世界的村落。我描述和研究的是当时当下水利大寨人的生活状态和思维观念。目前，我国的非物质文化遗产保护工作和新农村建设已然对这样一个西南民族村寨发生了影响，修路、传承人的认定与补助等一些实际的举措在村寨中已露端倪。但在这些举措的制定和实施中，村寨生活文化体系始终处于缺位的状态。保护什么？怎么保护？发展什么？怎么发展？笔者希望通过对像这样一个村寨生活文化体系的研究，反思和修正我们正在进行着的一些文化保护工作和发展规划，加深我们对族群共生社会的理解。

1.3 研究方法

本课题在选题、调查和写作过程中，借鉴吸收了族群研究的理论成果和方法，同时坚持了民俗学一些传统的工作方法。

1.3.1 “标志性文化统领式”民俗志

民俗志原指记录、描述、说明和解释民俗现象的成果形式，但随着民俗学与人类学学科交流的深化，民俗志在保持着作为民俗学的基础资料位置的同时，已经成长为民俗学的重要研究方式之一（刘铁梁，1998）。近年来，刘铁梁教授提出“标志性文化统领式”民俗志的思想（2004），并在调查和编撰中国民俗文化志县卷本的过程中进行了成功的实践（2004，2006a，2006b，2006c）。本论文的视角和方法深受其影响，就是要循着发现和理解地方知识体系，观照在生活层面实践着的民俗这样的路径，进入田野和完成研究。

前文我们已经解释标志性文化的涵义。但在研究中，还有一个寻找和确定哪些文化是标志性文化的过程。一个族群和一个地域的标志性文化，不是如一个地域的“土特产”或一个族群的语言、服饰这些外在表征那样，一看便知，而需要始终秉持着整体性和联系性的观点，阅读文献和进行田野调查。要在资料文本与现实生活中建立观照，要在民众习以为常之处发现问题，找到联系。本研究在寻找和确定标志性文化时，一方面遵循了上述的要求，同时还有意地加强了对一些基本文化分类概念的调查。因此，本文在写作过程中，没有完全按照“标志性文化统领式”民俗志的写法，提炼出具体的文化事象，而是分为家族记忆、鬼神观念、姻亲关系等几个重要的面向来讨论。

1.3.2 村落研究

村落是民俗事象重要的生发和绵延之地。而且，从某种意义上说，村落作为一种生活制度和社会关系网络，本身就可以作为一种民俗事象予以考察。然而，很长时间里，民俗学的研究多集中于婚姻、节庆等具体民俗事象之上，而忽略对民俗主体和民俗发生情境的探讨（高丙中，1994）。只是近些年来，民俗学的村落研究才在关注现实、注重田野的学术反思之下被提出并加以理论化。刘铁梁在村落民俗经验研究的基础上，从理论上指出村落是民俗传承的生活空间，论证了村落个案调查的重要性及方法

(1996)。目前，村落在民俗学的研究中既是描述对象又是研究背景。① 村落作为“生活空间”的认识，使得民俗学的村落研究乃至具体民俗事象的研究有了更加丰富的意义②。而这种具体时空中的微观研究，也使民俗的“在地化”、“在群化”研究变得更加容易把握和体现。但在村落中研究，并不是研究村落，它的问题触角可以无限延伸。

本研究选取的是一个水族家族性村寨，村寨实际的空间边界不大，但村寨的生活文化不仅包括村寨内的文化，还有着村寨间的交往和更大的一个文化区域的问题。因此，在研究中，我采取的是以水利大寨为中心，同时兼及了与水利大寨联系紧密的三都县的另一个水族村寨和相邻的岩寨。

除上述两种方法外，民俗学的田野作业方法和口承叙事分析也是本研究所采用的重要方法。因为它们都是民俗学研究的基本方法，这里不再赘述。

1.4 框架与内容

为了完成本选题所设定的目标，本书首设绪论，尾设结论，中间分为六章。

绪论主要交代了研究的缘起，相关的学术史，在此基础上指出本研究的意义，并初步阐明本文的主旨。另外还交代了田野调查情况。

① 以村落作为研究对象的代表是《红山峪村民俗志》（田传江 1999）；以村落作为研究背景的有很多：刘铁梁教授的《村落集体仪式性文艺表演活动与村民的社会组织观念》、《村落庙会与公共生活秩序》、《村落庙会的传统及其调整——范庄‘龙牌会’与其他几个村落庙会的比较》、《作为公共生活的乡村庙会》等研究以及 2000 年以来北师大民俗学专业的博士硕士论文大多属于此列。

② 正是在这一学术反思之下，很多具体的民俗事象的研究被重新挖掘出来，并加以新的阐释。如王晓莉（2002）对妙峰山的研究，黄涛（1999）对民间语言现象的研究等。

因为本研究是一个民俗志式的村落个案研究，同时这一个案还是一个少数民族村寨，所以第二章分为两个方面，一方面介绍了水族的概况，并在此基础上，从知识生产的角度考察了水族研究者、地方政府及水族普通民众三个层面的族群认知情况，明确本研究所面对的一个大的族群环境。另一方面概貌性地介绍了水利大寨的人文生态，包括地理区位、村落及家居空间、家族及通婚、生计与生活和村落中的行政组织等。

第三章、四章、五章围绕着三个关键词展开，是我们通过调查和文献阅读所确定的描述水族文化的三个重要方面，也可以说是理解和揭示水利大寨村落社会的三把钥匙。第三章的关键词是家族。文中首先分析了水利大寨人关于族群、家族及家支的记忆，继而将视角转入祭祖的实践和家族中的协作。第四章的关键词是鬼神。我们考察了水族复杂的鬼神体系，并分析了村寨中沟通人类与鬼神的神媒的形成及供神解鬼的方式，并探讨鬼神体系与水族村落生活秩序的关系。第五章的关键词是姻亲。应该说，这一节既关涉了时间这一基本的文化分类概念，同时也是对姻亲关系产生的考察。家族、鬼神、姻亲三方面既各不相同，有自身的形成机制和作用方式，同时三者也相互联系，共同编织出了水利大寨人日常生活层面所遵循的网络。它既是有形的，也是无形的，规束着人们的生活，同时为人们所共享。

第六章围绕着礼物交换，对前三章所提出的三个面向进行一次综合性的考察和分析。我们认为，礼物交换是整合和维系水利大寨人的生活秩序的基本手段之一。一方面家族体系、鬼神观念和姻亲制度作用于水族人的礼物交换，强化着三者之间的区隔意义和规束作用，另一方面，礼物交换也进一步塑造和维持了三者的合作共享关系。

水利大寨是一个动态变迁中的村寨。第七章的设置是要说明我们提炼出的由家族体系、鬼神观念和姻亲制度所构成的水利大寨人规束与共享的族群生活秩序和维系着这一秩序的礼物交换的行为，在以人群流动、大众媒介为特征的现代化过程中所面临的种种问题。

结语部分，是在前面描述、分析的基础上，就水利大寨人生活文化的特征进行总结，进一步揭示村落生活文化的构成、运作方式及所传递出的规束与共享观念。并把这一研究放在族群研究、水族研究和村落研究中，思考其理论和方法论上的意义及本研究存在的问题。

1.5 田野调查情况

由于工作的关系，我得以接触水族族群，并最终选取了水族族群文化这样一个课题。在进行本研究之前，我对水族的文化生活一无所知，因此一切都是从零起步。阅读文献和确定田野地点的工作相对容易，但在民族村寨进行田野调查、发现问题却是一个挑战。我 2006 年 9 月第一次进入水利大寨，进入后遇到的第一个问题便是语言问题。掌握或基本掌握研究对象的语言、文字是人类学田野工作的基本要求，关系着民族志写作的质量。在水利大寨中，人们日常生活主要用水语，汉语只在与外界交往过程中才使用。我在调查期间，虽也有意识地学习水语，但直到现在只能听懂一些简单对话。因此，这不能不说是一个极大的遗憾。不过，在水利大寨，五十多岁以下的男性均能够讲汉语，我的几位主要合作者汉语都非常流利，而且可以翻译水语的古歌，具备文化转述的能力。同时，对一些重要的访谈资料，为了避免误读，我专门请教了当地的水族研究者，让他们再次审听。在写作和分析过程中，也就一些结论与潘朝霖、姚炳烈等一些水族专家进行了讨论。希望以此能够弥补语言上的问题。

我的田野调查始于 2006 年 9 月，调查的次数多，但每次时间都不长。每次的调查情况见表 1。在写作过程中，我还通过电话等方式补充和确认了一些资料。

表 1　田野调查情况表

年度	时间	天数	调查地点	调查内容
2006 年	9 月 5 日—9 月 18 日	14 天	都匀、三都、荔波水族地区	1. 选点 2. 村寨基本情况调查
2007 年	2 月 2 日—2 月 11 日	10 天	水利大寨	1. 村寨基本情况调查 2. 建新房礼 3. 水族葬礼 4. 祭神树 5. 家族记忆与家支体系
	4 月 29 日—5 月 5 日	7 天	水利大寨	1. 家族记忆 2. 时间体系与生产节律
	5 月 25 日—5 月 29 日	5 天	水利大寨	1. 婚丧嫁娶情况调查
	6 月 18 日—6 月 29 日	10 天	水利大寨	1. 水利卯节调查 2. 水族古歌及情歌
	7 月 18 日—8 月 10 日	23 天	水各大寨、水利大寨	1. 水各卯节 2. 水族神媒 3. 村落生产协作体系
	11 月 15 日—11 月 28 日	14 天	水利大寨、岩寨	1. 礼物交换关系 2. 酿酒等重要事项调查

2. 走进水族村落世界

本章首先介绍水族的概况，以及在“大传统”下“水族”族群的由来和概念的变迁，特别是水族的族群知识在学术研究、政府运作和民众认知三个不同层面的状况。继而将视角转向一个具体的水族村落——水利大寨，描述水利大寨的自然和人文生态，及所处的大的历史区域背景。

2.1 何为水族？

在中国这样一个历史积淀深厚且人群交流频繁的国家里，想要厘清一个族群产生、发展的历程是极其困难的。而且极其吊诡的是，我们在进行这种回溯的时候，所采用的概念却是我们在现代民族国家建构过程中创造出来的。我们还应该警觉到，民族这一用来指称人类的一种结群的概念，在面对着来自群体内外的政治、经济或情感诉求下，常会出现不同的解释和追求。因此，在族群的界定中，政治认定、文化认同与历史的真实三者有完全吻合的可能，但也有不一致的情况。可以说，当一个社会进入到民族国家阶段的时候，政治的认定以及与之相应的民族政策和发展规划，有力地塑造了族群间的区隔意识。恰如我们所说的五十六个民族一样，已经发挥出标签效应，成为一种认识我群和他群的框架。在这一框架中，在族群互动频繁或利益触及时，人们都会自觉寻找标签、丰富标签内容，有时也会因为种种原因抛开原有标签，重新制造标签。文化与历史则是族群界定的资源库。文化认同恰是潜在地支撑着一个群体的繁衍和发展，历史的真实则是研究者不断追求的目标，甚或是不得不标榜出的口号，而对于族群日常生活真正有意义的则是“历史记忆”（赵世瑜，2003）和“历史心性”（王明珂，2007）的真实。

我们从一个具体的少数民族村寨的日常生活来研究他们的认知结构和核心价值，其中族群的认知是重要的观照之一，因为水利大寨所处的区域是一个多民族的区域，人们的生活中经常会触及和调动起关于族群的认识。在此，我们有必要首先交代一下“水族”这一族群的概况，从而为我们进一步走进村落，理解村落生活提供一个大的认识基础。

我们不可避免地是带着“他们是水族”的标签走进村寨的，也是有意地去寻找和发现他们的人文特征。而对于水利大寨的村民来说，他们在我这样的非其族类的外来者喋喋不休的追问中，原来他们在日常生活中少有提及的存于身份证、户口本上的民族身份，被激发出来。于是他们通过杂乱的叙述和仪式行为，将他们从来没有见过的遥远的祖先，无所不在的好鬼、恶鬼和山那边、水那边的兄弟都拉到我面前，告诉我水族的种种特点。为什么是水族？这一问题的解答，对于一个村寨的意义在于在时空上找到了位置，在集体心理上找到了归属，而且在现实中也有着种种的利益。但是，这种族群的知识并不是从来就有，一成不变的，而且每一个水族人拥有这方面的知识也不完全相同。因此，本节的另一个任务就是要对何为水族的这些知识进行考察，呈现水族族群知识在不同社会层面的存在状态及意义。这里更多地关注这些知识的制造过程和背景，而不进行是否正确的评价。

2.1.1 概况①

水族的分布，界于北纬25°至26°30′，东经107°30′至109°之间，处于云贵高原苗岭山脉以南的都柳江和龙江上游地区。都柳

① 本节主要参考：《水族简史》编写组，1985；陈国安，1992；潘朝霖，2004。

江和龙江同属珠江水系，都柳江发源于独山县境内，流经三都、榕江、从江等县。龙江发源于三都县境内，流经荔波、广西的河池、宜山等县，两江合于柳江，最后注入珠江。目前认定为水族的人群就沿着这两条江居住。根据2000年中国第五次人口普查统计，全国水族总人口为406 902人，分布在贵州省境内有369 273人。贵州省境内的水族主要聚居在黔南布依族苗族自治州的三都、荔波、独山、都匀和黔东南的榕江、丹寨、雷山等县。其中三都是全国唯一的水族自治县，水族人口占全国水族总人口的47.7%。贵州省外的水族人口主要分布在广西壮族自治区的南丹、河池、环江、融水等市县和云南省的富源县。

2.1.1－1　**水族多居住在山间的平坝**

水族分布的地区山岭连绵、溪流交错，其间夹杂着若干平坝。水族村寨多依山傍水，自然环境优美。这一地区属中亚热带湿润季风类型，气候温和，雨量充沛，年平均温度为18°，年平均降水量为1384毫米，适宜植物生长。这一区域属于典型的稻作文化区，粮食作物以水稻为主，地里多撒种玉米、红薯等。同时少量种植棉花、油菜、辣椒等。农作物耕作制度有一年一熟制和一年两熟制。一年两熟制主要表现为水稻—麦子、水稻—油菜、水稻—菜两熟制。新中国成立后，这一区域也进行过双季稻的种植。水族居住地区的田土有限。人们在有限的田土上进行耕耘，一方面要满足个体的最低需要，即生存繁衍，另一方面还要受到社会文化的指导和约束，生产要为群体生活的“社会性支出”① 做好准备。在水族地区，由于水稻产量的提高，一年一熟制足以解决基本温饱问题，所以人们对第二熟不再投入更多的热情和精力，转而寻求其他的“找钱”门路：砍伐木材、上山采药，还有上世纪 90 年代中期才较深波及水族地区的外出务工等。在生产力低下，交通相对闭塞的年代里，“社会性支出”所需要的，如糯饭、糯稻穗、米酒、土布、猪、牛等在生产过程中就要考虑和做出安排，但是伴随着社会的发展，传统的种植结构发生了改变：经济作物如甘蔗、西红柿、辣椒等获得更大的种植空间。加上市场交换的便利和商品的丰富，使传统的“社会性支出”所需东西的获得方式和品种也正在发生着改变。

村落家族文化是水族文化的重要组成部分，是认识和解读水族村落社会所必需的维度。家族一直是水族村寨中重要的传统力量，发挥着保证整个村落家族生存、维护家族秩序、保护村寨利益、强化家族认同等功能（石国义，2007：98～105）。水族的姓氏主要有韦姓、潘姓、蒙姓、张姓、杨姓、吴姓、石姓、谢姓等，大多聚族而居。水族村寨原来有寨老制度。寨老多为自然领袖，由村寨中能说会道、办事公正的中老年男性担任，是自然形成的一种社会角色。由于水族多同姓聚族而居，所以寨老通常就是族老。他们主要的功能是调解寨内纠纷，维护家族或村寨的团结。但随着我国基层政权的强力渗入，寨老/族老的角色被基层政权的

① 社会性支出，指社会交往过程中有一定规定性的支出，受到习俗和信仰的约束，支出的时间、场合、内容及数量都有一定的社会标准，典型的就是礼物交换。

代表，即村长、村主任或村民小组组长所代替。当然，他们在一些家族事务和宗教仪式上仍有一定的作用，在不同村寨中这种传统权威的表现也不一样。我调查过的八个水族村寨之一的翁降大寨，是一个韦姓水族村寨。1945 年生的韦荣时，既是水书先生，也是公认的寨老。在韦荣时处，保存有水书和用汉语转写水语音的韦姓家谱一本。我在对他进行访谈期间，正好寨中一对兄弟因为建房发生争吵。他立刻进行了遏制，争吵的双方果然偃旗息鼓。后来，当事人告诉我，因为韦荣时是寨老，所以他说的话大家都听。① 但文永辉所调查的三都县塘党寨的情况则与此相反。在塘党寨，人们无法准确说清谁是寨老，而且寨老也无法有效地解决村内的纠纷。明、清时期的水族社会中，除了中央王权通过羁縻政策和土司制度的统治之外，水族社会内部也有一定的社会组织体系，表现为“洞”、“水”、“榔”等组织形式（韩荣培，1999）。但在调查中，大部分的水族村民都无法说清，这些组织在我调查的村寨已经不再存在了。水族遵循同姓不婚、同宗不婚的制度，随着时间的推移也有一些同姓开婚的情况，一种情况是因为虽然同姓，但不同祖、不同宗；另一情况则是为了家族的繁衍，通过举行开亲的仪式，达成通婚的目的。

水族有自己的语言。水族语言属汉藏语系壮侗语族侗水语支，与同语支的侗语、毛南语、仫佬语等语言在同源词、音节结构、声调系统、语法等方面有许多共同点。水语的内部差异较小，没有方言之分，而只有土语之别，各地的水族可以互相通话。在族群交流频繁的民族地区，每一个人都可能是出色的语言学家。在调查中，我们的合作者经常饶有兴趣讲起的就是居住在不同地方的水族在语言上的差异，但这并不影响他们是同一民族的认同感。根据学者们的研究，水语分为三洞土语区、潘洞土语区和阳安土

① 2006 年 9 月至 2007 年 11 月，在重点调查水利大寨的同时，我曾在工作之余，简单调查了以下水族村寨：都匀基场乡翁降大寨，三都九阡镇的石板寨、岜凯寨、水各大寨，荔波县的水帕、岩寨、拉桥、水浦。调查时间多为一到三天。翁降的事例，发生于 2006 年 9 月 10 日晚。

语区。阳安土语区主要包括三都县阳安、阳洛一带，潘洞土语区主要包括都匀市的基场、阳和、奉合乡一带。三洞土语区范围最广，除以上两个土语区外的其余地区均属于三洞土语区。我们调查的水利大寨即属于三洞土语区。水族民间有水族是由睢柳（sui^3liu^3）、睢米（sui^3mi^6）、睢干（sui^3kam^1）三种人组合而成之说，而这正好与水语三个土语区划分的地望相吻合，睢柳群体分布与三洞土语区一致，睢米群体分布与潘洞土语区一致，睢干群体分布与阳安土语区一致（潘朝霖，2004：389－392）。

2.1.1－2　**传统的稻作农业**

水族的文字历史悠久，主要依托用其书写的水书得以传承至今。水书，水族称为“勒睢/泐睢”，是水族古文字、水族书籍的通称。它没有成长为一种全族普及性的知识，过去只是由水族中的神职人员——水书先生掌握，其他人没有辨识的能力和权力。水书主要用于水族的婚丧嫁娶、起房架屋等生产生活的趋吉避凶。每一个水族人的生命历程，每一个家族、村落的兴衰都离不开水书和掌握水书的神职人员——水书先生。时至今日，水书和水书先生在水族人的日常生活中仍发挥着重要的作用。随着社会的发展和文化观念的变迁，水书从作为卜筮巫事之书，逐渐被外界作为水族精神和文化集成来看待。2002 年，国家档案局、中央档案馆将水书列入首批“中国档案文献遗产名录”。2006 年，“水书习俗”被国务院列为“第一批国家级非物质文化遗产名录”。这进一步推动了水书研究和保护的热潮。但是水书存在先天的不足，文字量少，词汇量少，难以准确记录和表述社会生活的各种事象；没有统一的版本，没有统一的学校，靠条纲式的手抄本加口传心授的方式在家族内部传承。水书自身的缺陷和传承机制，成为水书无法独立运用的死结（潘朝霖，2006）。我们的调查也发现作为水书知识拥有者的水书先生日渐稀少，在村落中的权威地位已经渐趋衰落，水书知识的掌握状况和解释能力更加不容乐观。但同时我们也看到，长久以来围绕着水书和水书先生所形成的认知结构和仪式实践仍顽强地存在着，我在其后的章节中将对此进行描述。

“十里不同风，百里不同俗。”居住在不同地区的水族除了在语言上存在差别外，在服饰、节日等许多方面也有不同的表征。水族传统服饰的颜色主要为蓝、青、绿、黑四种。清代及民国时期男性中老年人头包青帕子，身穿长衫大襟，外套马褂，腰束布带，下穿长裤。女性则多穿对襟、无领、宽袖长衫，束围腰，下穿长裤。在衣服的坎肩、袖口等处多饰以花边，颈戴银项圈。现在男性的服装已经与汉族没有什么区别，女性的服装在颜色和式样上还保留着传统的特色。水族女性的服装又可分为水龙式、九阡式、坝街式、甲雄式、套头式和牛场式，式样的不同与水族生活的地域和生产劳作密切相关，同时在性别、年龄和社会角色方面还有各自的规定（吴正彪，2004）。

这里特别值得注意的是水族的节日。端节与卯节是水族的两个重要节日。端节是丰收之节，在农历八、九、十月间逢亥日，时值水历的年末岁首，也是水稻成熟之时，期间要祭祀祖先，端坡赛马，主要有欢庆丰收之意，可以称为是水族的“年节”；卯节的时间则是在农历五、六月间逢卯日，时值水历的九、十月，正是初夏时节，栽秧上坎的时候，主要是祈求风调雨顺。“充满旺盛生命的青年无疑是卯节的主体，热恋情爱与旺盛生育力又是年轻人最突出的特点，人口增殖就是卯节核心的一个方面。借年轻人旺盛生命力转嫁到即将抽穗打包的禾稻上，运用巫术原理期冀稻谷丰收，又是卯节核心的另一方面。”（潘朝霖，1999：237）端节和卯节的节期和意义不同，也分属不同的水族群体，在水族民间有“过端的不过卯，过卯的不过端”之说。过端节的集中分布在都柳江上游地区，在众多节日中规模最大、覆盖范围最广。过卯节的集中分布在龙江上游地区。这一节日的分布状况从一个侧面反映出水族群体内部的差异性，究其原因可能与祖先迁徙和家族支系不同有关。

以上概况中所指出的水族内部的地域差异、语言差异、节日差异，尽管还只是从外部表征获得的认识，但这些让我们了解水族现状的同时，更提醒我们，水族作为一个族群而言，并不是铁板一块，而是在其内部有着众多差异的次群体。认识到这丰富的外部表征上的差异性，将有益于我们更加深刻地理解“在地化”研究的意义。也就是说，我们在具体的水族村落——水利大寨进行研究时，应该认识到水利大寨在整个水族文化区域中所处的位置：水利大寨，属于三洞土语区，自称为睢柳群体，处于卯节区域，而且是第一批过卯的村寨。

2.1.2 SUI^3、睢、水

族称与族源问题的重要性不言自明，但从现在的资料和研究来看，又实在是一个难以厘清的问题。中国西南诸多的少数民族研究都面临着这样的问题，水族研究也同样。水族的族称与族源问题，学术界至今众说纷纭，莫衷一是，大凡水族研究的学者，几乎都有这方面的论说。他们从语言文字、风俗习惯、口头传说，甚至还有 DNA 的角度给出多种解释。

水族自称“sui³”，汉字音译曾写为“虽”、“水”、“睢”。看似简单的转写，但却激发了诸多解释水族起源的灵感。

在汉文文献中可见的关于水族之名音译为“水”至迟始于唐朝。唐王朝建立后，开始实行“怀柔远人，义在羁縻”的政策，至唐开元年间，在水族地区专门设置抚水州。学者一般认为，这与有意安抚水族先民有关，并认为这是水族在唐代作为单一民族出现的证据之一（潘朝霖、罗春寒，2004：42）。明代邝露著的《赤雅》一书，也有“狇亦獠类”之句。其次在清嘉庆年间李宗昉的《黔记》一书中，也记有“水家苗在荔波县，自雍正十年，由广西拨黔之都匀府属”。出现在清代的“百苗图”，则详细开列了“水家苗”条目，介绍了水族的分布区，归隶贵州的由来，经济生活、服饰特点和年节习俗（刘锋，2004：236～240）。民国时，岑家梧、张为纲、吴泽霖、李方桂等先生曾到水族地区进行调查，他们当时多称水族为“水家”或“水家苗”。解放后，“水家”之名沿用。至1956年9月11日，在国务院全体会议第37次会议通过的《撤销三都县、松桃县和设置三都水族自治县、松桃苗族自治县的决定》中，定名水族为“水家族”。当时水族部分上层人士对“水家”之称持有异议，后经国务院批准将“水家族”更名为“水族”。近几年来，部分水族专家学者及有关人士鉴于“水族”名称与水产动物之通称有混淆之弊病，并据史籍有“水家”之称，便由贵州省水家学会发起更改“水族”为“水家族”的讨论，然更改族名问题至今尚未达成共识（刘之侠、石国义，1999：导论1～2）。

从以上的梳理我们可以说从唐朝到现在，水族作为一个独立族群的脉络是相对清晰的，学界对此也较少疑义。尽管“sui³”到“水”的音译不准确，而且他者界定的意味更重一些，但其所指，即是我们现在所称的水族族群。但唐朝以前的水族在何方，却是模糊的，于是也就有了不同的族源之说，如夜郎僚人说、东谢蛮遗民说、龙潘后裔说、骆越民族说、殷人后裔说及贵州土著说等。这其中，骆越民族说和殷人后裔说得到更多的支持。“骆越民族说”认为从历史发展的某些迹象和语言及文化生活特点等方面考察，水族是由古代南方“百越”族群“骆越”的一支发展而来，居住在邕江流域，后经河池、南丹一带沿龙江溯流而上，到达现在所居的黔、桂边境。（《水族简史》编写组，1985：6～7；贵州省地方志编纂委员会编，2002）“殷人后裔说”的代表张为纲先生则以水家姓氏、文字、迷信和歌书为证，认为“今之水家，盖即殷之遗民无疑，其先居东海之滨最久，故今虽僻处西南，而犹称曰‘夷家’”（1942［2004］：91）。近十几年来，从事水族源流探究的学者则将以上两种来源说整合，进一步将水族源流从学术研究上给予脉络化，而所采用的证据仍是对水族自称转写的考察，但不是转写为“水”而是“睢”。

2.1.2－1　**水族村寨**

水族自称转写为“睢”后，为水族族源的探究提供了更多的空间。石国义（2007）认为，水族自称“睢”是水族先民在初始生息繁衍的睢水流域时期做出的文化选择，是对祖籍地的记忆，也是族群认同的标志。潘朝霖认为，“睢水流域及‘豕韦’等中原地区是水族古文化的发祥地，正处于夏、商、周文化圈之中。”“大约在公元前 11 世纪殷商亡国之后，水族先民第一次举族迁徙。由中原的睢水流域一带向南迁徙，使水族先民从殷商的母体文化中分化出来，逐步融入百越族群之中。而水家先民第二次举族大迁徙，其时间大约在公元前 2 世纪秦王朝统一中国，发兵征服岭南之后。第二次举族大迁徙，促使水家先民从百越母体中分离出来，逐步由南溯流向西北迁徙，进入龙江、都柳江上游地带生息，大致形成后世分布的格局。”（2004：前言 2）到公元 692 年之后，唐王朝设置抚水州时，水族族称由“睢”变为“水”。

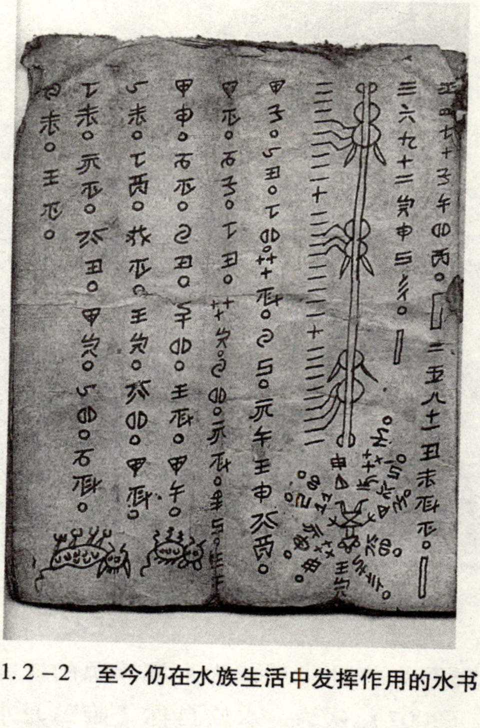

2.1.2－2　至今仍在水族生活中发挥作用的水书

目前，这一族群形成发展的脉络得到广泛认可。当然，水族发祥于睢水流域，与殷商文化关系密切的理由，不仅仅是将 sui^3 转写为“睢”。学者们还给出了其他证据。其一就是语言。曾晓渝“运用历史语言学的研究方法，列出约 350 例汉、水语‘关系词’，系统地展示了这些词（或语素）在汉水语之间的早期声韵对应关系，从而证明汉水语之间存在着亲缘关系”（2004：6）。其二是水书。岑家梧、张为纲等专家研究后认为，水书与甲骨文、金文有着紧密的关系。其三是水族部分习俗与殷商文化的契合。如水族鬼多与“殷人尚鬼”的吻合：水族养马与端节赛马习俗同中原文化的吻合等。还有历法、星宿等其他佐证。

这里进行的 sui^3—睢—水的考察，主要是对学术研究层面的梳理。有三点特别要注意：

一是水族的“水”与汉字水没有直接的关联，只是水语音的汉字转写。追究该字的汉文字面含义，从文化相对论的角度出发，显然是毫无意义的望文生义（杨庭硕，2001）。“水族的族名、人名，与水族地区的地名、村名，其属于水族的语音者，很少符合汉字的音。因此，其译以汉字，只能取其近似，求其音也很难正确，求其意则更不可能。……故地名、人名中，除直接用汉文字称呼者外，凡从水语的音译出来的，都不能以意求。如生拉活扯，硬求巧合，徒引起人们的误会。”（潘一志，1981：17）

二是水族在漫长的历史发展过程中，与相邻民族的融合是不可避免的。在其发展的每个阶段，既有别的族群的进入，也有融入到其他族群的现象。族群始终处于动态发展过程中，水族亦然，只是变化相对温和。

三是水族族源和族称的研究，确认了水族在苗夷文化区中的独立性，从而摆脱了被称为水家苗的状态。水族族源始于中原睢水流域，使位于西南一隅的水族的族群历史与中原王朝建立联系，其文化也加入到了更加显赫和主流的华夏文化之中，这在族群心理上的意义和实践中的作用将在其后的章节中进一步考察。

2.1.3 远古走来的贵族

就知识生产过程而言，任何知识生产，特别是人文社会科学，都不是孤立的。知识生产的过程，离不开政治、经济和人的主观能动性，生产出的知识成果势必要进入流通领域。专家学者层面进行的水族研究，通常与政府层面的工作结合。学者们的研究在这里扮演着非常有趣的角色。本小节考察的就是近年来，水族族称、族源的结论在社会，特别是政府层面的使用和再造。

2.1.3 县庆游街队伍中的“睢王睢后”

我们在上一小节已经指出，水族的族称和族源追溯到中原睢水流域，这一认识在现实生活中有重要的意义。2006 年贵州省黔南布依族苗族自治州州庆和 2007 年三都水族自治县建县五十周年的宣传活动中就利用和升华了这一认识，在政府打造的展演平台上，以文学化、艺术化的手法将“水族”的历史地位定义和解释为“远古走来的贵族”。

方阵由 151 人、41 匹马组合而成，方阵中的睢王、睢后、祭师和勇士，都身着三千年前的睢人服饰，他们在手举三千年水书门旗、凤头蛇身狼牙的勇士护卫下威严前行，紧跟他们后面的是抬着铜祭品、手持棋盘、竹卜、弦鼓的队伍。“远古走来的贵族”展示了当年居住在黄河支流睢河的水族先民睢人，从远古跨越广阔的时空向我们走来。①

据县庆晚会“远古走来的贵族”相关负责人介绍，整场晚会分为三个篇章：“远古追忆”、“凤之羽”、“红日初升”，分别从追思怀远、民族和谐团结、回顾过去展望未来三个角度再现了水族先民南迁史、多姿多彩的民族文化、走向辉煌明天的三都等主要内容。“远古追忆”篇，由祭鼓、祭祀、雍容老人唱忧伤水歌舞、弦鼓舞、角鼓舞、大南瓜双人舞、环刀舞、50支猎枪发射、50人骑战马穿过台前等节目组成，主要讲述了水族先民作为岭南“百越”之一——骆越人的一支神秘独特的迁徙史、抗争史和生活史等战天斗地的丰功伟绩；“凤之羽”篇，主要展示了在悠悠的历史长河中，各民族相互团结、和谐发展，凭借自己的聪明智慧创造了斑斓多彩的民族文化，此篇章主要通过原生态和民族民间歌舞如吃新节圆圈舞、古瓢舞、芦笙舞、端节圆圈舞、斗角舞、花伞舞、马尾绣展示舞、卯坡情歌对唱等艺术方式将各民族独树一帜的民族文化烹制成精美的文化大餐；“红日初升”篇，主要表达三都水族自治县建县50周年来，三都各族人民在党的阳光雨露滋润下都过上了幸福美满的生活。通过刷把舞、芦笙踢踏舞、水族敬酒歌等节目营造出热烈、欢乐、和谐的氛围，在铜鼓齐敲、芦笙齐吹中合唱赞美三都的水歌和《爱我中华》之歌，然后燃放焰火，将晚会推向高潮。②

这一历史定位的制造过程非常值得品味。从上小节的研究我

① 引自黄晓《踩街游将一展民族风采》(2007)。

② 引自莫永言《“远古走来的贵族”三都县庆闪亮登场》(2007)。

们知道，学者们并没有明确指出水族是否创造出一个“睢”政权，是否有睢王、睢后，那时的睢服是什么样子更无从提及。根据石国义先生的研究，水族流徙演变过程可分为血缘民族、文化民族和政体民族阶段。而水族政体民族阶段则是在唐朝设置“抚水州”开始（2007：17～21）。但是，模糊的过去并不影响当下的历史创造。水书、铜鼓等水族文化符号以及学者们关于水族历史悠久、脉通殷商的论断，被加以丰富，从而塑造出水族“远古走来的贵族”的形象。这一“文化制作”利用水族的一些文化符号构想了一个远古的政权，依托强大的宣传媒体，在水族民族内部和外部产生了重要的影响。这一族群历史的建构和远古政权的塑造，不仅通过各层级、各方面代表的观摩和当地群众的参与得以传播，而且通过报纸、电视、广播、网络传递出去。特别值得一提的是，民间自行录制的光碟在第一时间内就开始在水族地区出售。我在水利大寨调查中就碰到村民聚在一起观看“远古走来的贵族”晚会光碟的场面。而在与一些水族人士交流过程中，他们对这一定位也颇为认可。

这里，我们无意批判这种文化生产，因为这种生产不是始自近几年。在一个民族形成发展的过程中，始终伴随着这种文化生产。它从某种程度上说，是多方力量共谋的一个结果。根据调查，在水族“远古走来的贵族”这一历史定位的产生过程中，政府官员、水族学者和非水族的学者，以及充当演员的民众都贡献了一份力量。① 相对于制造过程，我们更应该关注这一历史定位的传播将会对族群认知形成怎样的影响。

2.1.4 水族民众的族群表述

无论是学术研究的结论，还是政府主导下形成的族群知识都

① 《远古走来的贵族》的剧本创作者为林明璋，一位非水族的人士，导演为三都籍中央民族大学教授张雁飞。创作者在水族地区进行过采风。期间政府部门一直力推此工作，写进政府工作规划，曾邀请石国义、潘朝霖等专家对剧本进行过若干次讨论。深圳一家公司也参与了策划和实施工作。

不会摆脱当时所处的大环境的影响。学术研究同时还要受到理论方法的束缚。因此，我们应该辩证地看水族的历史和现状，辩证地看水族族称和族源的研究方法、研究过程和研究结论。我们会注意到，学术研究和政府主导下形成的族群知识，可以通过多种渠道进入族群的自我解释之中，成为其知识体系的组成部分，在现实的族群生活中发挥重要的指导意义。同时，断章取义式的理解，不只发生在研究过程和政府主导的知识生产中。在这种知识扩布到民众生活中的时候，由于受众的不同和接受能力的差异，信息有选择性的衰减和增加是随时可能发生的。每个人都可能成为这一知识的再生产者。因此，何为水族这一问题在民众生活中有更加多样的解释。以下是从对水书先生、歌师和水族普通民众访谈中得到的他们关于水族历史和文化的认识。

水书先生谢朝海：水族因为打鱼度日而获得族称。

谢朝海，其故居原属荔波县，1957 年归属三都县，现居独山县，曾读过高中，是水族地区非常有名的水书先生。有水族村民讲，去谢朝海家找他的人每天都是络绎不绝，以至于他都不敢回家。他搬到独山县居住就是因为这个原因。

他（一位水族学者的名字，作者注）都是瞎说。老人传说，我们当时居住在北方，是贵族，和汉族争天下，结果被汉族打败。打败后，大家乱成一团，四散逃跑，后来水族的指挥者，骑着一匹乌骓马，带领大家逃到江西。到江西后，一部分水族变成了汉族，还有一部分水族则继续迁徙。迁到广西的贵县，居住在水边，以打鱼度日。因为人口繁衍，水族人便一点点沿都柳江来到贵州。到贵州后，仍是东奔西跑，逐渐分散开来。水族分散开来后，各地的气候不同，节气也就不同了，生活也从打鱼到农耕。水族有的过端有的过卯。过端的不过卯，过卯的不过端。过端的原因，第一是为了纪念那匹带领我们逃到江西的乌骓马，所以水族男的现在还穿青衣；

第二是为了纪念祖先打鱼度日，所以过端时吃鱼。过端有一副对联“喜庆烹鱼酒飘香，欢腾跃马志祖先”，这就是过端的活动和意义。

夏以前，九月是正月，到周则是十一月为正月。水族到现在，仍是九月是正月。这是因为，水族是从北方被打败后到南方的，是弱小的民族，只有通过保留自己的历法，来加强团结。如果改变了，就会被消灭。

水苗是一家。苗族原来就在贵州，我们水族是后来的，种的田都是苗家的。来到后，与苗家结亲，娶苗家姑娘，逐渐站稳了脚跟，而苗族则有的离开了这里。来到这里后，我们向苗族学，向汉族学，不学就不能生存。以前称水家，就叫“水苗”。穿青衣，是水族的特点。①

歌师吴国利：居住在哪就是哪族。

吴国利，1953 年生，水利大寨内组人，年轻时是水族远近闻名的歌师，能够唱水族古歌。他曾经当过多年的村干部，在寨中有很强的号召力。上面有领导到村中来或有人调查水族文化时，村民都会推介他。

我们吴姓，原来不姓吴，而是姓姬。当时有个国家叫吴国。我们姓姬的始祖是吴国的总统。始祖的老婆也姓姬。有一次，丞相就对总统说：“你姓姬，你的老婆也姓姬，你不怕天下人笑话吗?”我们始祖就说，“那好吧，我就以国为姓，改姓吴吧!”我们始祖有三个兄弟，也都改了吴姓。吴国的王位，应该传给大儿子。我们这一支的始祖是大儿子，叫吴泰白。他应该得王位，但他非常勤劳，所以就将王位让给二弟。自己则迁到江南种麻。

---

① 信息提供者：谢朝海，男，1937 年生。调查人：王学文。调查时间：2007 年 2 月 4 日中午。调查地点：水利大寨吴国利家。

吴家开始是汉族。后来吴姓十六代孙带兵到贵州平乱，从江南带兵入贵，在黔东南一带。平乱后，所带的兵便留在了贵州。我们祖公就来到这地方。当时这里就有水族，我们到这后，娶水族的姑娘，我们就成了水族。所以在水族这有“十六水”之说，十六水几乎都来自江西，不过据说蒙姓是从云南过来的。其实就是居住在哪就是哪族。水各与我们是一支。①

村民吴天伟：吴姓是不变的。

吴天伟，1952 年生，水各大寨村民，是水各大寨旅游协会接待组人员。我们在 2007 年水各卯节见到他时，他正在忙着准备卯节的各项活动。

我们过完这个卯就没有卯了。第一卯是荔波水利乡，我们过最后一卯，是因为大祖公在这里，他们在荔波那边都是兄弟，所以给兄弟过先，大哥去看，看兄弟过这个卯节是不是热情接待亲戚朋友，所以必须大哥去看。让老弟过先，看他们别打架。那天大哥必须登上他们的卯坡。

吴姓是一个很大的家族。我们有在四川的，山东也有，但是很远的我们也不走访他们了。据我们祖先说，一般都是姓吴的靠近水家的就是水家的。有的公到汉家了就演变为汉家，到布依家演变布依族，到苗家就演变为苗家，但是吴姓是不变的。水各制作过族谱，还立了碑，但那块碑好像不在了。②

① 信息提供者：吴国利，男，1953 年生。调查人：王学文。调查时间：2007 年 2 月 6 日中午。调查地点：水利大寨吴国利家。

② 信息提供者：吴天伟，男，1952 年生。调查人：王学文。调查时间：2007 年 7 月 20 日。调查地点：水各大寨吴天伟家。

上述三则访谈资料，是不同角色的水族个体对水族自身的表述。这些个体的表述，可以称之为是哈布瓦赫（Maurice Halbwachs）所说的“集体记忆”，是在语言、家庭、宗教和社会阶级、传统等记忆的社会框架下形成的认知（1950 [2002]）。分析这些表述，我们可以有以下认识：

尽管有研究者的成果和政府层面的确认，但是水族人在日常生活中对于自身的解释仍表现出多样性的特征。前文我们已经指出，水族的“水”与汉字“水”没有直接关联，但在水族民众的认识里，从水居成为族称的解释理由之一。其次，三则材料都流露出对水族族属的淡泊和包容，没有强烈的民族区隔意识，表现出姓氏观念重于民族观念的倾向。在说明或解释自身历史时，并没有寻求通过与周边族群比较获得认同，而是更多地求助于关于迁徙的记忆和遥远古国的想象。三是个体掌握的族群知识不均衡。我们调查的水书先生和歌师，是水族中掌握族群知识较多的人，更多的水族民众选择作为听众或根本没有有意地思考这一问题。但从材料中我们也能体会到，研究者的结论和政府层面对水族的宣传已经对民众的族群认知产生影响。

何为水族？我们介绍了水族的概况，并从学术研究、政府认定和民间表述三个层面对此进行了描述和考察。我们认识到一个人群的界定在不同的层面有不同的取向和策略，也呈现出不同的表述。无论是学术研究提供给我们的“水”始于“睢”的结论，还是近年来政府层面所推动的“远古走来的贵族”的宣传，以及民众对族属的淡然态度和多样性的解释，都是相互联系和影响的。它们共同构成了水族的族群知识。但这种知识会形成怎样的认知结构和行为方式，则需要通过具体时空的考察来完成。

2.2 水利大寨的人文生态

第一次听到水族族名的人通常的第一反应是水族应该是依水

而居，靠水生存，有着水一样的容貌和性格，但是现实与这一浪漫而富有诗意的想象是完全不同的。尽管在水族民众中也有依水居而得名的解释，但在上文我们已经指出，水族的“水”与汉字的“水”没有直接的关系，我所走过的 8 个水族村寨的情况，只有三都的水各大寨靠近水边，这也从一定程度上说明此“水”非彼“水”。同时，比浪漫想象真切的是，点缀在青山翠岭间的水族村寨，至今仍然过着贫困的生活。这种现状，有时会消磨掉研究的热情，迷失研究的方向。但如果你能一步步走进他们的生活，了解他们的文化，感触他们的性情，你就会受到震动。我对水族的认识就经历了这样一个过程。他们在贫困的境遇中，呈现、传承着的价值观念和实践方式正是当今正在现代化的中国社会上所缺失的东西。正是这一点，激发了我研究水族的兴趣。

2006 年 9 月，时值水稻收割季节，我从都匀水族居住的套头地区，辗转三都九阡，最后来到水利大寨。一路上都是黛绿色的山岭缀以金黄的稻浪，在灿烂阳光的照耀下，景色如画，美不胜收。我们在欣赏景色的同时，发现套头地区、九阡和水利三处的节气有一定的差别。九阡地区的水稻已经开始大范围的收割，套头和水利才刚刚开始收割。但有一个现象是一致的，即在每块稻田里劳作的人数都超出一个普通家庭的人口，少则五六人，多则十几人。甚至一块稻田分成几段，人分成几组，同时开工。我们这些长期受到现代社会的分工制度和机械性协作浸染的人，看到水族民众这种普遍的、热火朝天的劳动合作场面，深受触动。我就是带着这种触动，一步步接近水利大寨。

2.2.1 地理位置与气候

水利大寨，属于三洞土语区，处于卯节区域，而且是第一批过卯的村寨。它位于黔南布依族苗族自治州荔波县水利水族乡境内，距独山到荔波的公路 1 公里，距荔波县城 16 公里。从地理区域讲，位于荔波县的西北部，水利乡的中部，属于龙江上游的水族聚居区。水利大寨通过一条正在重修的沙石路与独荔公路连到一起。乡政府所在地就在沙石路与公路的联接处。

水利大寨的交通相对便利，步行十分钟到独荔公路，在那里乘过路的公共汽车可至荔波县城、独山、都匀和贵阳等地。每逢甲良镇赶场日或荔波县城赶场日，偶有客车会到寨里接村民赶场。女性村民常在赶场日时，将自种的各种应季蔬菜挑到场上去出售。水利大寨在三都到荔波的公路未开通前，曾经是一个重要的交通站。大寨东南侧有一条古道，蜿蜒到坡后，一分为二，一条可以走洞坨出甲本，一条可以走水丙出歪村，到达三都的周覃。这曾是连接三都和荔波水族聚居区的一条重要通道。目前这条古道已经基本废弃，但尚可通行畜力车，歪村、蓝靛山等道路远处的几个村寨还在使用。他们通过这条路，到独荔公路乘车。水利大寨的村民也每日通过这条古道，将牛群赶到后面的草场。水利大寨所处的区域是水族的聚居区，但在乡政府所在的老街上则居住有汉族、布依族。古道连接的洞坨的蓝靛山即是一个周姓为主的布依族村寨。

2.2.1－1　**水利大寨一角**

水利大寨的海拔高于荔波县城，平均海拔约为750米，在气候带划分上属于亚热带季风气候区，气候特点是雨量充沛，日照充足，四季分明。冬天不冷，夏天凉爽宜人。大寨人对自己所处的气候非常满意。2007年卯节期间，我在三都水各调查后来到水利大寨。大寨村民见我身上因过敏而起的包块后，一口断定是因为水各太热了，不如他们这气候好，甚至说他们去那都受不了，都不愿意住在那。而且，这一个体事件迅速在村里、村外的各个场合传递，他们讲起的时候都绘声绘色，自得之情溢于言表。实际而言，水各比水利闷热是事实，我也深有体会，但我身上的过敏反应却是在水利和水各都发生了。不过这一有趣的事情和大寨村民的解释，让我感到我这样一个外来调查者的身体经验似乎参与了他们关于家乡的认同建构。

2.2.1－2　**移秧苗**

2.2.2 村落空间与民居格局

从乡政府所在地可以远眺到倚靠在山脚下的水利大寨。如果驱车走从乡政府到大寨的沙石路的话，只需三五分钟便可到达。沙石路两侧是开阔的平坝，全部种植着水稻，这些田有一半以上属于大寨村民。

大寨三面环山，只有进村路的方向是平坝。村子倚靠着的是宗努山，西南面矗立的是彼岗山，东南方是甘雄山，西北方向是抵都山和抵那山。这些山岭四季常青，全部被松树、竹子覆盖。每座山都有小路可以爬上去。但除了采药、采菌子和打鸟者上山外，平日里人们很少上去。打柴、放牛都不在近处这几座山，所以植被保护得很好。村民的田土主要集中在寨子西侧、南侧和东北方向的山间坡角。

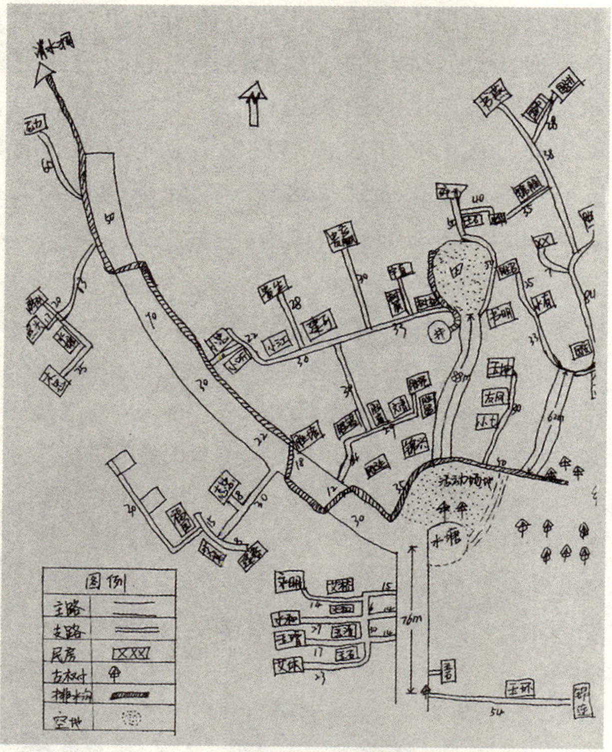

2.2.2－1　**村落民居分布图（何可　摄影）**

大寨村口的景色最迷人。村子入口处，一口水塘位于路的右侧。二十多棵参天古树像卫兵一样散立在一块经过水泥硬化过的空场和相连的漫坡上。水塘常年活水，水源一部分是从村里的蓄水池流下来，一部分则是由水塘内的泉眼流出。这口水塘，是寨里人洗衣的地方。夏日里，这里还是儿童玩水、洗澡之处。这二十多棵古树，是大寨村的风水树，也称神树。据村里老人讲，原来这里古树不止二十多棵，但由于虫害天灾，古树越来越少，只剩下这些。在我跟踪调查的一年多中，又有三棵古树倒地死去。村里人并不清楚树的品种，只知道哪棵树开花，哪棵树的果子能吃。这些树都有几百年的历史，村民没有人去破坏和砍伐它们，因为它们有神性，护佑着村子风调雨顺、人畜安康。当雨水不好的年份，村里就会在水塘边的古树处举行祭树神的仪式。吴万贤便给我讲过水塘和古树的故事。

老人们说，在几十年前有人想独吞这棵树，砍了变钱。村人怎么阻止都不听。这天这个人杀猪、杀鸡拜过大树后，准备砍树。忽然，原本艳阳高照的天气，突然电闪雷鸣。这个人一看，就不敢再动砍树的念头了。村人都说，这是神树发怒了。①

大寨寨口的水塘原来是一口井，据老人讲，原来井边生长着一个葡萄藤，长得非常茂盛，可以把井口完全遮住。寨里的孩子们总会跑到藤上玩耍。不知为什么，每年都会有一个独生男孩在上面玩耍时掉到井里淹死。但只要淹死一个，就会保佑寨子，还一百个孩子给寨子，从而寨子人丁兴旺。但有一年，吴胜锡的爷爷一气之下将葡萄藤砍了。结果发现，葡萄藤里流出的却是血，一直流了十三天。这以后，寨中虽然没有孩子淹死了，但人丁却不再兴旺，寨子越来越小了。这时人们才知道，那藤是一条龙，龙死了，就不保佑村子里。据说，砍掉葡萄藤后，有一天寨中一个

---

① 信息提供者：吴万贤，男，1982 年生。调查人：王学文。调查时间：2007 年 2 月 24 日。调查地点：水利大寨大树下。

老人上山割草，在后面的高坡上遇到两个漂亮的穿着孝服的姑娘正往大寨方向走。于是老人问她们去哪里？她们说她们去看爷爷，爷爷在大寨死了。寨中的老人想，寨中没有人死呀，也不认识这两个姑娘。两个姑娘走到高坡上，就没有进寨。后来人们讲，砍掉的葡萄藤就是她们的爷爷。她们是龙变的。①

在村口空场的北侧，靠近竹林的一棵大树下立有一块一尺多高的人形石头。其上简单搭有一棚，棚上系有红布。人形石头上沾着鸡毛和已经凝结了的鸡血，石头前散放着未燃尽的线香、纸钱，还有酒杯等物。村民称这块石头为“石菩萨”。每个水族村寨几乎都有石菩萨，数量不等。关于这些人形石头的来历，村民通常说它们是从别处自己跑来或是偷来的。平日，人们走到石菩萨附近，不能吐痰流涕，否则会触犯菩萨。大年初一、十五、卯节、七月半和中秋节要祭拜石菩萨，但主要以中秋节为主。清明和端午则不祭拜。水利大寨有三个石菩萨。在村民的观念中，每一个石菩萨上都寄托着多个公。公是水语音的转写，是爷爷的意思。一处全村祭拜的石菩萨位于通向村内的路边，代表着四个公，分别是李公、王公、吴公和江公。另一石菩萨，位于寨底，据说名叫杨公。大树下这处石菩萨有三个公，为主的叫王公，其余两个公的姓氏就不知道了。关于祭拜石菩萨我们将在后面章节讲到。

水塘的东南侧山脚和空场东北的杂灌木丛里，几十座古墓隐于其中。这些古墓墓碑有的已经倒地，且字迹模糊，周边杂草丛生，感觉少有人至，显得十分颓废萧条。墓的年代不一，多为清道光以后，其形制和花纹受到汉文化的影响，墓碑的碑文全部为汉字，且有“皇清故显考/妣”等字样，生卒年均采用朝代年号纪年。这些墓里埋葬的都是故去的大寨人。尽管坟墓已经衰败，但

① 信息提供者：吴万贤，男，1982年生。调查人：王学文。调查时间：2007年11月16日。调查地点：水利大寨吴万贤家。

我们在坟墓上还是看到坟标遗迹，说明这些墓在清明时还有人挂清祭扫。

2.2.2－2　**水利大寨民居**

水塘、古树、石菩萨、古墓群在大寨村口所形成的空间，充满生活的情趣与神圣的意味，是大寨村重要的公共空间，也是大寨标志性景观，有着多重的功能。这一空间是日常生活的空间。平日里，总会有一二辆农用车来这里贩卖商品，收购粮食和土特产。村民在闲暇时会在这里打扑克，下象棋，沟通信息。村口的几块石头已经被坐得非常光滑，一块刻着棋盘的石桌经常是人头涌动，象棋、扑克等都不会带走，就放在水塘边的禾仓上，随时取用。水塘边洗晒水族青色土布也是这里的一道风景。从日常生活来看，这一空间是开放的、共享的，任何人可以自由来去，但从另一个层面来说，这一空间里的行为受制于无形的禁忌和灵验叙事。石菩萨的禁忌我们上面已经提到。古墓群虽然已经颓废，但却是一种静默的力量。而灵验叙事则深深植根于大寨人的记忆中，述说时显得轻松，实则没有人敢去违背。不违背时，这些叙事只是消遣的故事；但真若诉诸行为，则行动者将会承受巨大的心理压力。

从高处俯视大寨，可以看到大寨的民居建筑主要分为三部分，北面和南面基本沿山脚展开，还有一部分民居集中在中间，从而形成环抱之势。村中白竹丛生，有些家庭的房前屋后绕有菜园、果树。

大寨的民居建筑形制有些杂乱，但以一层石头结构、二层木结构的居多。全部砖瓦混合结构的房屋近年才出现。标准的干栏式建筑，下层多用于饲养牲畜，堆放杂物，二层住人。通常三间、五间不等，一般不会设偶数间。上层屋架，一般每排为五柱四瓜（或称十一檩水步），也有五柱六瓜（或称十五檩水步）。木楼为穿斗式结构，在柱与柱之间用穿枋组成网络。上层屋架柱脚扣枋“斗角”结构，牢牢固定每根柱子的方位。顶上再用檩子卡住各排柱头和瓜头，各部衔接处都是齿榫铆紧，使建筑物整体性强，十分稳固。下层的砥柱和横梁与上层排架一一对应，俗称“柱顶柱”。（刘之侠，石国义，1999：38）由于各家所处地势不一样，各家的经济水平也有差别，所以各家的房屋都会依势而变，略做调整。但现在人们越来越倾向于抛弃传统的吊脚楼式建筑，而建设砖瓦房。

这一转变，不仅是建筑材料的改变，随之要改变的还有世俗生活和家居的神圣空间。传统的水族民居，中间为客厅，中堂板壁上贴香火，供祖宗牌位，下常设一供桌。卧室在中堂两侧及香火案背后，通常有两间以上卧室。晒台一般是附属品，与居住层一样高，用于晒粮食、衣物。厨房有时设于底层，有时就在居住层堂屋的一侧，除有常设灶台外，地板上还有一处经过防火处理的洼地，这是用来支锅的火塘。砖瓦混合建筑的出现，生活空间的布局就会发生改变，如火塘的位置会改变，晒台搬到屋顶，而卧室的位置和数量也可能受到影响。另外特别值得注意的是，家居中神圣空间的改变将更大。吴国利说：“房子里每根柱头都住着鬼，打个比方，每家都有三个大保财，一个住在二层中柱，其他两个大保财分别住在二层二柱。”①而改变后的民居，中柱、二柱在哪里都无法找到。每个水族家庭都设的用来保佑孩子的娘娘座也要重新寻找住处了。人们将如何处理这些问题？这些变化对他们的心理和生活将产生怎样的影响？还需要进一步的观察。

大寨几乎每家都有一禾仓，或在住宅旁边，或远在数十米之外。水利的禾仓多为长方形人字顶瓦房。其下方框式木架，四柱落脚，底层离地 1.5 米左右，便于通风。在 4 根圆柱的上端装有瓦罐形陶器或方形木板，老鼠无法爬进仓内，具有防火、防潮、防鼠三种功能，防止粮食被虫蛀、鼠食和霉烂变质。水利村大多数村民主要靠种粮和卖粮为生，因此对粮食特别珍惜，禾仓的构造也非常有特色。

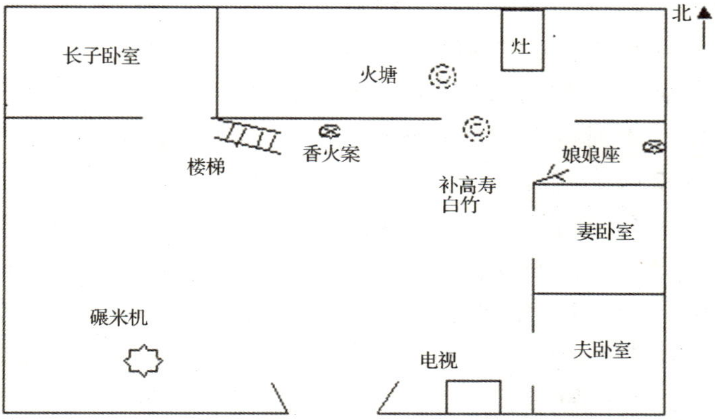

图 1　水利大寨吴国利家居住层示意图

① 信息提供者：吴国利，男，1953 年生。调查人：王学文。调查时间：2007 年 8 月 5 日下午。调查地点：水利大寨吴国利家。大保财，是水族鬼名，保护家庭财产，造福于家庭，是好鬼。在陈国安关于荔波水族的调查中也说到一些鬼神依附在家居空间之中，但依附的位置与吴国利所说的不同。介包，即保财鬼，住在家中的桌子边或灶边；戛哈，也是保财鬼，住在家中屋基之下；躲待，即保家之神，住在家中碗架之下；鲁颠，即保儿神，住在碗架下面；牙西，保佑小孩平时身体健康，住在家中桌子上。（陈国安，1986：188）

2.2.3 家族与婚姻[①]

水利大寨至2006年末，共有73户，294人，其中男158人，女142人。近年常年在外务工的有60多人。在水族地区，70多户的寨子属于中等规模。在大寨调查过程中，常有人说大寨过去人丁兴旺，是一个非常大的寨子，村口东侧的坡上以前都有房子。但人多后，田土不够用，就逐渐迁到了其他地方。在村口有一口井，村民称“牛角井”，一般从大寨迁出去的人，同别人提起自己老家时都会说老家的村口有口牛角井。[②] 井确实存在，就在村口坡角，形状恰似牛角，现在仍有水。据说无论多旱，这口井都有水。直到村里用上自来水后，这口井才淡出人们的生活，井口几乎被杂草掩盖。这种说法的历史根据目前还很缺乏，但从60年代广西壮族自治区进行的民族调查资料中，我们还是发现了一些踪迹。广西南丹县龙马水族乡的吴弟（时年80岁）接受访谈时说，龙马水族乡的吴姓从荔波的水利迁来，至今（指60年代，作者注）已有五十年（中国科学院民族研究所、广西少数民族社会历史调查组编，1962）。

水利大寨以前是否辉煌，我们无法确定。但从目前来看，水利大寨与周边的村寨相比，发展相对缓慢。在我刚一到水利乡的时候，水利乡的书记蒙秀斌就说：“你说也很奇怪，大寨的位置也不错，村民也很团结，不知为什么，就是发展不起来，到现在没有一个正经八百的大学生，连一个吃官家饭的都没有。按理说，70多户的大寨子不应该呀。大寨旁边30多户的寨子都有大学生，有公家人。”[③] 这一情况从村中贴出的选举投票名单中也得到印证。符合投票资格的193人中，小学文化的99人，初中文化的30人，

---

① 本小节主要介绍水利大寨家族和婚姻的概况，详细的分析请见下面的章节。

② 信息提供者：吴万贤，男，1982年生。调查人：王学文。调查时间：2007年2月5日。调查地点：水利大寨村口牛角井边。

③ 信息提供者：蒙秀斌，男。调查人：王学文。调查时间：2006年2月6日。调查地点：乡政府。

高中文化的9人，登记为文盲的55人。

水族有“三家六房”之说，但由于枝繁叶茂，繁衍日久，三家六房的范围在外人看很难确定。一般认为三家六房大抵是以“我”为核心，上至曾祖父，下至曾孙（石国义，2007：87）。“具体说来‘三家’比‘六房’的血缘关系更近一些。一般来说，同一祖父内的亲属多为‘三家’，而其他同宗的人则属于‘六房’，但他们之间也没有特别严格的界限。”（文永辉，2006：44）水利大寨是一个吴姓家族村，除有四户韦姓外，其余都是吴姓。① 吴姓是水族中的一大姓氏，主要居住在荔波的水利水族乡、佳荣镇的拉吾村及玉屏镇的水浦村、永康水族乡尧兰、拉乔，三都的九阡镇水各村、塘州乡板良村，独山县水岩乡等几十个寨子。其中，水利大寨的吴姓与三都九阡水各大寨等地的吴姓水族为同宗同房族。而水利大寨吴姓内又分为四支，每支成员在本支婚丧嫁娶和建新房等仪式中有帮助的义务。

吴姓家族何时从何地迁到大寨，已经没人能说清楚。有趣的是，村里很多人说他们的祖上先在江西白米街猪市巷，后来到湖南，最后从湖南迁来。有关移民心态史的研究告诉我们，“白米街猪市巷（又有称‘珠市巷’、‘珠玑巷’、‘朱氏巷’等）”，是与北方的“大槐树老鸹窝”一样的一个家园象征，是在一定的社会境遇/契机下通过史实加故事的方式所建构出的社会记忆（刘志伟，1999；赵世瑜，2006）。吴姓水族关于祖籍地的说法，显然受到当时社会情境的影响。

婚姻的缔结关系着家族的兴衰。能否开亲是事关人伦秩序的大事。水利大寨的吴姓与水各等寨吴姓是同一房，所以至今仍不

---

① 大寨的四户韦姓，其中三户为亲兄弟，其父是从三都上门到水利大寨的。还有一户是从拉雷寨上门到大寨的。根据水族的习俗，女方家没男丁情况下，男方可以上门。男方到女方家上门后，姓氏不改。但一般他们的孩子要随母姓，三代后才能归宗。大寨的情况没有如此，而是第二代即随了父姓。而且，我在调查中看到上门者的香火案上也是韦姓的。

能开亲。在吴姓家族中，至今仍流传着一首《开亲古歌》[①]：

自从盘古开天地，我与千里是亲戚，道路遥远坡难行，无法经常去走亲。本衔礼近亲下河，旧下河有两乡人，尧头村与我兄妹，是兄妹不准结婚，办红白喜互帮忙，想思了下河才丢，丢下河丢千里戚，路遥远不走班娥，旧班娥不给居宿，古老乖全走水路，春夏怕河水，秋冬怕寒冷，身带金币全花光，夫妻路远也落泪，古老聪叫杀黑牛，杀了黑牛本村开亲，开亲了保我相爱，相爱了永远相连。

这首古歌，不仅说明哪些村寨不能通婚，而且在结尾处给出了本寨开亲的条件。在大寨也有一个关于开亲的传说[②]。

曾经族里有一对非常漂亮的男女青年，情投意合，想要开亲。族里的老人不允许。族里人说让他们栽树，如果尖尖朝下，根朝上能将树栽活，就可以开亲。于是这对年轻人，白天去将尖尖朝下，根朝上栽下，晚上就偷偷去将根朝下，尖尖朝上栽下，浇点水，就活了。村里老人没办法，就同意开亲。不过，因为破了先例，当时他们开亲，杀牛、杀猪，请全寨的人和周边吴姓村寨的代表吃酒，杀的牛不是花牛、黄年，只能用黑牛。

这里还要特别一提的是，大寨邻近的岩寨也是一个吴姓村落，

---

① 千里指原来三都县水龙地名，下河指樟江河畔，尧头指茂兰地区的一个自然村寨，班娥，是荔波原来的地名。古老乖、古老聪为人名。信息提供者：吴国利，男，1953 年生。调查人：王学文。调查时间：2007 年 2 月 6 日下午。调查地点：水利大寨吴国利家。吴国利翻译。

② 信息提供者：吴国利，男，1953 年生。调查人：王学文。调查时间：2007 年 2 月 6 日下午。调查地点：水利大寨吴国利家。

但与水利大寨不是一吴。所以，两个寨可以通婚。吴国利说："有些吴姓其实原来不姓吴。我就知道有几个寨子本来姓胡，后来改姓了吴。我们吴姓在这里最大，很有势力，所以有的村子投靠过来或者吴姓抱养。所以现在吴姓不全一族，也有开亲的。"

水族人选择配偶一般仍为水族。大寨人的婚姻状况亦是如此。虽一直有外民族人嫁到寨中来，但仍是极少数。大寨的水书先生吴友凤的儿媳就是布依族。调查中，我们发现，对于配偶的族属，无论是老人还是年轻人，都不太在意。只是认为，同民族的配偶，能更适应他们这里的生活，能接受他们贫穷的现状。许多外出务工时找到女朋友的青年人都不愿将朋友带到寨里来，究其原因不是族属的问题，更主要的是因为贫穷。因此，到目前为止，大寨人的婚姻圈仍主要在荔波和三都的水族聚居区。

除了以上以年龄、性别、民族、教育水平、家族、婚姻所进行的人员区分外，我们还注意到，在大寨有些人还有着一些特定的角色。这些角色与大寨人的生产生活联系紧密，且是一个村寨生活文化体系的重要组成部分，如专门为丧事吹唢呐的人，俗称"八仙"；懂水书的水书先生；给人解鬼的过阴婆等。

2.2.4 生计与生活

根据乡政府提供的数据，2006 年水利大寨农民的人均纯收入为 1450 元。这一收入主要来源于三种生计方式，根据重要程度依次为：稻作农业、副业（散工）、外出长期务工。村里有两家商店，提供一些日用品。还有一家经营一辆拖拉机。但他们都是农业为主，兼营副业。

稻作农业生产是水族传统的生计方式。水族的文化生活、社会制度、信仰与仪式都与这一基本的生计方式勾连在一起。它一定程度上是水族文化的基础，是生活文化生成和展演的重要场域。

大寨共有耕地 238 亩，其中田 210 亩，土 28 亩，人均 0.81 亩。这一人均田土面积基本与周边水族地区人均田土面积持平。由于没有较大的平坝，以及土地肥瘠不一，所以大寨各家田、土的分布十分分散，每家有十几到二十几块之多。种植的农作物主要是水稻、小麦、玉米、红薯、油菜、棉花等。大寨的气候环境适宜种两季，大季种水稻，小季种麦子、蔬菜。但近年来，人们对小季的种植已经不太热衷，而且种植经济作物的热情远远大于种植水稻。2007 年底，从乡政府到大寨路两侧的平坝就被一外来的老板承包，据说要种植西红柿。

2.2.4－1　村中的茅草房

水族有自己的历法。水历与农历有许多相似之处，一年分四季，分别是春、夏、秋、冬，每季三个月，十二个月为一年。但水历建月于戌，即以农历九月为岁首。九月是稻谷归仓、农活稍闲的季节，是大季的结束，小季的开始。但水历的季节划分明显接受了农历的概念（韩荣培，2004：226～228）。而且，在我们的调查中，水历在农事安排上并没有什么指导意义，相反更多地体现的是农历的安排，二十四节气的影响显著，如在农谚中就有“清明若明大丰收，谷雨不雨万民愁”，“立夏立夏，人穿汗褂；立夏不下，犁耙高挂”等。

水家在水田上的耕作较为精细，而且水稻耕作的习秧、移秧上坎和收割等环节集中体现了水族的协作观念。现在水稻种子都从场上买来，也有少数家庭自己选种。各家要专门搭棚习秧，习秧过程中要时刻注意秧棚的温度和湿度，天冷时要在秧棚下烧柴，天热时要打开棚上的塑料布透风。在这一过程中，田里要完成施肥、翻犁和浸泡工作。在秧苗长到一定大小后，要把秧苗从秧棚中取出，移栽到秧田中。待农历三四月份，再将秧苗分插到每一块水田。秧苗返青到成熟的这段时间，还要进行施肥和多次的除草、打药作业，并掌握好水田里的水量。收割前，要放水晾晒。在旱地上的耕作较之水田要粗放，多用翻锹翻地，间苗、施肥、除草后便不再多加管理。但这不是说旱地不重要，在旱地上种植的作物不仅是对日常生活中所需食物的补充，而且棉花等旱地作物的生产还蕴含着更为深刻的社会分工的内涵。我们观察到，在水族的农事生产中有一定的具有社会规定性的性别分工，如旱地多由妇女来打理，水田多由男性来管理，当然，插秧和收割时女性也参与。棉花一定是由妇女来种植和采摘。菜园的管理，包括卖菜也主要是女性。关于这一社会性别分工将在下面的章节进一步论述。

大寨人习惯将农业生产之外的副业（打散工）和外出长期务工称为“找钱”。随着致富发展的需求越来越强烈，大寨人开始四处“找钱”。“找钱”成为家庭中每一个人的责任，男女老少都要在其中贡献力量。我们在大寨调查期间，深刻地体会到这一点。年老力衰，不能上田的老奶奶每天都提着袋子到附近的山岭里采药材和土特产，老爷爷则会在家编织竹筐、竹席。小孩们则在放学后帮助家里砍草拾柴。无法外出长年务工的中青年男性在农闲之余，便到周边村寨找修房、修路、挖沟或伐木的工作，中年妇女每天起早贪黑将自种的蔬菜瓜果和自织的土布拿到场上去卖。总之，在村里，很难有闲时，也很难看到无所事事的闲人。寨子里有永远干不完的活路。但目前，外出务工人员对大寨的资金输入能力有限。我们调查中遇到的几个年轻人，回家后手机费和香烟的开支，有时还要依赖家里的支援。

2.2.4－2　**水利大寨放牛的草场**

就生活水平而言，水利大寨的温饱早已解决。寨子在坡上建有蓄水池，水管直接通到各家。目前村庄有固定电话28门，手机30多部，移动电话信号网络已覆盖整个村庄。原来有有线电视，线路坏了后，各家都通过卫星天线（俗称“天锅”）接收电视节目，电视入户率达70%以上。

大寨人的日常饮食主食为大米或米粉。一日三餐，以火锅为主，不善烹饪。家家有火塘，火塘上支一三角铁架，放一铁锅，煮食应季的蔬菜，蘸辣椒水食用。平日里偶有肉类。他们还制作一种用辣椒、西红柿经发酵后形成的酸汤。各家均自酿米酒。

2.2.5 行政组织

在今天的中国，我们似乎不可能再找寻到与世隔绝的村落。在我们所看到的中国族群研究或村落社区研究成果中，我们多少都会发现无论是历史记忆还是当下正在发生的多样性的变革，都多少受到社会政治影响，所不同的是过去是一个王权，现在是一个现代化梦想支撑下的中国特色的社会主义治理体系。无论是在边陲还是在中心，无论是在富足的社区还是贫困的村落，都存在着这样一种体系。理解这一体系在田野调查地点的运作状况，也是理解村落生活的一部分。

中国社会的最基层组织单位是村民小组。水利大寨是一个吴姓家族，但却分为两个村民小组，称为内组和外组。内组和外组的划分，最初是以村寨中的一条路来划分的，但由于村寨近年的发展，民居的不断兴建，目前已经无法从位置上准确区分开内组和外组，形成了内外组交错杂居的状态。但是地理界线的模糊，并不影响大寨人对内组外组的区分。任何一个普通的村民都会清楚地说出谁是内组谁是外组。这一明晰的记忆，是因为内外组的界定，伴随着一系列的现实安排，如根据内外组来分配和调整田土，挑选受资助人员，分担公共事务等。

每个村民小组都有一位组长。组长是政府相关政策在最基层的传达者和执行者，但同时，组长也是在一个真正的熟人社会中选出的村落代表。因此，组长的选拔代表了多数人的意见，尽管会有种种任组长的条件，但更多的评价标准还是村落群体的价值评判观念。这在发展缓慢的水族地区更是如此。在水利大寨，选择组长的标准首要的不是能力、年龄、辈分，而是要愿意为大家奉献，办事要公道。

我在调查期间，大寨内组组长是吴国安，外组组长是吴胜锡。我从2006年9月后直到现在，曾多次到大寨。每次到寨里，都会见到他二人跑前跑后。公共事务他们肯定在场，一些非公共事务，如建新房、看病人等个别家庭事务也少不了他们的身影。他们说，当一个组长，事情太多，不能干家里活路，而且有时影响与村民关系等。他们对组里工作是否积极，是否公正是村民评价他们的标准，也正因为此，村民对两个组长的评价不一。两个组长之间也有一些龃龉。但不管怎样，在大寨，组长承担了一部分我们在前面所说的传统村寨中寨老/族老的功能，同时，他们还拥有正式的“国家身份”，成为一个上下交流的媒介。

除了现任的组长外，在拥有70多户人的大寨，还有从新中国建立到现在，在这种政治体制下生产出的一批曾经的“组长”、“村长”和“党员”。这些人在村落生活中也发挥着一定的作用。

2.3 小结

本章分为两节，第一节探讨了水族族群知识的生成过程，目的是想通过学术研究、政府宣传和民众叙述三个不同的层面，展示出族群知识的丰富性、可塑性和再生性，从而明确我们面对着的水利大寨是在怎样一个大的水族社会人文背景之中。第二节则是对水利大寨具体的人文生态状况的描写，这也是我们进行“在地化”研究的第一步。两节一个宏观，一个微观；一个关注知识，一个关注生活。通过这两节，我们可以初步得到以下认识。

首先，无论是历史确实如此，还是只是一种建构，我们目前所调查到的水族的族群记忆表现出强烈的“华夏化”（王明珂，2006）倾向。这种倾向始于何时，我们无法从时间上确定。根据水族学者的研究，水族这一族群不曾建立过一个成熟的王权政治，而始终处在一个从属的地位，曾经被外界作为苗的一个分支来看待。从水族分布的区域来看，它的确处于大的苗疆之中。清代设置的理苗府，就是把西南地区少数民族通称为苗，为此水族曾有“水家苗”的历史称谓。但从现在来看，无论是水族研究者、政府还是普通民众，都不曾强调从属于苗的这段历史，而是远苗而近汉。这种思想和行为，不同于一般意义上所讨论的由于汉文化的强势而使少数民族“汉化”。水族目前的族群认同，是自觉地从根上与华夏文化建立联系。他们以水书与甲骨文、水语与汉语存在的关联以及文化上的一些特征为证据，梳理出民族的发展历史，以一种开放的态度看待族属问题。相对于汉文化的影响而言，西南诸少数民族都处于这样一种状态之下。但水族所表现出的这种倾向显然与其他民族不同。王明珂研究的北川地区呈现的是一种“少数民族化”的变迁，即强调与汉族之间的区隔（2006：222～246）。郝瑞（Stevan Harrell，2000：22～55）对西南彝族社区族群关系与民族认同的考察中，也指出诺苏、里泼、水田三个彝族群体有着不同的族群认同，其中的诺苏和里泼也强调与汉族在文化、历史上的不同。“所有的族群性都是地方性的”（郝瑞，2000：54）。水族的这种倾向与其所处的区域有关系。这一族群通过“华夏化”的方式，获得了文化上的合理性，同时，也使其成功地摆脱了从属的历史，而与一个更加强势而正统的文化建立联系。在周边民族都倡导和彰显民族特色时，水族以这种方式脱颖而出，无论在心理上，还是行为上，都抢占了先机。关于这种倾向的影响我们将在其后的章节中进一步讨论。

其次，水族内部在服饰、习俗等方面表现出的差异性并不影响其作为一个民族的认同。这些显然不是民族区隔的决定性因素。水族的认同，有更深层的机理来维系。那到底是什么呢？对此，我们将从对水利大寨生活文化的考察中给出答案。我们将会看到，家族体系、鬼神观念和姻亲关系支撑了一个个水族村寨的运行，同时，也造就了一个更大范围的族群认同基础。

我们应该清楚，水利大寨的日常生活，与宏观上的水族族群知识是联系在一起的。它们不是两张皮，自成体系，而是相互影响，互相支持的。同时，与众多的水族村寨一样，水利大寨也正处在从传统向现代的转型之中。因此，我们要将它放在一个充满发展欲望、信息飞速流动的现代世界来考察。其后的章节，我们将围绕水利大寨展开，我们会看到本章所提到的水族族群知识、大寨的人文生态和村民的日常生活是不可分割的。

3. 家族记忆·祭祖实践·家支体系

涂尔干（Emile Durkheim）的“集体意识”（collective consciousness）概念使存在于社会成员中相对一致的信仰与情感体系走到前台，由此发展来的“集体欢腾”（collective effervescence）说法，又让我们看到集体意识在狂欢节式的庆典和夸富宴式的聚会等人类非常态的社会生活里所发挥的具体作用。但是，把“集体意识”与日常生活的展演和延续绑定在一起的，却是涂尔干的学生哈布瓦赫的“集体记忆”（collective memory）或称“社会记忆”（social memory）的理论实现的。这里我们将用“社会记忆”的理论来解读我们从水利大寨得来的种种“文本”①，并对拥有此种家族记忆的民众在生活中的种种祭祖实践进行描写。在本章的第三节，我们还将考察家族内部的家支体系。我们想通过这样的安排，能够相对清楚地呈现出大寨吴姓家族记忆的状况及在日常生活中的影响，同时厘清相同的家族记忆、共同践行的祭祖行为和家支间的相互协作所构成的家族体系在大寨人生活层面的运行秩序。

3.1 家族记忆

在水利大寨所处的区域文化生态环境中，家族记忆应该包含三

① 众多的民族志个案和新史学观念下的家族谱牒研究已经动摇了我们对正史、方志、族谱等书写文本的膜拜之情。在“社会记忆”理论下，“文本”既包括我们习惯的书写文本，也包括村寨民众的口头叙事，甚至于身体和行为上的习惯。

个层面内容：一是关于水族的族群记忆，即水利大寨村民作为水族的族属而言，与其周边的非水族之间关系的一种认知。我们在第二章曾经提及大寨村民对自身族属的认识，这里将在此基础上，加以深化。二是关于吴姓始祖和祖籍地的记忆，即大寨村民与其他同姓所共同建构和享有的吴氏宗族的源流史和祖籍地的认知。三是家支记忆，这包括两方面，一是宗族分支的记忆，一是大寨内部的家支记忆。以上三个层面共同构成了我们所说的水利大寨的家族记忆。同时，我们也注意到在大寨，内部家支的记忆比关于始祖和宗族的记忆，关于水族族群的记忆要清晰，且为多数人所掌握。关于水族族群的记忆更多的为水书先生、歌师所掌握。关于始祖和宗族的记忆则受到近年来的重构家族谱系行为的影响。

3.1.1 和谐的族群记忆

水利大寨所处的区域虽然为水族聚居区，但在其周边及日常生活中，与汉族、布依族、瑶族和现在划为布依族却自称为“莫家”的莫家人[①]有着经常性的往来关系。如有布依族嫁到大寨；有汉族、布依族到大寨找水书先生或过阴婆占卜；各民族在赶场天和各自的节日里也会相遇甚至发生一些社交或经济交换行为。就我们的观察而言，这一区域的民族关系非常的融洽、和谐。这一方面是因为王明珂在探讨华夏边缘形成和变迁问题时所强调的资源竞争和分配环境因素，在这里相对缓和，各民族基本处于同一水平。另一方面，就水族而言，水族本身的族群记忆在其中也发挥了作用。以下以作为族群记忆重要组成部分的水族古歌为例。

水族古歌，水语称旭济，意为创世歌，讲述了开天辟地、人类起源、神族战争、祖先迁徙、创造万物等内容，通常在节日场合来演唱。水族古歌流传范围很广，版本种多，但大同小异。有学者曾在十二名歌手演唱的古歌基础上，选取受外来影响较少且

---

① 莫家，有自己的语言“莫话”，全部姓莫，主要居住在荔波的方寸、阳凤，独山的马尾等地。

较完整的进行翻译整理。从其译文中我们看到，各篇都包含了洪水情节和兄妹成婚情节（刘之侠、潘朝霖，1997：308～317）。我们在大寨采录到的吴国利所唱的古歌也包含了这两个基本情节。吴国利是大寨及其周边小有名气的歌师，也是目前少数几个能唱古歌的人。在大寨除了他以外，还有26岁的吴永明和另一年轻人能唱几段古歌，其他都不会唱了。据吴国利讲，在卯节时，卯坡对歌前都要由歌师唱完全套的古歌，然后才可以男女对唱情歌。他所说的全套古歌包括以下八个部分①：开天辟地、射太阳、造人类、种粮食、建房子、种棉花和纺线织布、一百二十种动植物、过节日，基本构成了一个从蛮荒走向文明的序列。

3. 1. 1 **正在唱古歌的歌师**

① 信息提供者：吴国利，男，1953年生。调查人：王学文。调查时间：2007年6月25日下午。调查地点：水利大寨水田边。种棉花和纺线织布一般由女性来唱。我在大寨采录古歌时，吴国利说："种棉花的我不会唱，这是女的唱的，就她们懂。"

在吴国利演唱的古歌中，关于造人这一主题的一段内容如下：

早制人有女神婆，女神婆给葫芦种，葫芦种生在园中，葫芦长得茂盛，开的花够二人抬，后发芽升上天，瓜藤又粗又大，果比粮仓叶盖六家，有的说是怪葫芦，有的说是宝贝，拿去卦（算卦）看晴雨，到寅年下场大雨，从寅年下到卯年，雨停了冰雹又多，下冰雹砸塌山坡，两姐弟进葫芦，葫芦飘飘上天，到云下仙人帮助，登天神仙拿瓜把，仙拿把神也提藤，干十三天水才小，晴十三天海才干，落下来木烂成菌，落下来草烂成粪。落下来弟问姐，亲戚去哪，弟问姐原住何处，无亲戚何处成婚，去问神仙叫扛石磨，两姐弟去扛石磨，把石磨坡顶滚下，盖对盖姐弟同婚，盖对下弟就娶姐，姐弟同居乱生石子，石子喂饭不开口，喂菜不会吃，去问神仙，神仙给铜刀，去问山神，山神给金刀，神刀砍乌鸦叼开，脚底下成苗瑶族，小腿肉成东北人，大腿肉成西北人，腰部肉成水族人，肩上肉成大汉族，手指肉成越南国（女儿国），月女国没有男人，没男人无法成亲，古时候天下人满，古制好天下齐全。①

这一段古歌的结尾处，非常有趣。水族、苗族、瑶族、汉族、东北人、西北人还有女儿国，这既有民族群体，又有地域人群，还有性别集团，在我们看来根本不属于一个分类标准，不能放到一起论说的对象却是一个躯体的不同部分。而且这一内容不仅是在吴国利演唱的古歌中有，在我们看到的其他古歌文本中也发现了类似的内容。在另一首古歌中唱到“肝脏变成为苗族，皮和肉

① 信息提供者：吴国利，男，1953 年生。调查人：王学文。调查时间：2007 年 6 月 25 日下午。调查地点：水利大寨水田边。此译文也是吴国利提供的。译文很不通顺，有些意思笔者还不太明白，但基本意思我们能够看懂。

变虽干耶。那骨头变成客家，拉杂变禽兽牛羊。那年头破磨石子，散肉块乌鸦帮忙。靠乌鸦发展人类，新一代散满八方。”①尽管这首古歌中一个躯体分出的群体是苗、侗、水、布依、客家以及一些动物，但两首古歌表现出水族对于不同人群起源的一种认识，我们将其简称为“同体共生”观念。这一观念本身的意义表现，首先是它抹平了我们在对人群进行分类时所采用的不同标准之间的鸿沟，如性别、民族、地域分类之间的不可化约性在这里没有了。其次，从古歌来理解，人类与动物的关系也不存在截然的分属，同是躯体的一部分。最后，躯体，是一个完整的有机体，每一部分都不可或缺。“同体共生”观念从某种程度上说，强化了人们对各类人群以及动物共同构成一个大千世界，且互相依赖的有机整体观念。当然，这里还需要进一步调查的是，在水族人的观念中，躯体上不同部分所变成的人群是否有高低优劣之分。

以上是对造人古歌文本的一个冒险理解。很可惜的是，我还无法找到更有说服力的材料来说明这一“同体”的族群认知对现实的族群间的交往和生活有多大程度的影响。因此不能肯定正是这一认知造就了这一区域族群间的和谐，但至少我们可以说如果没有“同体”的认知，而只有族群斗争记忆的话，肯定对族群间的交往没有什么好处。再者，古歌作为对人类社会初始状态的描述，具有一定的神圣意义，其所表达出的各族群初始时的“同体”且互相依赖的状态，也会成为族群斗争发生时化解矛盾，重新达致和平的一种神话性的记忆资源。

在一些水族族称、族源的研究中，一首关于族群迁徙的古歌引用率极高。“古父老住在睢雅，从睢雅上广东，在广东做不成吃，在广西积不起钱。哥溯红水上去，弟沿清水下来，中间公渡过彼岸，到丹州养育后代。”（潘朝霖，2004：18）这首古歌我们在大寨调查中也听吴国利唱过。但就调查到的大寨人而言，他们

① 虽，指水族；干，指侗族；耶，指布依族。演唱：石女、潘孟等；翻译整理：潘朝霖。

并没有将自己纳入到这一族群迁徙路线图中，他们有自己的吴姓始祖记忆。

3.1.2 “华夏化”的宗族记忆

水利大寨的吴姓家族，属于一个更大的吴姓宗族。相比以古歌为代表的关于水族的族群记忆而言，大寨人关于吴姓始祖和祖籍地的记忆和与之相关的历史重构的实践对大寨人的影响更加直接。

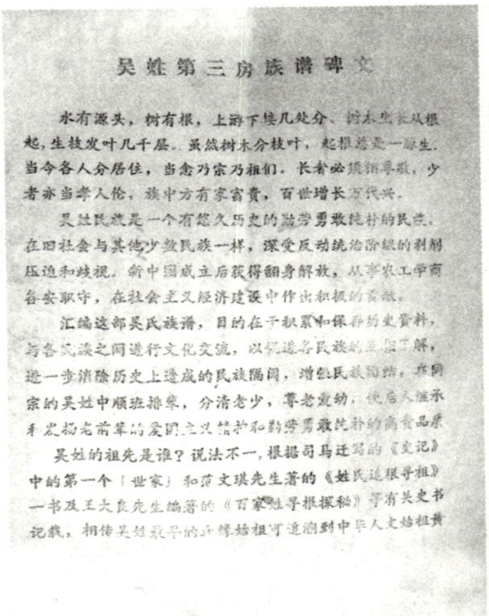

吴姓第三房族谱碑文

水有源头，树有根，上游下游几处分、树木生长从根起，生枝发叶几千层。虽然树木分枝叶，起根总是一脉生。当今各人分居住，当念乃宗乃祖们。长者必须循尊敬，少者亦当孝人伦，族中方有家富贵，百世增长万代兴。

吴姓民族是一个有悠久历史的勤劳勇敢纯朴的民族。在旧社会与其他少数民族一样，深受反动统治阶级的剥削压迫和歧视。新中国成立后获得翻身解放，从事农工学商各安职守，在社会主义经济建设中作出积极的贡献。

汇编这部吴氏族谱，目的在于积累和保存历史资料，与各民族之间进行文化交流，以促进各民族的互相了解，进一步消除历史上造成的民族隔阂，增强民族团结，在同宗的吴姓中顺班排辈，分清老少，尊老爱幼，使后人继承并发扬先前辈的爱国主义精神和勤劳勇敢纯朴的高尚品质。

吴姓的祖先是谁？说法不一，根据司马迁写的《史记》中的第一个「世家」和范文琪先生著的《姓氏追根寻祖》一书及王大良先生编著的《百家姓寻根探秘》等有关史书记载，相传吴姓最早的始祖可追溯到中华人文始祖黄

3.1.2 **吴姓第三房族谱碑文**

据吴友凤讲，吴姓原来有族谱，但1944年被烧了。[①] 在大寨关于吴姓始祖和祖籍地比较普遍的知识是：吴姓祖籍江西，住在白米街珠市巷，后迁到湖南，又从湖南迁到贵州。吴姓到大寨的代数不清。吴姓是水族一个大姓，基本吴姓都是一族。有的离很

---

① 信息提供者：吴友凤，男，1937年生。调查人：王学文。调查时间：2006年9月17日晚。调查地点：水利大寨吴友凤家。

远的吴姓寨子，像九阡的水各，与大寨吴姓还不能开亲，因为是一个宗族。这些认识在大寨基本是作为一种民众共识存在，但大寨中的个别人有更为详尽的讲述。歌师吴国利即是其中之一，同时他也总是被村民作为懂得这类知识最多的人，推荐给外来的调查者。所以，他在各种场合重复讲述他的“这类知识”也就势必影响和改变民众的认识。

我们吴姓，原来不姓吴，而是姓姬。当时有个国家叫吴国。我们姓姬的始祖在吴国是总统。始祖的老婆也姓姬。有一次，丞相就对总统说：“你姓姬，你的老婆也姓姬，你不怕天下人笑话吗?”我们始祖就说，“那好吧，我就以国为姓，改姓吴吧!”我们始祖有三个兄弟，也都改了吴姓。吴国的王位，应该传给大儿子。我们这一支的始祖是大儿子，叫吴泰伯。他应该得王位，但他非常勤劳，所以就将王位让给二弟。自己则迁到江南种麻。在那时，葬礼上没有人披麻戴孝。我们始祖因为种麻，所以死后，左邻右舍表达对他的纪念，为他披麻戴孝。所以披麻戴孝是从我们吴家开始的。吴家开始是汉族。后来吴姓十六代孙带兵到贵州平乱，从江南带兵入贵，在黔东南一带。平乱后，所带的兵便留在了贵州。我们祖公就来到这地方。当时这里就有水族，我们到这后，娶水族的姑娘，我们就成了水族。所以在水族这有“十六水”之说，十六水几乎都来自江西，不过据说蒙姓是从云南过来的。其实就是居住在哪就是哪族。水各与我们是一支。

我们能确定吴泰伯是我们的始祖，但不能确定来到此地的祖先是谁。所以在三都水各有块碑，写着始祖是吴泰伯。我们这还没立碑，不能确定，我还要访资料。据说，到贵州八位将军，全姓吴，但他们不是一个祖宗。第三个将军叫吴应王，他的长子是我们的祖先。水利大寨原来很大，从水利分出去很多。[①]

吴国利在讲述中已经提到他掌握这些知识的原因，一是因为他是歌手，二是他曾与一热衷吴姓家族知识的老干部有过接触，且看到过一本百家姓的书。但我在后来的调查中得知，他在1998年还参加了一次以三都九阡水各大寨为核心的吴姓宗族修谱的事件，并得到了一份《吴氏第三房族谱碑文》[②] 的打印稿。

《吴姓第三房族谱碑文》

水有源头，树有根，上游下接几处分。树林生长从根起，生枝发叶几千层。虽然树木分枝叶，起根总是一脉生。当今各人分居住，当念乃宗乃祖们。长者必须相尊敬，少者亦当孝人伦，族中方有家富贵，百世增长成代兴。

吴姓民族是一个有悠久历史的勤劳勇敢淳朴的民族。在旧社会与其他少数民族一样，深受反动统治阶级的剥削压迫和歧视。新中国成立后获得翻身解放，从事农工学商各安职守，在社会主义经济建设中做出积极的贡献。

汇编这部吴氏族谱，目的在于积累和保存历史资料，与各民族之间进行文化交流，以促进各民族的互相了解，进一步消除历史上千万的民族隔阂，增强民族团结。在同宗的吴姓中顺班排辈，分清老少，尊老爱幼，使后人继承和发扬老前辈的爱国主义精神和勤劳勇敢淳朴的高

① 信息提供者：吴国利，男，1953年生。调查人：王学文。调查时间：2007年2月6日下午。调查地点：水利大寨吴国利家。吴国利说：“这些事只有水书先生和民间歌手比较知道。因为古歌之中有关于水族来历的歌，所以我就知道一些。至于姬姓的说法，我是从三都民政局一个退休的吴姓干部那知道的。他给我看了一本《中国百家姓》，江苏出的，那也是司马迁做的，其中就说到了吴姓。这个人退休后一直在找吴姓的来历。”

② 资料提供人：吴国利。录入：王学文。录入时对原文错漏字均未改动，无法辨识的以“□”标出。

贵品质。

吴姓的祖先是谁？说法不一，根据司马迁写的《史记》中的第一个“世家”和范文琪先生著的《姓氏追根寻祖》一书及王大良先生编著的《百家姓寻根探秘》等有关史书记载，相传吴姓最早的血缘始祖可追溯到中华人文始祖黄帝。早在人类洪荒年代，黄帝原为姬姓部落的首领，后作为中原部落联盟的首领，主要活动在黄河中下游地区。后传到他的十六代孙古公亶父（后被周武王追赠为周大王）。

古公亶父继承部落首领后，率族人移居土地肥沃水系发达的渭水平原之周源（地名）定居（今陕西渭河平原一带），以周为部落名称。古公亶父有三子：长子泰伯，次子仲雍，三子季历。古公亶父偏爱三子季历，其原因是季历之子姬昌（后来的周文王）聪明有智，而且为人正直有远见，想让姬昌将来能继位，但是当时的奴隶社会和封建社会立长不立幼的观念阻碍他的计划，长子泰伯深名大义，为了满足父亲的愿望，让三弟和侄儿名正言顺地继位，就带领二弟仲雍逃到江南（今江浙一带）居住。而姬昌没有辜负祖父和伯父的希望，使周部落很快强大起来，曾任商朝四大诸侯中的西伯侯，到他的儿子姬发（周武王）终于来商纣王建立周朝，立国八百多年是中国历史上最长的封建王朝。直到战国末期（公元前二五六年）才被秦始皇所灭后统一中国。周朝最后一个王君周赧王的后人因已失国，就以周为姓。

泰伯和仲雍逃到江南后，把中原先进的农业生产技术和文明文化带到江南，这对江南的历史进程和经济发展起到巨大推动作用。当地人民推泰伯为首领，由于他开创有功，后来创建“吴国”建都延陵（现今的宁波市）。现在有的吴姓神龛上的横批写“延陵世弟”的由来。他的后人以国为姓，奉泰伯为吴姓始祖。

另一种传说，泰伯原本姬姓，娶姬孟子为妻，有个大夫对他说：“陛下，你是一国之君，为何娶本姓为妻？不怕天下笑话乎！”王曰：“卿说得对，朕改姓吴好了。”后人尊称他为吴泰伯，就是吴姓始祖。《史记》中的第一个“世家”写的就是吴泰伯。

战国时期（公元前四五七年至二二一年）泰伯的裔孙被任命为江西总督。唐朝贞观三年（六二九年）他的后裔奉命到湖南□发、管辖湖广武昌府共十六州一百零三县，总督府设在湖南宝庆府（今宝庆山）白米街猪市巷。据《贵州通史》、《独山州志》和《三合县志》记载，明朝洪武二十二年（一三八九年）南方夷民造反，明朝廷派武略将军张钧（湖广襄阳人）为元帅，派吴独令兄弟八人（湖广宝庆人）为副将到贵州平夷，因征黔有功，于洪武二十三年（一三九〇年）授张钧为洪武开辟贵州都匀府独山州陈蒙烂土长官司，建立土司政权。副将以下官兵解甲归田。洪武二十四年（一三九一年）吴独令兄弟八人在独山在独坡扎营，同年在现今的独山火车站附近建立祠堂，此后分散八方居住。仲雍的子孙被周武王封为虞，即：吴郡，驻河东太阳县。

康熙八年（一六七〇年）香炉山（今雷山和方胜等地）的苗民造反，张钧的第十代孙张成远（烂土长官司）之弟张继远及张宏谟奉调一千名士兵征剿，吴氏四房始祖吴独旗的第十代孙吴副首爷吴吞细及子吴条吞、吴同吞与从六姓协同带兵出征。于康熙十一年（一六七三年）得胜回朝，在普安大岩寨公民立志，誓盟心愿，生死相顾，患难相扶。康熙×年（待查）在沃屯建立第二个吴姓祠堂。

有人说吴姓祖籍在江南，有的说在江西，有的说在湖南，几种说法都有历史依据，因为泰伯子孙先从江南到江西，次到湖南后到贵州，应以湖南为吴姓祖籍较为适合吴姓八位始祖从湖南到贵州至今已有的六百多年的历史了。

吴姓是什么民族？说法纷纭，现据有关史书记载，吴姓先民是中华炎黄子孙，居住在黄河中下游一带的汉族。《中国少数民族简史从书》也有记载，从中原迁移来贵州的是汉人，但由于历史变迁，很早以前就与夷、戎、狄、苗、蛮等古部族共同融合为华夏，其后华夏不断发展壮大，形成今天包括五十六个民族的中华民族大家庭。后因吴姓历史演变，人口逐渐增多，各房分散居住，与当地民族融为一体，信仰当地民族的风俗习惯和民族文化，讲当地民族语言，到水族地区居住的演变成水族，到苗族地区居住的演变成苗族，到布依族地区居住的变成布依族，在汉族地区居住的继续保留汉族。

吴姓在百家姓中排名第六位，按人口比例，吴姓为中国的第八大姓。

吴姓到贵州的第一个字辈是1393年在独山县建立祠堂时，八位始祖共同商定，此后分散八方居住的。三房住：巴念、都匀、王家祠、独山干告、交送、上司和下司、拉王妻孤山脚、八寨沟、抵鸡价河、甲送、吴家寨、都匀吴司疆土职、板良寨、塘立约寨、和勇、吉勇、母气共十一寨。九阡水角大寨、母亨寨、水后的塘、下水措寨、牛场寨等。随着历史的变迁和社会的发展，吴姓人口逐渐增多，又分布全国各地，各房支派自成体系，原八位始祖制定的十五个字辈已不适应发展的需要，各房就先后制定本房的字辈，其中三房的字辈定为：世锦应文廷、跃天永大昌、祖宗思泽远、尚国定宽光。

（上文叙述遗漏以下寨名）：水利大寨、拉吾大寨、火寨、板尖、姑脚、中寨、板选、和周、忙马、板口、敌兰、上级拢、下级拢、交林、板岩、太阳寨、的秀寨、板留寨、六远、板先。

在此，同宗共祖万代兴不得生异心，祖人阴间共保佑，天下称为望族门。

特此更正：九阡水各大寨、母享寨、吴氏第三房族谱筹备小组成员名单：

水角大寨组长：吴天忠 吴天伟

副组长：吴永祥 吴永兄

吴国利的讲述文本和勒石为记的族谱碑文，内容上有同有异。总体而言，吴国利的讲述文本更加生活化，且明显受到族谱碑文和其他纸质文本的影响。在吴国利的文本中，包括了改姬为吴、让国东奔、开疆立吴、入黔平夷等情节，这些情节的编排与族谱碑文中的不同，且没有一个相对清晰的脉络。吴国利讲述文本所体现出的人物模糊和时间序列的差异，更多的是记忆的原因。我们从他的讲述中，能体会到他对正史的追求。那么这两个文本内部到底体现出怎样的一种“历史心性”（王明珂，2007）呢？它们对于大寨人的日常生活有哪些意义呢？

吴姓在寻找始祖的过程中，将司马迁《史记》中的《吴太伯世家》作为依据和源头。在《吴太伯世家》里，有两人可称为道德楷模、文化英雄，彰显出积极正面的形象，即泰伯和季札。泰伯有远避荆蛮、断发文身、三让天下的文治武功，传到季札，又演绎出两度让国、退耕延陵的佳话。“太史公曰：孔子言‘太伯可谓至德矣，三以天下让，民无得而称焉’”，“延陵季子之仁心，慕义无穷，见微而知清浊。呜呼，又何其闳览博物君子也！”但在《吴太伯世家》中，还有吴国内部统治阶级之间的王室斗争，以及在道德和能力上有缺陷的人，如公子光和吴王夫差，前者杀王僚夺权，后者杀伍子胥。[①] 然而，在吴姓始祖和宗族的记忆中，只有泰伯和季札这样的道德楷模和他们的事迹，只字未提《吴太伯世家》中所提到的那些有污点、形象不够高大的吴姓人物。这种有

① 司马迁，《史记》卷三十一《吴太伯世家第一》。

选择的重构历史或者说结构性的失忆现象在一些民族志中也提到[①]。对此，我们可以在文本产生的情境里理解这种动机，以及这种记忆之于生活实践的意义。

我们还应该对这些文本的构造方式和所表现出的内在心理机制予以分析。

首先，在这些文本中，家族和民族是一个同一的概念。我们这里不对家族与民族关系作历史的追溯和分析，只就当前的学校、媒体等渠道所传输的知识概念来说，二者是不同的，一般认为是一个民族中包括着多个家族。但我们通过上述的文本材料看到在社会记忆里，是可以有一种跨民族的家族存在的。而在其文本中，所表现的策略与方慧容在分析西村的《硬杆子之乡斗争史》中所揭示的村史与国家史的关系一样，存在着“一个同型的放大和缩小的关系”（2001：473）。所不同的是，这里不是地方史与国家史，而是家族史与民族史。它们不是整体和局部的构成性关系，而是家族史被扩大到一个跨民族的历史进程之中，同时这一家族史又是他们所认知的民族史。

其次，吴氏族谱文本基本勾勒出了吴姓“英雄祖先历史”，有礼让的事迹，同时有挥师入黔的壮举。正如王明珂所指出的“英雄祖先历史”中必有量化、线性的时间，且所有“历史”都系于同一线性时间上（2007：47）。我们看到，族谱文本中一大特点就是事件时间非常明确。寻找和利用吴泰伯故事不只是吴姓建构家族史的特权，在很多边缘人群“华夏化”的历程中，吴泰伯故事都是重要的建构素材，只不过，大寨的吴姓使用起来更加顺理成章，因为姓氏是相同的。

文本中还有一个值得注意的说法，即白米街猪市巷。白米街猪市巷，也有写作珠玑巷、珠市巷、朱氏巷等。这最初是明清

① 埃文思—普里查德（E. E. Evans – Prichard）关于努尔人宗族裂变的研究中，就提到努尔人通过忘记一些祖先或特别记得一些祖先来达成家族的发展与分化（2002：272 ~ 279）。古立佛（P. H. Gulliver）的研究也指出这样的记忆原则，即“结构性失记”（参见王明珂，2006：24）。

"江西填湖广"的移民的一种记忆，后来因为种种机遇，逐渐成为南方众多民众的祖籍地记忆。刘志伟（1999）对珠江三角洲族谱的研究对我们理解这一现象非常具有启发意义。他指出，已往一些士大夫，以及今天的历史学家，一般都知道珠玑巷南迁传说的主要情节并不可信，但珠玑巷传说或者类似的故事广泛流布且为众多家族所接受的原因，一方面是为了应付明初户籍编制，另一方面也是更重要的是，在珠江三角洲的黄萧养之乱以后，地方民众通过假借和强调祖籍地，而证明和维持正统性的身份认同，从而在地方社会秩序中获得有利的地位。水族地区在明清时期已经被纳入一个王权的管理体系，里甲制度、赋税制度已经实行，不同户籍也同样有不同的待遇。明清两代在中央王权推行的"改土归流"的政策，与之相伴随的剿杀、安抚和水族反抗斗争更是在这里产生重大影响。特别是在咸同起义后的若干年间，荔波、三都、独山的水族都被称为"贼民"。（《水族简史》编写组，1985：30～68）在这种境遇下，水族民众借用和强调江西白米街猪市巷为祖籍地应该是生存、发展的选择。这一祖籍地认同一经形成，也就成为家族记忆的一部分，成为凝聚和团结家族的记忆资源。这种记忆从一定意义上说，是地域性的，而不受民族的局限，在其周边的苗族、瑶族、布依族中均有江西迁来的说法。

大寨水族吴姓的姓氏来源是否就与吴泰伯有直接的关联，我们很难通过资料来确定。大寨人在浩如烟海的文献中寻找到吴泰伯，就像是夏威夷土著在海滩上看到库克船长①一样，马上被纳入到宗族的认识框架之中，文献记录中表现出的他所具有的高尚品质更让他轻而易举地获得始祖的地位。在中国经过长期的接触、混杂、联结和融合的历史过程中形成的中华民族的认同和多元一体格局的情境下，水族吴姓无疑通过这一始祖的确定而在心理上

① 在人类学的著作中，库克船长应该是被讨论最多的一位船长，他的故事在人类学研究的"异文化"中非常著名。相关讨论见萨林斯（Marshall Sahlins）（2002，2003）的著作。

获得了更加自信的文化地位。这种文化优越感可以让其更加放松和开放地参与周边族群间、家族间的社会交往。

大寨以及与其同宗的水各，在族群归属上认同水族，同时至今仍鲜明地享有着作为水族而言的标志性特征：水书、水语以及其他水族文化基因。但就吴姓水族所建构和述说的始祖和宗族记忆而言，他们却义无反顾地表现出对华夏文化的迷恋。不论历史是否如此，但这两种略有矛盾的认知却是鲜活地共存于他们的认知图式里，同时为他们适应和调整自身所处的日常生活世界提供指导。两种认知尽管不一致，但却在他们的情境中是必需的。一方面，他们要在大的中华民族的文明图谱中找到位置，和一个占据主流且历史悠久的传统连接到一起，以摆脱被华夏这一大中心边缘化的危险；另一方面，在其所处的西南少数民族区域环境和小范围的族群间的日常交往中，他们同样要以某种姿态融入到一个小的区域中心之中。我们认为，在当前的民族管理和民族发展政策下，在原主流文化依然主流且更加强势下，两种认知将会持续共存。

3.1.3 大哥与小弟：含混的家支记忆

在族谱碑文中的末尾处有一段关于宗族分支的记述。同时，在第二章介绍婚姻时，我们也写到水利大寨的开亲古歌。这两个文本关于宗族分支的记述与大寨目前所遵循的通婚规则是一致的。两个村寨能否通婚，是大寨人衡量村与村是否存在血缘关系的基本原则。他们在向外来者描述这种关系时所用的依据也是在日常实践着的通婚规则。因此，从这个角度而言，这两个文本中的宗族分支记述，无疑是最具有现实指导意义的。在以上的书写文本（碑文）中，我们没有发现关于从宗族分出来的各家族村寨的长幼区分的说法，但在水利大寨和水各大寨的调查中，我们却非常容易地访谈到这样的记忆。这一记忆没有被写入族谱文本是有原因的，因为在水利大寨和水各大寨这一记忆是相矛盾的。水族卯节是分期分批次来过的。在水歌中关于卯节的批次是这样的：“第一卯水利卯，第二卯洞托卯，第三卯水浦卯，第四卯九阡卯，只有九阡过后卯”。[1] 从今天来看，第二卯和第三卯已经归到第四卯，但水利先过第一卯和九阡过最后一卯仍是严格执行着的。民众在解释为什么会这样时，就牵涉了宗族分支的记忆。水各大寨的解释是：

> 我们过完这个卯就没有卯了。第一卯是荔波水利乡，他们不是卯坡，是寅坡，不是卯坡，昨天是卯坡了，今天是辰坡。我们过最后一卯，是因为大祖公在这里，他们在荔波那边都是兄弟，所以先给兄弟过先，大哥去看，看兄弟过这个卯节是不是热情接待亲戚朋友，所以必须大哥去看。让老弟过先，看他们别打架。那天大哥必须登上他们的卯坡。
>
> 水利祭祖不烧香。他们说以前这几个公来到这里一起居住了。据说水利那边有一块田，他们互相夺要那块田地。那么大哥在这里呢，就老弟到那边田地，勤恳开荒，那么我就在这里了，种田。我们哥弟那以后一个互相走访一个。其中一个老弟就不同意了，为什么叫我去那边呢。因为我小就叫我去。祖宗不保佑我，那么过卯我也祭祖，但我不烧香，对祖宗有这个意见。[2]

水利大寨的解释是：

> 之所以这里是卯节的第一批，是因为从江西搬到贵州的是几兄弟，水利住的是大哥，所以大哥先过，然后

---

① 信息提供者：吴国利，男，1953 年生。调查人：王学文。调查时间：2007 年 7 月 25 日下午。调查地点：水利大寨吴国利家。

② 信息提供者：吴天伟，男，1952 年生。调查人：王学文。调查时间：2007 年 7 月 20 日。调查地点：水各大寨吴天伟家。

其他兄弟才过。[1]

水族过卯节都是老大先过，然后才是弟弟过。我们这是第一卯，我们不过，其他都不能过，没听说是弟弟先过。父母过世了，家里都是兄长为大。[2]

从上面的材料我们可以看到，水利大寨和水各大寨在关于谁是大哥的问题上是矛盾的。正是这一矛盾的存在，所以在他们共同撰写的族谱碑文时就隐而不谈这个问题。这样的策略选择，是基于现实合作的考虑，是一次典型的求同存异式的实践。这样既强化了作为一个宗族的认同观念，又避免激化矛盾，维护了宗族的团结。而至于谁是大哥，就任其各自表述了。

在大寨还有一种与村落日常生活联系更为紧密的村落家族内部的分支体系。大寨内部分为四个家支（现在裂变为五个）。大寨村民讲，到大寨定居的老祖公，娶了两个老婆，各生了两个儿子，后来就以此来分为四个家支。现在大家都知道谁是大老婆一支的，谁是二老婆一支的。这一内部家支的记忆是这一分支体系的核心，至今仍支撑着这一体系的运作。关于这一体系的日常运作请见本章第三节。

与吴泰伯故事里所体现出的清晰的"线性时间"脉络不同，家支的记忆里缺少明确的时间标志。王明珂认为，这是因为"关于'弟兄祖先故事'中，'起源'的血缘与地缘关系结构，决定了当今人群社会的血缘与地缘关系结构，因此无须量化、线性的时间，也缺乏系于时间的复杂'历史事件'，也因此，多种'历史'（弟兄祖先故事）可以并存，而它们间不必有线性时序关系。"（2007：47）

现在，族群起源的神话，无论对于吟唱它的歌师，还是普通的听众都是一种虚构和幻想，但它却是水族族群最原初的一种世

① 信息提供者：吴友凤，男，1937年生。调查人：王学文。调查时间：2006年9月17日晚。调查地点：水利大寨吴友凤家。

② 信息提供者：吴国利，男，1953年生。调查人：王学文。调查时间：2007年6月21日下午。调查地点：水利大寨吴国利家。

界观，是家族记忆中最基础也最不可解的一部分。公认的“英雄祖先历史”与不同的“兄弟记忆”作为家族记忆中的另外两个层次，可以被认为是大寨吴氏家族的“根基历史”（primordial history）（王明珂，2007：26～27）。家族成员以“共同祖先”的记忆来强调彼此的根基性情感联系（primordial attachments），以“兄弟长幼记忆”来说明当下的节日体系、家庭分支，各自强调交往中的主导性地位。二者所考虑的情境是不同的，一个是在整个宗族所处的社会情境下做出的选择，一个则是考虑家族村寨在宗族中的地位以及内部家庭间的协作。记忆的文本与生活的情境相应和。它们在各自的情境中产生，又对情境施以不同的影响：或维持、或强化、或再塑、或改变。

3.2 祭祖实践

祖先祭祀是在家族记忆指导下的一种不断重复的实践行为，同时，这一行为也在重复中强化了家族记忆。祖先祭祀可分为：家庭祭祖、家支祭祖和家族祭祖。

3.2.1 家庭祭祖

在水利大寨，因为缺少一个明晰的族谱文本，所以大部分人只能明确地说出四到五代的家庭成员。人们回忆起的水书先生吴友凤和歌师吴国安的家族谱系如图2、图3。

在缺少族谱的情况下，水利大寨人对家庭的繁衍史的记忆也很有限，只能勾勒出四到五代的家庭成员。因此，大寨人的祭祖，实际上是在祭祀一个群体，不是在祭祀某一个始祖。所有过世的先祖都享用祭品。祭祖性的行为几乎每天都会在家庭上演。因为大寨及周边的水族有一个习俗，饮酒前，都要首先用筷子沾杯中酒在桌上点两下后方可举杯。他们将这一行为惯习，便解释为是在祭祀祖先。

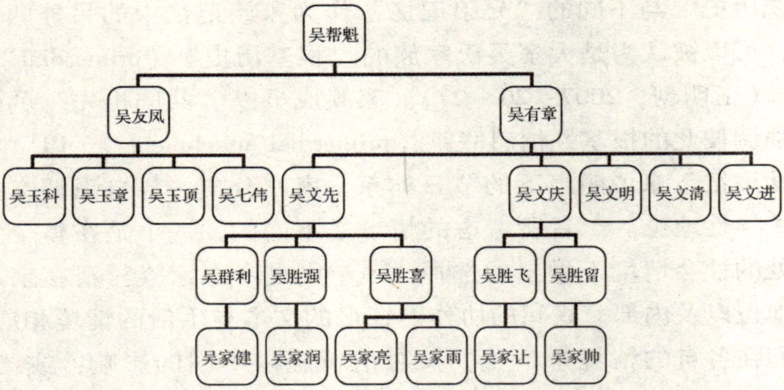

（注：粗黑框中的为水书先生。）

图2　水书先生吴友凤的家族谱系

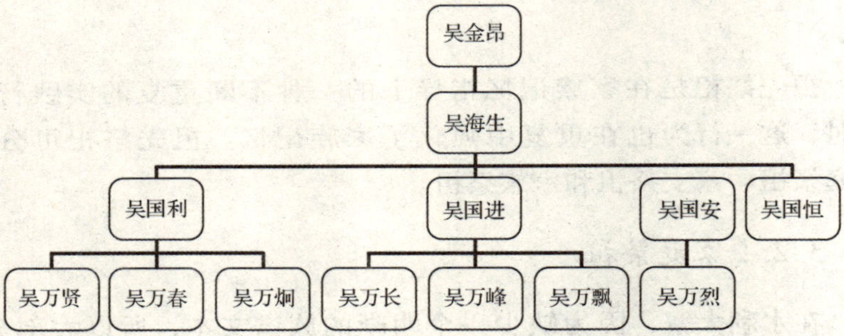

图3　歌师吴国利的家族谱系

水族的每个家庭都供有祖先牌位，他们称为香火，通常都位于厅堂的墙壁上。家庭的祭祖便围绕着香火展开。每逢节日或家庭中的重大事件时，都要祭祖。平日里，则不祭。以下是我观察到的2007年卯节时水利大寨吴国利家的祭祖。

吴国利家在卯节的前一天，即寅日，便着手准备祭祖所需的物品。吴国利杀了一只鸡，并煮了鸡血稀饭。晚饭前，祭祖开始。吴国利和二个儿子将准备的供品摆放在香火前的供桌上。一只煮好的整鸡，放于桌上，鸡头挺起向前，鸡脚交叉伏于后。桌上整齐摆放五碗鸡血稀饭、五只酒杯和五双筷子，然后围着桌子摆五把小椅子。同时，吴国利还在桌下放一盆，并用一铁锹从火塘中取正在燃着的木炭放在其中。他拿出一个烟杆，装上烟叶，用火点燃后放在供桌上。一切准备就绪后，两个儿子闪在一边。吴国利站在桌前，双手微抱，口中祷告：“过卯了，我们供奉您。希望老祖宗保佑我们全家身体健康，庄稼丰收。”之后，鞠躬致敬，祭祖即告完毕。他们将供品取下，家人开始吃饭。同样的仪式，卯节当天的早上还要举行一次。

3.2.1　**卯节时家庭祭祖**

总体而言，大寨的卯节祭祖不如罗春寒（2004：508～509）等人所记述的那样隆重。一个比较典型的现象是大寨祭祖的过程中没有烧香。对此，大寨村民吴国利解释说："卯节我们不插香，是因为卯节是青年节，是活人的节日。"① 我们在水各大寨调查时，水各的吴天伟说水利人卯节祭祖不烧香是因为对老祖公有意见。② 水利大寨卯节祭祖时还有一点与水各大寨不同，即在摆放碗筷的数量上。水利大寨是五副，水各大寨则为六副。吴国利说："五副碗筷是因为老祖宗也有家人和亲戚，过节时他们都会来。"③ 这一解释与水各吴天伟关于六副碗筷的解释也不同。他说这是因为他们祭的是六个公，六个祖先。④ 这种不同解释的产生与我们在前文家族记忆中的讨论有关，二者所处情境的不同导致其行为和解释的不同。正如我们在田野调查中所经常遇到的那样，大部分民众对其仪式行为的内涵没有解释的冲动。我们饶有兴趣追问的东西，对他们而言更重要的意义在于他们一直如此。

水利大寨人也过汉族春节，且近年来越发隆重。过年祭祖是春节期间的重要内容之一，主要以家庭为单位进行。过年祭祖是一个持续的过程，一般从三十晚上开始，一直祭到正月十五。这其中，三十到初二以及正月十五是必须祭的，其他时间则视家庭事情多少来自由安排。祭祖的时间通常在晚饭前，由家里的主人进行。供品为猪、鸡、鸭、豆腐、米酒等。祭祖的过程同卯节祭祖时基本相同，不同的是过年祭祖要烧香。同时，在过年期间的晚上，每家的门口都要插香，这是告诉祖宗和他的亲戚朋友这个时候可以进门了。

---

① 信息提供者：吴国利，男，1953 年生。调查人：王学文。调查时间：2008 年 3 月 2 日上午。电话调查。

② 信息提供者：吴天伟，男，1952 年生。调查人：王学文。调查时间：2007 年 7 月 20 日。调查地点：水各大寨吴天伟家。

③ 信息提供者：吴国利，男，1953 年生。调查人：王学文。调查时间：2008 年 3 月 2 日上午。电话调查。

④ 信息提供者：吴天伟，男，1952 年生。调查人：王学文。调查时间：2007 年 7 月 20 日。调查地点：水各大寨吴天伟家。

家庭祭祖，是一种不断重复的行为。在这种不断的重复中，家的观念得以强化。在这里，家不再仅是一个现实的人群单位，而是加载了历史记忆、美好寄托的象征。

3.2.2 家支祭祖

水利大寨以家支为单位进行的祭祖主要表现在清明节的上坟祭祖上。

清明上坟祭祖的时间以本支墓地三年中是否有新墓而定。如果本支三年中有人过世，上坟祭祖的时间为清明节当天；如果没有，则可在清明前后的二、三天中的某一天去祭。本家支的各家庭相约而行，有时各带供品，一般为鸡、糯米饭、酒以及上坟用的纸钱、线香、白纸剪成的坟标等，有时则各家庭集钱购买祭品。

祭祖的组织者通常是家支中管事的人。祭祖时各家的男女老少都要去。管事的人会提前安排各家庭携带锅灶和碗筷。到达墓地，先摆放好供品，点上蜡烛，插上坟标。然后将带去的猪、鸡等在墓前宰杀，并把它们的血淋到纸钱上，几撮鸡毛用血粘在墓碑上，向祖先“献生”。他们认为，淋了血的纸钱和用血粘的鸡毛有通灵的作用，可以被祖先感知，供奉的祭品才能顺利送到祖先那。

“献生”后，众人用从家中带来的锅灶将猪、鸡等煮熟，并做猪血稀饭、鸡血稀饭。煮熟后，人们再将其拿到墓前献祭，称为“回熟”。至此，仪式全部结束。人们就在墓地周围，三五一起，开始享用祭品。此时的上坟祭祖，成为一个家支的聚会。

清明祭祖，清晰地显示出家支的边界。家支的记忆支持了这一行为，同时，这一行为本身也强化了这种记忆，既传承孝道，又维系与加强家支的凝聚力。在水利大寨，家支并不仅仅是一个祭祀的群体，在红白喜事上家支还有着紧密而严格的协作关系。

3.2.3 家族祭祖

以村寨为单位的家族性祭祖，不是每年都进行。在大寨，通常三五年才会举行一次。祭祖的时间不固定，每次都由水书先生根据水书来推算确定。

水利大寨的祭祖，是祭迁到大寨的开基祖。祭祖由村中的寨老、小组组长等共同组织，水书先生在家族性的祭祖中有重要的地位。一方面祭祖的时间由他来确定，另一方面祭祖中他也是仪式的核心，掌控着仪式的过程。大寨祭祖的地点在村口的大树处。供品为猪、鸡、糯谷把等。在祭祖时，大寨的各个路口都要封闭，用竹子等拦住，不允许非本村人进入。我在调查期间没有碰到家族性的祭祖，但我看到了两次与祭祖仪式相类似的祭树神仪式，一次是在 2007 年 2 月 4 日，一次是在 2007 年卯节。

3.2.3　全村祭祀树神

祭树神的仪式每年举行，以全村为单位，目的是向树神祈求风调雨顺，村寨安康。祭树神时大寨的进出道路不封闭。应该说明，我所观察到的两次祭树神的仪式受到了外界的影响，是应中央台的一个栏目组和国外的一个摄制组的要求而进行的。但能否祭神树、什么时候祭都是问过水书先生的。吴友凤推算，认为2月4日可以祭树神，于是便在村口大树处举行了这一仪式。

因为中央台来这里拍摄片子，所以此次祭树神活动中，村里的干部和县有关部门的人员在仪式的现场。几个外村，甚至外县的水书先生也来到水利，参加祭树神。其中一个水书先生叫谢朝海，原居荔波，现居独山，曾读过高中，是在当地非常有名的水书先生之一。另有一个外来的水书先生，姓名不知。因为是水利祭树，所以，此次仪式仍由大寨的水书先生吴友凤来主持，其他两位外来的水书先生则在旁协助。

早晨时分，水利大寨外组组长吴胜锡砍来绿色的藤蔓和芭蕉的叶子铺在神树的周围。9点30分左右，村里人，特别是孩子们陆续来到神树处。水书先生穿着青布长衫，戴着青布的帽子也来到此处，在村里人的协助下开始布置祭祀场所。他们首先用红绸缠树。然后，将一块生肉挂在竹竿上，并将其斜倚在神树的树干。围绕着树，摆放12个酒杯，12碗糯米饭，12双筷子，12碗生米，12炷点燃的香。据水书先生讲，之所以各放十二，是与十二地支相配。生米用来请神，而糯米饭则是供神享用的。然后，树面南的一方上，从东向西依次摆上生米一碗、生鱼一盘、土布一匹、熟肉一块、糯米饭一碗、猪头一个。其中生米碗中放有打卦用的牛角和铃铛状的响器。水书则放在这些供品的前面。另有一只活的公鸡放在树边。一切布置完毕后，仪式开始。

水书先生吴友凤站在中间，其他两位外来的水书先生列于两旁。吴友凤一手持响器，一手持物击打，响器发出清脆的声音。他拿捏几粒生米，向供品抛撒，口中念念有词，请树神。念毕，他拿起两片牛角，向下抛，如果两片牛角一正一反，则说明树神已到；如果都是正或都是反，就说明树神未到。吴友凤掷了两次均未出现一正一反的情况。见状，旁边两位水书先生拿起牛角来抛，前两次也没有出现。于是，他们重新又念祷一番，继续抛牛角，直至出现了一正一反的情况，才停手。抛牛角期间，周围非常肃静，大家都屏息观察着牛角。当看到一正一反的情况出现后，方长出一口气。后来他们说，如果神请不到，这次祭祀就没有用了，还要重新祭。神不到，肯定是有什么地方做得不对，人心不够诚。

树神请到后，吴友凤持响器在前，另两位水书先生抬鸡笼在后。由吴友凤引领着，先逆时针，后顺时针，再逆时针绕树三圈，边走边敲。口中还念念有词。绕毕，吴友凤开始杀鸡，接鸡血，并将鸡血淋在纸钱上。这时候，周围的人将鞭炮点燃。水书先生翻开水书，继续诵读，开始为全村祈福。随后，人们将纸钱点燃，分散地放在树的周围。水书先生则拿起各种供品，在纸钱燃起的烟火上方绕三圈，意是通过这烟火将供品带给树神享用。人们用枝条翻动纸钱，使其尽量燃尽。至此，整个仪式完毕。水书先生收起水书和各种仪式用具，众人将各种祭品抬到吴国安家，在他家将其煮熟。村里众人都到他家享用。

整个的祭树神的过程，村里的男男女女都围在神树的周围，一是观看，二是协助。祭树神所有的开销应由全村各家户平均分担，但因为此次祭树神是应电视台所请，所以当地政府提供了各种供品。

尽管这里不是祭祖的行为，但由于参与的人员都为村落成员，且仪式的目的是为了整个寨子祈求风调雨顺，所以从这一意义来说，这一仪式行为的过程和目的都让大寨人更紧密地认识到自己的村落身份和整个村子对于个体家户的意义。大寨作为一个家族村落，这一行为也就具有了浓重的家族集体行为的意味。正如组织者之一的吴国安所说："为了村子，就是为我们这个家族，这都是大家的事，大家都支持。村子好了，每家才会好。所以，收钱、找人干活都好办。大寨别比的寨子都心齐、团结。”①

3.3 家支协作体系

水族社会流行“外为一，里为二”的说法。对于一个家族村寨，“外为一”的基础就是相同的家族记忆和血缘联系；“里为二”则是对家族内部复杂性的一种概括。家族内分家支，家支间的关系是维系一个家族“为一”的内部协调机制。本节将要讨论大寨的家支情况。当然，这里也牵涉了家支记忆及家支现实中的协作体系。

3.3.1 家族分支

水族“三家六房”是一个模糊的概念。在水利大寨，各家户同属一个“三家六房”，各家户之间都有父系血缘关系，虽然没有字辈表，但亲属称谓名确，寨内也不准许通婚。

大寨人虽属一个家族，但内部却有清晰的家支分属。根据大寨人的叙说，我们初步了解到大寨家支分属的由来。水利大寨的村民都是一个老祖公繁衍下来的，是一个大家族。大概在解放前，由于家户的增多，逐渐分为四支。分支是以老祖公两个妻子的后代为依据的。经过多年的发展，目前四个家支的数量规模处于一个不均衡的状态，大老婆分出的一、二支人丁兴旺，家户较多；二老婆分出的三、四支人丁稀少。后来，由于第二支的家户众多，所以从中又分裂出一支。目前，大寨共有五个家支（见表2）。

① 信息提供者：吴国安，男，1957年生。调查人：王学文。调查时间：2007年2月4日中午。调查地点：水利大寨吴国安家。

表2　水利大寨家支表

家支	管事	户数	户主名
一支	吴国利 吴国安 吴玉石	22	吴国利、吴国进、吴国安、吴锦胜、吴锦连、吴锦章、吴翠园、吴玉石、吴玉春、吴玉清、吴水和、吴爱桥、吴爱同、吴爱体、吴爱奇、吴永明、吴永周、吴木忠、吴木雄、吴玉环、吴玉珍、吴照新
二支	吴胜锡 吴健可 吴汉光	30	吴胜锡、吴胜陪、吴福新、吴胜挺、吴胜召、吴晓杰、吴晓志、吴晓听、吴晓猛、吴晓忠、吴晓七、吴晓江、吴健可、吴德伟、吴贵银、吴贵生、吴春展、吴宇值、吴明权、吴土石、吴建华、韦书燕、韦书朋、韦书丛、吴汉铁、吴汉光、吴汉园、吴汉凶、吴燕巧、吴燕体
三支	吴健春	9	吴健春、吴福国、吴福军、吴志忠、吴志财、吴志高、吴志华、吴 唱、吴石美
四支	无	3	吴树高、吴树军、吴水友
五支	吴胜强	14	吴友凤、吴玉科、吴玉顶、吴玉举、吴胜强、吴胜喜、吴文清、吴文明、吴胜勇、吴胜年、吴胜辉、吴胜刘、吴群利、韦锦新
总户数		78	

从以上家支表中，我们可以看到除第四支因为家户数太少而没有管事之外，其他家支都有一到三人是本支管事的。这里所说的“管事的”是指当家支中有家户有建新房、葬礼等事情时，出面协调安排的人。这些管事的在家支中有一定影响力，不是经过选举和继承而产生的，都是自然形成的社会角色。这里我们还要特别说明四点：

其一，从上表中我们可以看到父辈或本辈上门到大寨的四户韦姓也编进了各家支之中。这一方面表明在大寨上门的人拥有与本寨同等的权利，另一方面也暗示出大寨的家支虽然以血缘为基础，但非吴姓家庭因为生产生活的关系，也会自觉自愿地进入到这一体系中。因为，这一体系与生产生活中的协作有紧密的关系。

其二，调查中我们得知，二支的吴汉光、吴汉园、吴汉凶、吴燕巧、吴燕体已经不在大寨居住，家在岩寨，但在大寨仍有田土。三支的吴志高、吴志华在外工作，也不在本寨居住，在寨里也没有田土。但本支有事情时，他们都会回来参加，仍受到家支的约束。这说明，在大寨有无田土不是确定家支归属的标准。前文我们提到，大寨有 73 户，但在家支的统计中却多出 5 户，多出的 5 户就是目前住在岩寨的 5 户。

其三，第五支是从第二支分裂出来的。这说明，家支是处于裂变过程中的。我们可以猜想，随着某一家支的壮大，又会裂变出新的家支。而第四支只有三户的现实，似乎也预示着一个家支即将消失。关于此观点，我们将进一步给出证据。

其四，大寨家支与内组、外组的划分不重合。从管事人的名单来看，内、外组的组长都是所属家支中的管事人。同时，管事的人也并非各家支的年长者。

3.3.2 同一的“香火”与不同的“娘娘座”

祖宗牌位是个体家庭供奉祖先的中心，也是祖先在个体家庭空间中的居所和象征。过去水族供奉祖先没有固定的牌位，一般都在房屋中柱下用簸箕摆设供品祭祀，后来由于受到汉文化的影响，现在水族家庭也普遍设有神龛，供奉祖宗灵位（罗春寒，2004：536）。水利大寨各家户在家中都设有祖宗灵位，称为“香火”［$tjem^6$ a：$ŋ^1$ fa^3］，位置多在堂屋里的照壁上。多数家庭的祖宗牌位非常简单，仅是一张红纸，上面为毛笔竖写“吴氏祖宗之位”（见图4），然后贴于墙壁之上。同时与祖宗之位共享香火的还有灶神之位和三界公爷之位。香火下，一般长年摆有一供桌，用以祭祖时放置祭品和线香。

简陋的香火，并不影响其在家居空间中的重要地位。新建房时，香火摆放的位置要提前设计好。吴胜锡 2006 年盖新房，在新房厅堂的墙壁上就提前设计了一处凹陷，用以贴香火。2007 年 2 月 6 日，我们碰巧看到大寨的水书先生吴友凤在他新建的房子里写香火、贴香火和举行仪式的过程。吴胜锡说："没贴香火，房子就不能住，就不是一个家。只有贴上香火，请了外家，办了建新房仪式，房子才算完全盖好。"① 由此看来，香火，是一个家的象征。

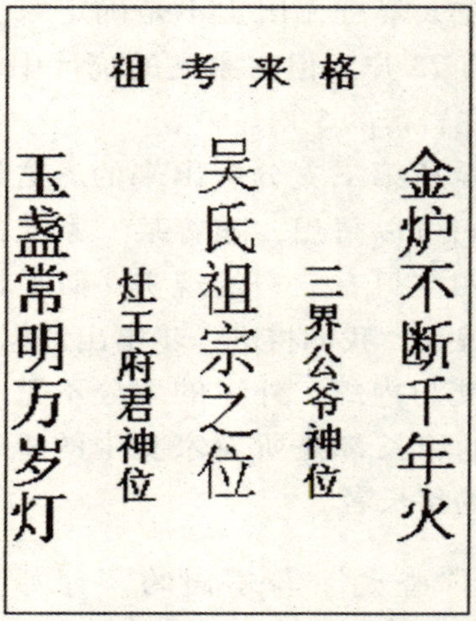

图 4　水利大寨家庭中祖宗香火图示

有研究者指出，水族对自己的祖先持"近亲远疏"的态度，认为距离自己最近的祖辈或父辈祖灵对自己的护佑能力最强，距离自己越远的祖灵则可能对自己的生活形成危害（潘朝霖，2004：516，636）。我们在大寨考察香火的涵义时，村民没有明确指出香火中的"吴氏祖宗"到底向上追溯了多少代，但是在与水利大寨同属一房的水各大寨调查时，他们给出了只向上溯七代的说法。"以前是六个公，他们排辈，祭时都要放六副碗筷，六个公在有第

① 信息提供者：吴胜锡，男，1965 年生。调查人：王学文。调查时间：2007 年 2 月 6 日下午。调查地点：水利大寨吴胜锡新居。

七个公，那最老那个公就推向前了。不过我们吴家都是七个公。我们都是向上推七代。相比我现在，如果我父亲死了，我祭的就是从我父亲向上的七个公，如果我再死了，我儿子祭的就是我和我以上的六个公。”① 这一说法尚需存疑。在卯节时，水利大寨祭祖时摆的是五副碗筷，五把椅子。另外，我们在村民粘贴和摆放香火的地方，很少能看见逝去亲人的牌位或遗照。

3.3.2 **家户中的“娘娘座”**

香火，只有通过祭祀才能发挥其社会意义；同时，围绕着香火所进行的具有社会规定性的祭祀行为也强化了香火在家庭中的地位。香火的象征和祭祀的实践是紧密结合在一起的。这里只讨论了香火的象征内涵，有关祭祀实践的讨论请见本章第二节。

---

① 信息提供者：吴天伟，男，1952 年生。调查人：王学文。调查时间：2007 年 7 月 20 日。调查地点：水各大寨吴天伟家。

香火，供于每个家庭，但却为一个家族所共有。对于大寨吴姓家族来说，香火内容最核心的“吴氏祖宗之位”是一致的。这种一致性，从另一方面是对家族认同的确认，就像是一个识别码，可以通过其来获得认同感。对于家族内部复杂的家支来说，没办法通过香火来区分。在大寨，家支的区分是通过另一个存在于每一个家庭中的符号来实现的，即娘娘座。

水利大寨每家都设有娘娘座［ja^4 wu^1 $tjem^6$］。娘娘座通常设立于靠近家庭主妇居室的板壁的一边或靠近厨房的地方。娘娘座的形制也很简单，首先用红纸剪成若干小人，将其粘在一张白纸上，然后贴在板壁上，其上再粘贴白色的纸挂。板壁前放一张永久性的供桌，用于摆放供品。

娘娘座，是一个女性神祇的神坛，在这里享受祭拜的不是一个神，而是一组神。大寨的娘娘座上有六个神。第一个是牙发尚，她是给人送子的神。第二个是牙发虽，她是保佑家中孩子平安的神。第三个是牙乐杰，与牙发虽功能相同，牙发虽为正，她为副。第四个是牙丢（牙弄），她是保佑孩子母亲奶水充足的神。孩子下生的第三天，用小猪或母鸡来祭。第五个是牙明，保佑一生不出意外的神。每个人都有一个牙明，跟随着身体，掌管着寿命。第六个是牙亮，与牙明的功能相同，但没有牙明的任务重，类似保管，保管粮食和生命。①

娘娘座在大寨每个家庭的日常生活中，有着与祖先香火一样的重要地位。每家一日三餐前，都要盛一碗饭并拿一双筷子，放在娘娘座前的供桌上，供几分钟后方能取下食用。餐餐如此，年

① 信息提供者：吴国利，男，1953年生。调查人：王学文。调查时间：2007年8月4日下午。调查地点：水利大寨吴国利家。吴国利提供给我的关于娘娘座的六个神与雷广正（1990：96）所调查的有出入。雷广正的资料提供者潘三妹说，娘娘座上有五个神分别是：牙佬、牙发尚、牙龙里、牙浓、牙芒姆。吴国利看到后，解释说，在水利这个地方，牙佬、牙龙里、牙芒姆不列入娘娘座。牙龙里，则是坏的，小孩得病时，她不给小孩平安。祭牙龙里，要用一只黑鸡，而且不用刀杀，而是用绳，在堂屋中间祭。牙芒姆也是个坏的，不列入娘娘座。

年如此。在一些节日或特别的事情经占卜后也会专门设桌祭娘娘座。

那么从娘娘座是如何区分家支的呢？奥妙在于娘娘座上粘的白色的纸挂。大寨人说，到每一家一看娘娘座就可以判断他们是哪个老婆的后代。大老婆的后代子孙娘娘座有四挂白纸，二老婆的后代子孙家户里娘娘座上只粘有三挂。[①] 通过这一区分，就可以初步判断他们的家支了（见图 5）。

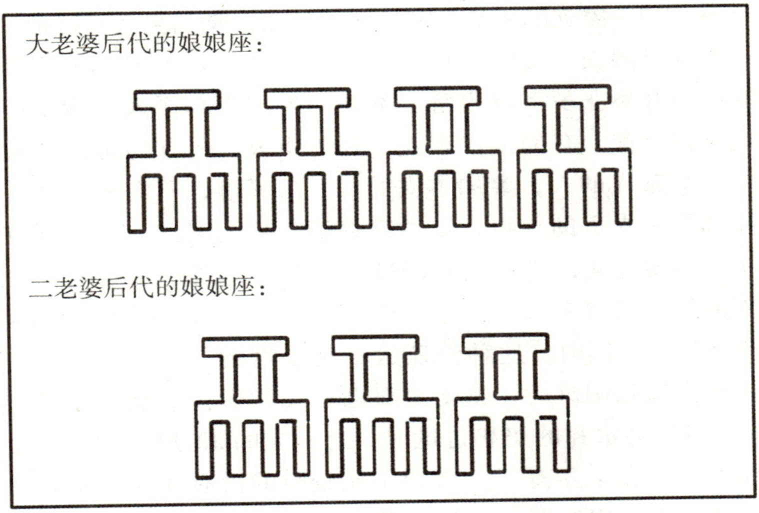

图 5　水利大寨娘娘座上区分家支的纸挂

通过对香火和娘娘座的描述，我们看到在家居空间中的两个神圣象征符号之上，加载着归属同一家族与分属不同家支的区分意义，其进一步的解释意义则在于当一个家庭面对家族内和家族外社会时，能够立刻寻找到“队伍”，做出适当的选择和行动。

① 我们也看到例外的情况，吴树高本属二老婆后代分出来的家支，但在其新建的房子里娘娘座上也挂了四挂白纸。

3.3.3 家支的协作

水利大寨的家族分支，不仅是在家族日益膨胀之后所采取的一种社会分群的手段，而且是通过家支约束力量的发挥，以达到家族团结、发展的一种策略。而家支系统在村落公共生活和家庭生活中的具体运作，始终体现了一种规束和共享的价值观念。

在大寨，家支体系的运作主要集中在红、白喜事上。红事如结婚、建新房请客等，白事，即葬礼。某一家庭如果有上述的红、白喜事，同一家支的成员不需通知，便要自觉到主人家帮忙。2007年，大寨吴国安一支的一户主人去世，吴国安等本支中管事的第一时间便开始张罗各项事宜。本支的各家户都派人来帮忙，由管事的进行分配，有的接待客人，有的做饭，还有的协助着做其他事情。本家支的人，参加本支的红、白喜事，不需要送礼。如果需要其他家支帮助，则需要主家去请。其他家支人如参加红、白喜事，则要送礼，当然主家请过来帮忙的除外。主家对来自家支内部的帮助只需在日后的家支内部的红、白喜事时通过同样的方式偿还即可。同时，这种偿还也不是必需的。作为一个家支，当某一成员遇到困难时，家支内部也有义务集合本家支力量予以帮助。“当时吴水和的奶奶过世时，这一支的22户都捐了粮食，卖了帮助吴水和家办丧事。22户中比较穷的没有让他们捐。因为都是一支，也不用他来还。”① 因此，从某种程度上说，家支内部在红、白喜事上的协作完全是义务性的，是受家支观念约束的一种自觉行为。

上文我们提到第五支原来属于第二支。因为第二支太大了，所以又单独分出了一支。我们通过家支体系的运作和生活中的意义可以更深刻地理解这一现象的社会性原因。家支中的每一个家庭都会有红、白喜事。当家支膨胀到一定程度的时候，一个家支

---

① 信息提供者：吴国利，男，1953年生。调查人：王学文。调查时间：2007年2月5日下午。调查地点：水利大寨吴国利家。

中将会频繁地出现红、白喜事。再加上水书先生在择日的时候，通常会遵循一定的规则，所以非常容易出现某一个良辰吉日时有几户同时办喜事。这就会产生两方面的矛盾：一方面是家支太大，受家支协作观念的约束，每个家支又必须去帮忙，红白喜事又用不了那么多人，所以会导致人力的浪费，也会耽误生产。另一方面同时举行的喜事，一个家支成员无法分别派人参加，长久下来，会减弱家支互助协作的约束力，从而造成家支的“名存实亡”。所以，家支的分裂是维持家支互助协作精神的有效手段。

还有一种情况。2007 年 2 月 6 日，第四支的吴树高建新房请客。第四支目前只有三家。仅依靠本支的力量，无法接待客人。于是，吴树高请第一支帮忙。据吴国利讲，由于第四支家户少，所以近年来一些红白喜事他们都找第一支帮忙。第一支有事时，他们也会自觉地参与进来。这一家支间的协助，特别是一个家户少的家支与一个家户多的家支之间的协助如果进一步持续下去，最终可能会是小的家支合并到大的家支中。我们在吴树高新房中看到娘娘座上本应该是三挂白纸，现在已经变成四挂，不知这是否是有意为之的“错误”。但不管怎样，我们可以认为，家支的分裂或合并，是实现和强化家支内协作和家支间协作的一种理性选择。

3.4 小结

在这一章里，我们首先考察了水利大寨的家族记忆。对于一个水族的家族村寨而言，其家族记忆包括了三个层面，即关于水族族群的记忆、宗族记忆以及家支记忆。我们看到，在水利大寨这一具体的时空中，三个层面的记忆都有其生长绵延的土壤和合理化存在的理由。人群产生的荒诞化认知，因其久远性以及从来只有少数人掌握的历史与现实，增加了它的神秘，同时合理化了不同民族共存的现状。尽管现在讲起时，只会引发众人的一笑，但就目前在这里的各民族和谐相处的状态来说，谁会从科学角度去强扭着改变这一朴素的思想呢？远古的神话，对他们而言，就是一个谁都不愿戳穿的幻象。如果不能证伪，那它就是真的。与族群记忆的相对稳定性相比，重构和延续宗族记忆的努力从来没有停止过。吴泰伯这一始祖英雄跨越了历史和族界，给了大寨人一个风光的吴姓始祖史。继之而下的吴姓发展脉络，进一步历史化了吴姓的宗族史。这一历史化的成果，直接解释了吴姓的来龙去脉，规束和强化了吴姓内部的人伦秩序。家族分支记忆中的不同异文，与他们各自所处的情境紧密结合。它在不同人群中的不同表述，让享有它的人群都获得心理上的平衡。借用保罗·康纳顿之说，我们可以认为，一个家族村寨就这样非正式地为自己建构起绵延且动态的社会记忆，在这个记忆中，每个人、每个家庭、每个村寨都在描绘，每个人、每个家庭、每个村寨又都在被描绘，描绘的行为从不中断。“日常生活几乎没有给自我表现留下什么余地，因为个人在如此大的范围内记忆与共。”（2000：14）正是这种“记忆与共”的状态，塑造了一个“想象的共同体”，那些神话、先祖成为这一共同体古老的象征和维系的源头。（本尼迪克特·安德森，2003）

“想象的共同体”与现实的家族村落社会是相辅相成的。大寨的考察，让我坚定地认为，一个只有想象的共同体，是无法维持发展的。想象的魅力在于，它与现实有着千丝万缕的联系。它是现实的一种映射，只不过，这映射不只是简单的复现，还有着人为的创造。巴特雷特（Frederick Bartlett）认为，“社会组织提供记忆的架构，我们的记忆必须与此架构配合。”（1932：199－202，转引自王明珂，2006：26）大寨的祭祖实践和家支体系的运作，从实践层面确认、丰富和强化了家族记忆，同时，家族记忆又支撑了家庭、家支和家族的日常运转。

家庭、家支和家族等不同层面的祭祖实践和家支在红白喜事上的协作，就是保罗·康纳顿（Paul Connerton）所抓住不放的纪念仪式和身体实践：“有关过去的意象和有关过去的记忆知识，是

通过（或多或少是仪式性的）操演来传达和维持的。”（2000：40）

家族记忆、祭祖实践和家支协作体系共同构成了水利大寨生活文化中一个基本的面向或者说是维度。一个拥有如此记忆和实践的村寨告诉我们这样一种社会事实：他们以“求同存异”的方式生产出一个普遍接受的族谱文本，建构出村落共享的记忆。在祭祖的实践中，共享供品，协同进行。而在日常生活中，家支体系对其成员更有一种约束力量存在。我们可以初步认为，共享和协作的意识和行为方式已经在有关家族的记忆和实践中形成和呈现出来，而维持这种意识和行为方式的恰是社会记忆的力量。大寨人的日常生活体系正是在这种记忆与实践的互动中生成和更新。一个水族的族群社会，就是在这种村落中的多层次的社会记忆与实践之上形成的。

4. 鬼神体系与生活秩序

我在水族地区进行调查的过程中，一个极深的体验就是水族人的鬼神体系非常庞杂。你在村寨中游走，在田间散步，会非常容易地碰到正在解鬼的场面。而我在水利大寨，更是多次参加了这样的仪式。鬼神无处不在，什么鬼都有；每一个村寨都有能与鬼神沟通的人；占卜、解鬼在水族地区普遍流行。鬼神在水族人的日常生活中占据着重要的地位。

在传统村落社会里，鬼神体系的重要性绝不逊于我们第三章所讨论的家族记忆与实践。这里所说的鬼神体系，包含了观念和实践两个层面的内容，即鬼神观念、系属、神媒及相辅相成的仪式行为。我们知道，宗教和巫术是人类学研究中的经典主题，其在研究中的一个基本定位是将宗教和巫术作为社会学的事实，而不是神学的事实来看待。这一定位，可以让我们摆脱形而上的思辩，从结构功能论的角度去分析宗教和巫术的社会意义。而这对于考察缺乏制度性宗教特点的中国民间信仰而言，也更具有操作性（杨庆堃，1961 [2006]）。本章就是以这样的视角来考察与水利大寨民众的生产生活关系密切的鬼神体系。

4.1 “忙”：鬼神体系

在水族人的观念中，没有像汉族民间宗教中一样的神和鬼的区分，都统称为“忙” [ma: $ŋ^1$ ha: $ŋ^2$]。水族的“忙”包括好鬼与恶鬼，与神的概念基本相应和的是好鬼。因此，这里所说的鬼神体系，更准确地说应该是鬼的体系。在水族相邻的各民族中流传着“苗家的蛊多，水家的鬼多”之说。水族自己称本民族的鬼也有“足不足，三百六”的说法。学者们研究认为，水族是一个典型的泛神的民族，水族信仰的鬼神有七八百个之多，在《水书》的《杀伤》中记载的鬼就有数百个（潘朝霖，1990）。这样一个庞大的“忙”的群体，几乎涉及了水族人生活的方方面面，与之相伴随的是一整套的鬼神知识和仪式行为。因此，认识这一体系，也成了认识水族人思想观念和行为方式的关键所在。

鬼是什么呢？“鬼是看不见的，他们都是过去死去的人，死去的水书先生和过阴婆。他们和我们不在一个面上，他们有的在上面，有的在下面，还有水里的。我们人在中间。”① “死去的祖先，没有人供的人，不是好死的那些人，像自杀的那种都会成为鬼。山洞中、树林里、家里都有鬼。鬼有好的有坏的。”② 水书先生谢朝海说：“许多研究水族的学者说，水族崇拜鬼，鬼多。其实都是错误的。鬼，水话意思是‘天机不可泄露，不可乱讲’的意思，根本不是汉族所说的‘鬼’那个意思。”③ 以上是在调查中得来的关于鬼的种种认识。在水族中，人们并没有一个明确的关于鬼的概念。但是通过他们的讲述，我们可以知道，在他们的认知观念中，鬼是具有力量的，是可以对现在的生活产生影响的一种存在。

4.1.1 “忙”笼罩下的生活世界

水族多鬼。我在水利大寨调查中，向水书先生、歌师和众多村民请教他们都知道什么鬼。他们首先说鬼太多了，然后便列举出几个来，如拦路鬼、保财鬼、守门鬼、长发鬼等。但我还是没

---

① 信息提供者：罗丙云，男，1939 年生。调查人：王学文。调查时间：2007 年 2 月 7 日上午。调查地点：水利大寨罗丙云家。

② 信息提供者：吴国利，男，1953 年生。调查人：王学文。调查时间：2007 年 7 月 29 日下午。调查地点：水利大寨吴国利家。

③ 信息提供者：谢朝海，男，1937 年生。调查人：王学文。调查时间：2007 年 2 月 4 日中午。调查地点：水利大寨吴国利家。

能调查清楚水族到底都有什么鬼。参考陈国安（1986：188～192）在荔波水族地区进行的调查①，结合我在大寨进行的访谈，我们可以初步总结出表3所列鬼神，但这是一个不完全统计。

4.1.1 村中的石菩萨

表3 水利大寨鬼神表

序号	鬼名	性质	说明
1.	大保财（公温来）	好鬼	保护家庭牲畜。用大猪祭。
2.	二保财（公女洼）	好鬼	祖宗中有能力的人。用小猪祭。

① 陈国安在荔波水族地区进行了历时三个月的调查，调查重点就是水族的来源及原始宗教状况。在陈国安的调查对象中，有水利乡拉干寨人参与，所以他的调查材料涵盖了水利乡的情况。水利大寨隶属水利乡，同时，我对陈国安调查所得的一部分鬼向大寨吴友凤、吴国利等人进行了核实。

续表

序号	鬼名	性质	说明
3.	三保财	好鬼	祖宗中没有后代，但德高望重的人。用狗来祭。
4.	牙发尚	好鬼	给人送子。
5.	牙发虽	好鬼	保佑家中孩子平安。
6.	牙乐杰	好鬼	保佑家中孩子平安。
7.	牙丢（牙弄）	好鬼	保佑孩子母亲奶水充足。孩子生下的第三天，用小猪或母鸡来祭。
8.	牙明	好鬼	保佑一生不出意外的神。补高寿时祭。
9.	牙亮	好鬼	与牙明的功能相同，但没有牙明的任务重，类似保管，保管粮食和生命。补高寿时祭。
10.	牙佬是	好鬼	正职。
11.	牙温袄	好鬼	副职。
12.	拱龙猛、牙所洛	好鬼	水书创始人陆铎公的父母。供祭时用一头猪、豆腐和鱼。
13.	陆铎公	好鬼	水书的创始人，排行老大，知识丰富，替人驱逐凶鬼邪恶。供祭时用猪头、豆腐和鱼。
14.	光略瓜不哈浪	好鬼	排行老二，专管人们的财产。供祭时用鱼、豆腐和一头活猪。
15.	光乃西牙爽尼	好鬼	排行老三，专管村寨的大门和大路。供祭时用猪头、豆腐、鱼、一条狗。
16.	光吉告牙报铺	好鬼	排行老四，负责管理田地庄稼，同时兼管村里的小门小路。供祭时用猪头、豆腐、鱼、一条狗。
17.	不加叙尼加烟	好鬼	排行老五，管理村寨中人们的寿命。供祭时用猪头、豆腐和鱼。

续表

序号	鬼名	性质	说明
18.	翁树郎	好鬼	保佑祖宗安葬顺利，保护居室安全，结婚顺利。供祭时用鱼、豆腐、肉、酒。
19.	光保诺牙保苯	好鬼	保护结婚和修造房屋。供祭时用豆腐和肉。
20.	当舵	好鬼	守大门鬼。供祭时用一大公狗。
21.	守身鬼	好鬼	对个人守身起作用，特别是孕产妇。供祭时用一只公鸡。
22.	椎	好鬼	保寨鬼。供祭时用一头大猪。
23.	六凶兵（长发鬼）	恶鬼	专门干坏事，使家人生病。用猪祭解。
24.	拦话（拦路鬼）	恶鬼	拦路让孕妇流产或生下即死。外家用一只母鸡祭解。
25.	牙化来	恶鬼	送小孩来欺骗人的鬼。致小孩子成长过程中夭折。
26.	牙央洞	恶鬼	致小孩子夭折。用一头猪供祭。
27.	牙襄	恶鬼	夜间偷走小孩。供祭时用一只鸡。
28.	牙返会	恶鬼	专门做买卖人口生意鬼。供祭用一只鸡。
29.	觉鬼	恶鬼	致人生病，瑶人变。供祭时用一头猪。
30.	杨老	恶鬼	青壮年死后组成的鬼群。碰上致人晕倒。用牛或马供祭。
31.	芒晋沙（叫化鬼）	恶鬼	走路时遇到，致人晕倒。
32.	申尚（杀伤鬼）	恶鬼	摔岩死、落水死、火烧死的鬼。供祭用公鸡。
33.	向倒（跌伤鬼）	恶鬼	致人跌伤而死。供祭用公鸡。
34.	向玉（火伤鬼）	恶鬼	致人火烧而死。供祭用公鸡。
35.	向哈	恶鬼	致人刀砍或枪打而死。供祭用公鸡。
36.	向本（淹死鬼）	恶鬼	致人水淹而死。供祭用公鸡。
37.	向陶（睡死鬼）	恶鬼	人睡觉时死亡。供祭用公鸡。
38.	向敏（命犯鬼）	恶鬼	致人犯命而死。供祭用公鸡。

续表

序号	鬼名	性质	说明
39.	昵蒙阿	恶鬼	致人神经病。供祭用一牛头。
40.	昵蒙阿国	恶鬼	致人发牛神经。供祭用一牛头。
41.	昵蒙阿螨	恶鬼	致人发猴神经。供祭用一牛头。
42.	昵蒙阿戛	恶鬼	致人发龙神经。供祭用一牛头。
43.	昵蒙阿蛇着	恶鬼	致人发多种神经，乱吼乱叫。供祭用一牛头。
44.	单赣（断命根鬼）	恶鬼	专门杀害婴孩。产妇满月时用一猪崽祭解。
45.	尖椎（克命鬼）	恶鬼	送小孩给父母，待出生后克父母、兄弟等。满月时用一猪崽祭解。
46.	珠帕	恶鬼	致妇女生的孩子屡保不住。满月时用一猪崽祭解。
47.	把并	恶鬼	致小孩落水、发神经等。满月时用一猪崽祭解。如发生在满月后，则要在八个月、八年，或十八岁、二十八岁时用八十斤重的猪祭解。
48.	色并	恶鬼	孕妇碰到，致生下的孩子体弱多病。满月时用一猪崽祭解。
49.	胆沈妮	恶鬼	致人重病。满月时用一猪崽祭解。如发生在满月后，则用一牛祭解。
50.	腊梁	恶鬼	致孩子啼哭。
51.	端鬼	恶鬼	致孩子短命。
52.	歪问	恶鬼	致孩子出门即病。满月时用一只鸡祭解。
53.	外端鬼	恶鬼	同歪问。歪问是大鬼，它是小鬼。
54.	岳木	恶鬼	致人疾病。满月时用一猪崽祭解。
55.	俄尼	恶鬼	致人婚姻要五次才稳定。满月时用一猪崽祭解。
56.	打摆	恶鬼	致孩子生长不正常，生命无保障。满月时用一猪祭解。

续表

序号	鬼名	性质	说明
57.	打棒	恶鬼	致家中人丁不旺，家产消失。满月时用一猪崽祭解。
58.	系汗	恶鬼	致人财散失。满月前用红公鸡一只祭解。
59.	略边	恶鬼	同“系汗”。
60.	俄夫	恶鬼	致人生疮生癞，不育，小孩夭折。满月时用狗祭解。
61.	俄夫歹岸（老虎鬼）	恶鬼	致小孩生下即死。满月时用大狗一只祭解。
62.	俄哈	恶鬼	致小孩生下即死。满月时用小狗一只祭解。
63.	俄夫各多	恶鬼	同上
64.	牙龙里	恶鬼	致孩子生病。用一只黑鸡祭解。
65.	牙芒姆	恶鬼	同上
66.	芒红	恶鬼	致人疾病。同时可引来众鬼。
67.	向罗烂	恶鬼	致人晕倒，吐血而死。
68.	光大格	中性	家中住守，与恶鬼关系好。只要赶它出门就能把所有恶鬼带走。供祭时用狗和鸡。
69.	光傲岸	中性	同“光大格”。

从上表可以看到，每个鬼都对现实的生活世界产生影响，根据其影响的利弊来看，可以基本分为好鬼、恶鬼和中性鬼。这一分类是根据某个鬼的一贯表现来确定的。但这里要注意，好鬼，尽管不会变为恶鬼，但如果长时间不供祭，它也会不再承担佑护的责任。恶鬼，虽不会转变为好鬼，但通过一定的祭解方法，可以让其失去影响。而中性鬼，如光大格和光傲岸，虽不善不恶，但由于其与恶鬼关系好，人们通常会将其划为恶鬼行列。上表中所列的69个鬼的属性情况见图6。

从影响对象来看，孩子无疑是最受鬼神青睐的对象。69个鬼之中，有33个，近一半的鬼影响着一个孩子从孕育到长大成人这样的一个历程。他的生命伴随着善鬼的佑护，但也充斥着看不见的危险。应该说，在大寨，一个人从出生到死亡都处在一个各种鬼组成的体系中。生命中的际遇起伏，时刻都要与各种各样的鬼发生联系。

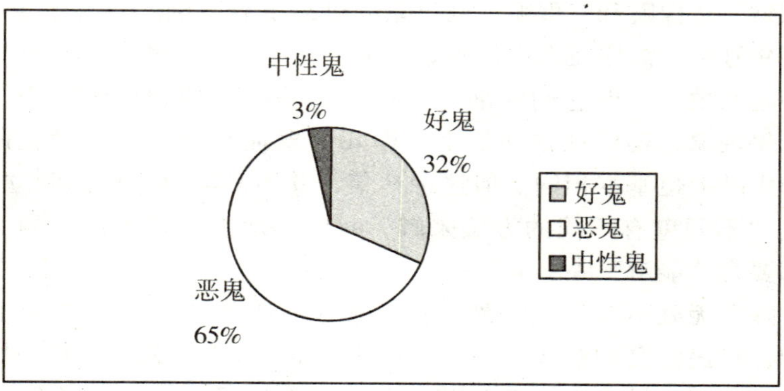

图6　鬼的属性图

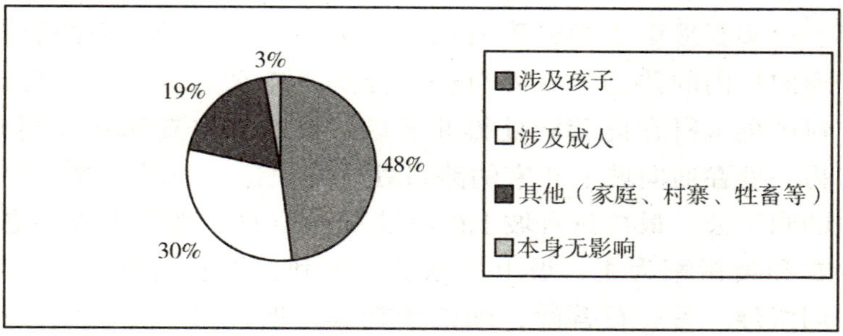

图7　鬼所影响的对象图

在陈国安（1986：188～192）的调查中，他列出了许多鬼的具体依附地。在向大寨人求证的过程中，他们不置可否。他们认为有11个好鬼和2个中性鬼住在家里。对于其他鬼的住处，他们没有给出答案。罗氏说："鬼是能飞的，到处游荡，所以人不小心就会碰到。"①

我们从表中还可以发现水族鬼的一个特点：成群结队。如致人神经病的鬼有五个，昵蒙阿为总的鬼，尔后又细分为致人发牛神经、猴神经、龙神经和多种神经的四鬼。保财鬼有三个，分为大保财、二保财和三保财，其供祭的供品也有区别。再有序号中4号至9号鬼，都住在家中的娘娘座上。无论是好鬼和恶鬼都有丛集在一起的情况，但它们内部并没有一个等级序列和组织结构。这种丛集现象，还体现在功能上，即几个鬼拥有同一的力量。在供祭的供品上也基本相同。但这种丛集，并不影响每个鬼的独立性，而且"不同鬼有不同的方法来解，时间、地点，咒语也不同，几样都要合才能解"。②

除了无处不在的鬼以外，在大寨还有附着在石头和树木上的鬼神，村民称之为石菩萨［tin2 tsui4］和树神。石菩萨，是一块人形的石头。人们认为，石菩萨，可以给人送子，并且能够保佑孩子平安。每个水族村寨几乎都有石菩萨，数量不等。关于这些人形石头的来历，村民通常说其是从别处跑来或是偷来的。水利大寨有三个石菩萨，每个石菩萨前能看见每次祭拜留下的红布和酒杯等。这些石菩萨上都依附着数个神灵。一处全村祭拜的石菩萨位于通向村内的路边，有四个公，分别是李公、王公、吴公和江公。村中吴玉科在此菩萨处得儿子后，曾通知本支和外家到此还愿。另一处在通向坡上几家的路口处。据说这一石菩萨是三个人，为主的叫王公。最初只有坡上的一支吴姓祭拜。现在则以吴老黄、吴水友和吴树军为主，坡上的国安、国利、锦胜、韦书颜、胜召也一同祭拜。另一石菩萨，则位于寨底，据说名叫杨公。吴小七

① 信息提供者：罗丙云，男，1939年生。调查人：王学文。调查时间：2007年2月7日上午。调查地点：水利大寨罗丙云家。

② 信息提供者：吴友凤，男，1937年生。调查人：王学文。调查时间：2007年7月29日中午。调查地点：水利大寨吴友凤家。

儿时得病，其父吴木生曾在此求菩萨，尔后经常祭拜。平日，人们走到石菩萨附近，不能吐痰流涕。大年初一、十五、卯节、七月半和中秋节要祭拜石菩萨，主要以中秋节为主。清明和端午则不祭拜。

神树，即大寨村口那二十几棵参天古树。我们在上文提到过关于神树的故事和祭树神的仪式。神树，可以保佑大寨风调雨顺，人畜平安。每逢干旱的时候，全村就会举行祭树神的仪式。

4.1.2 “忙”观念

“忙”笼罩下的生活世界，反映出水利大寨村民所具有的一种观念。在人们的认知框架中，一个个体的生命历程、一个集体，如家庭、家族、村寨的繁衍发展，都受到了“忙”的影响。“忙”的存在，让一个人的生老病死和人生际遇变得可解释，可改变，可期待。因为它的存在，一切正常和异常的现象都变得合理化。它表现出人们企图把整个世界的各种现象都纳入由“忙”编织起来的因果链之中的一种努力。“合理化”的意义在于在心理上给个人、家庭、家族、村寨以安全感，知道了鬼神的存在后，人们要做的是寻找应解之法。这就是我们下一节要谈到的水书先生、过阴婆与神汉在社会生活中所承担的功能，即与“忙”沟通，确定鬼神，给出应解办法。

我们进一步来分析水利大寨人“忙”观念本身所呈现出的一些结构性的问题。

首先，鬼神的来源广泛，体系庞大。按照学者们所说的，水族鬼有七八百之多，其实水书的条目名称，也是鬼名的演化。那么我们在上表所列的69个鬼，还不到水族鬼的十分之一。水族的鬼中有死去的人，也有动物；有男性，也有女性；有水族自己的祖先，也有瑶人变的鬼。实际来说，水族的一般民众更多的是受制于鬼多这样一个模糊的概念，相比之下，水书先生、过阴婆和神汉掌握更多的相关知识。

4.1.2　三岔路口的“指路碑”

其次，水族庞大的鬼神体系中，没有明显的等级结构。我们调查中没有发现鬼与鬼之间大的统属关系。只有个别丛集在一起的鬼中，有一个总鬼，但它们通常会各自为战。好鬼与恶鬼之间没有明显的对抗关系。所以，我们无法列出一个相对清晰的神鬼的序列。有学者认为：“鬼神队伍庞大而无严格的统属关系，反映水族社会尚未出现过高度统一的封建集权，等级观念不明显。”（蒙爱军，2004：546）这种解释有一定的道理。

再次，对于人们的日常生活而言，无论是好鬼和恶鬼都需要供祭。供祭好鬼，以求得好鬼的护佑；供祭恶鬼，是为了解除恶鬼的危害。如果长期不供祭好鬼或有对好鬼不尊不敬的行为，好鬼也会报复，不再发挥护佑的作用。恶鬼，如果不“碰”到，也不会影响人们的生活，但几百个鬼所笼罩着的场域中，又有哪一个水族人一生中不会遇到鬼呢？

最后，水族不存在一个制度性的宗教。水族的鬼神体系，尽管拥有强大的力量，影响着水族人的方方面面，但并没有形成神圣生活与世俗生活的分野。从人们对鬼神的认知和其后我们看到的人们面对鬼神时的反应可以看到，水族人的鬼神观念有着强烈的“生活化特质”（岳永逸，2008）。

“水族鬼神观一经形成，便作为一种社会意识，一种公共信仰，影响着水家人的社会生活。它体现着水家人的世界观、价值观、善恶观、美丑观，体现着水家人认识世界的某种方式。它既具有作为行为规范的道德功能；又具有充当认识框架、认知规范的认识功能。”（蒙爱军，2004：546～547）鬼神观念，就像是一个庞大的网，笼罩着水族人的生活世界。现世中的种种，都与鬼神有关，看不见鬼神，但鬼神的影响却是可见的。田土歉收，身体不适，读书、工作不顺，婚姻不成，诸事不利等等，都与鬼有关，都可以从鬼神的世界中找到解释。

水族的鬼，基本涵盖了生活的方方面面。从这个角度而言，找鬼、供祭鬼、解鬼是在水族鬼神观念作用下的一种生活常态。我们接下来将讨论拥有找鬼、解鬼能力的人，他们是沟通神鬼与人的桥梁，他们将鬼神世界与人的生活世界联系到一起，使其可以互相解释，并达到生活平衡。

4.2 沟通媒介

在水族村落社会中，拥有与鬼神沟通能力，能够解决生活失衡的人有三类：一为水书先生，二为过阴婆，三为埃幕。水书先生和埃幕均为男性，过阴婆为女性。埃幕是水语音译，类似于我们说的神汉。这三类人，在能力的获得方式、能力大小以及供鬼解鬼的方法上有区别。村寨民众对解决失衡问题时找哪一类神媒有一个相对的判断，但不管哪个人，最重要的依据是他/她是否“灵验”。伴随着他们每个人，都有种种灵验的叙事在村寨及周边地区流传。

4.2.1 水书先生：知识权威

水书先生是指水族中拥有《水书》，能够识读和应用《水书》的人。这里我们要先对《水书》的内容和性质予以说明。

4.2.1－1　水书先生正在进行“建新房”仪式

《水书》，是用水族古文字写成的典籍，只在水书先生中传承，是占卜巫事之书。《水书》的主要卷本包括：《正七卷》，是水书的基础读本，水书的入门课，主要记述了选择日期、时辰和方位所要注意的一些基本的宜忌。《婚嫁卷》的内容是从寻亲、问亲、进门、回门以及生育、背婴孩初省亲等各个环节的祈吉避凶观念和宜忌。《起造卷》的内容是涉及水族村寨、家族和家庭的选址、建造的宜忌，包括建造的时间、方位和行为等。《丧葬卷》和《祭祖卷》的内容是水族关于死亡的处理方式和祭祖行为的宜忌与规范。《壬辰卷》多为吉利篇目，主要是供人择吉使用。《占卜卷》记载水族巫卜、蛋卜、石卜、草卜等占卜之法。《挡卷》主要为防御各种天灾人祸、瘟疫疾病、邪魔鬼怪的危害而专题著编的卷本。《黑书》则是相对于以上各卷在公开场合使用的“白书”而言的，是在比较隐秘的场合中使用的一类水书，主要是用于进行黑巫术害人，一般不会示人。（韦宗林、潘朝霖，2004：253～381）

《水书》由水书先生掌握，每位水书先生都会有《水书》的本子，但每个水书先生并不一定拥有全套的水书。而且，由于水书基本都是手抄本，因此各抄本之间就有很多的差异。同时，由于水族古文字的文字数量和表意的局限，《水书》上的记录非常简单且并不完整，其在使用过程中还需要结合水书先生口传的心法、咒语才能使用。水书先生的传承基本是家族内部传承，有一个清晰的传承体系。不同的水书先生之间交流很少，在《水书》的解释和使用上也有一定的差异。因此，从《水书》内容和传承来讲，水族一般民众是没有权力和能力获得《水书》知识的，而只被垄断在少数人手里。

解放后的历次政治运动中，水书传承的社会生态受到严重破坏，水书先生受到压制和迫害，传承体系被破坏，他们拥有的《水书》也遭到抄没焚烧而严重损毁。现在很多水书先生仍对此心有余悸，同时《水书》知识的掌握和运用能力也不如以前。而在这一过程中，一些水书先生接纳汉文化的占卜易学，如三都中和镇姑引村的石玉信所用的书，除了部分水书卷本外，还有《水族文字研究》、《占卜专用万年历》、《五行算命书》（刘剑，2007：29）。水利大寨正在学习占卜的吴锦胜所用的书除有一本从三都九阡水吼得来的水书外，其余的则是《象吉通书全集》、《玄通大卦一条龙》、《风水化煞与墓相》等。

《水书》本身的知识体系正在发生变化。水书先生的权威地位也受到影响。“过去，水族人尊敬水书先生比日本人对天皇都要尊敬。以前水族的什么事都要找水书先生，不但婚丧嫁娶，就是下雨、出行、抗旱、排涝都离不开水书先生，但现在科学发达了，有更准的天气预报了，所以就不行了。”① 水书先生权威地位较以前发生了变化，但其知识的垄断性特征并没有实质性改变。而且，这种地位的下降也是相对的。在我们的观察中，水书先生在水族日常生活中仍占据着重要的地位。在与鬼神沟通、供鬼解鬼的三类人中，他们也占据着绝对的高位。“水书先生和埃幕，一个是大学文凭，一个是小学文凭。水书先生文凭高。埃幕懂的，水书先生全都懂。埃幕不懂水书。埃幕是个小小的芝麻官，和过阴婆是不一样。一般每个村子几乎都有这三类人。”②

4.2.1－2　村民正在向水书先生请教

水利大寨目前公认的水书先生只有吴友凤。另外吴锦胜和吴

① 信息提供者：谢朝海，男，1937 年生。调查人：王学文。调查时间：2007 年2 月4 日中午。调查地点：水利大寨吴国利家。

② 信息提供者：吴国利，男，1953 年生。调查人：王学文。调查时间：2007 年 7 月 29 日下午。调查地点：水利大寨吴国利家。

胜强还没有学成。吴友凤水书知识是从其父亲处习得。他的父亲吴帮魁是从外祖父处学会的水书。吴帮魁膝下有二男二女，吴友凤行末。吴友凤的哥哥吴友章也是水书先生，但现已过世。吴友凤曾上过私塾，读过四书五经，当过水利村的支书。12 岁就随父学习水书，先学六十甲子，后学二十八宿，同时随父实践。但他在 36 岁前不为人解鬼，只为人推算。吴友凤有四个儿子，四个儿子都没有正规学习水书，只有大儿子吴玉科学了一些。我一直没有在吴友凤处看见水书卷本，他说以前有，但"文化大革命"时都烧了。

吴友凤是远近知名的水书先生，有很多关于他占卜灵验的叙事。

> 2007 年 3 月，大寨村吴胜喜的母亲上坡上，本来约好与村中另一老太太一起走，结果自己却不知为什么先走了。到了晚上也没有回家。寨里六七十人到坡上找，找了四五天也没找到任何踪迹。于是家人找到吴友凤。吴友凤看过后，说没有事，还活着，在西面能找到，而且他们家的狗还在旁边守着。结果，几个小时后就在他说的那个方向传来找到的消息。情景与吴友凤描述的一模一样。此时吴胜喜的母亲已经在坡上住了六天，找到的地方也距大寨有几十公里了。①

吴国利也讲了二则关于吴友凤的事。一则是说没有算准的，一则则是他算准的事。②

> 吴友凤也给人算错过。村里吴水由家建房子，找他

---

① 信息提供者：吴志忠，男，1963 年生。调查人：王学文。调查时间：2007 年 5 月 1 日下午。调查地点：水利大寨吴志忠家。

② 信息提供者：吴国利，男，1953 年生。调查人：王学文。调查时间：2007 年 7 月 29 日下午。调查地点：水利大寨吴国利家。

看的一个日子。结果按照他说的那个日子建房子，就出事了。先是一块砖掉下来，险些砸着人，还好被人接住了。但紧接着，一个老人就被砸晕了。

吴友凤第二个姑娘结婚，是男方那边算的日子。友凤叫我去送亲，觉得我能说。在出发前，友凤就给我说："男方这个日子不好，会出事。"他说，你们路上一定不能打开行李，也不能换着开车。那时还没有汽车，送亲的车就是拖拉机，路也不好，在车里不好坐。所以刚一出发，就有人要打开行李，铺在车厢下。我就阻止了，不让他们打开。后来走了快一半了，司机累了，就换了一个人来开。结果就出事了。车翻了，压死了男方的一个压礼先生。这事我知道，友凤说得还是准的。有事我还是找他的。

灵验叙事的不断累积和流传是水书先生提升声誉并获得地位的主要方式。上面提到的水书先生失败的案例无疑会影响人们对水书先生的评价，但这种质疑仅仅是针对水书先生个人能力的，而不是针对水书和信仰本身。人们对现实生活与鬼神世界紧密联系的观念并没有改变。同时，水书先生一次成功的预测足以抵消其若干次失败所带来的消极影响。对失败的案例，水书先生有自己的理解。

2007 年 7 月，距水利大寨不远的水丰村有人过世，按照水书先生测算的日子，抬死者上山埋葬。水利大寨的人也有去送葬的。送葬队伍在山上突逢大雨，便纷纷跑到树下躲雨，结果突遭雷击。一人当场死亡，另一人在医院抢救中死亡。这一事故引起人们的广泛议论。吴友凤同我提了这件事，他说："听说这个事后，我用水书算了，发现那个时候就是要死两个人。为葬礼家算日子的先生忽略了一点，所以没能错开，结果就酿成了事故。

这是多种原因造成的。需要综合来看。被闪电击死的人命弱，结果就找上他了。当时，吴翠的爸爸去那吹芦笙也在场就没有事。因为他有一门手艺，命硬。”①

吴友凤从水书知识本身的复杂性和水书先生个人能力高低的角度解释了这一突发事故。在我与他的数次交谈中，他多次说："水书是科学的，就像汉族的周易，我们不用鬼来算，而是用书来推。”② 在吴友凤家的墙壁上贴有一张周一到周日对应的干支表。他说那是他“通过原数和水书推出来的，一般人都不会”。在大寨，吴友凤在水书方面是绝对的权威，而懂水书，在水族中就是一种神圣能力的标志。

影响神圣能力的，一方面是水书掌握的程度，还有一方面就是水书先生在日常生活中与村民的关系。根据吴国利的说法，在大寨，有三分之一的人会找吴友凤算。其他人会选择外村的水书先生，或找过阴婆和埃幕来占卜。

我家来说，我找吴友凤。解一次鬼，在前些年，就是一斤酒或米。现在是三元六，六元六，十六元六，甚至还有一百六。前些日子，我叫他去水丰村给我妹妹解。根据鬼来决定，去之前就说了。开始在我们的寨子，搞那些日子测得不对，所以现在我们寨子不用他。外面名声大，因为寨子里就是请他吃顿饭。到外面得现金。③

吴国利谈到的经济收入原因吴友凤并不赞同。但其他村民都

① 信息提供者：吴友凤，男，1937 年生。调查人：王学文。调查时间：2007 年 7 月 29 日中午。调查地点：水利大寨吴友凤家。

② 信息提供者：吴友凤，男，1937 年生。调查人：王学文。调查时间：2007 年 7 月 29 日中午。调查地点：水利大寨吴友凤家。

③ 信息提供者：吴国利，男，1953 年生。调查人：王学文。调查时间：2007 年 7 月 29 日下午。调查地点：水利大寨吴国利家。

认为这是一方面原因。在村里得到的报酬很少这是一个事实。即使给报酬，因为都是一个家族，碍于面子，不能多要。当然，我们这里还要考虑来自村民的一个原因。“我们寨子找本村的（指水书先生、过阴婆、埃幕等）少，因为怕他们不好好做。因为他们对我们家庭都知道。所以，很多人到外面找别人打卦。回来请他们来解。看卦和解鬼可以不是同一个人的。”①分析这一说法，我们可以认为：首先，在人们求助水书先生的事项中很多是个人化的、私密的问题，本身不是风光的事情，所以不能张扬，也不想让其他人，特别是自己的左邻右舍和村寨里的人都知道，因此选择外村寨的水书先生来倾诉和寻求解决之道，无疑是一个好的选择。其次，人们在寻求答案的过程中，从心理上会有一个验证程序。当人们在听取外村寨水书先生的解答过程中，通常会听到水书先生说出事主家的一些情况。而这些情况，对于同在一个寨中生活的人来说，是为大多数人知道的，对外寨人来说，则事先知道的可能性较小。所以找外寨的水书先生，通过他说的是否应和事主家的情况，也是对其能力的一种考察。

从水书先生角度来看，在本寨一方面会在收入上受到影响；另一方面，接受本寨人之请占卜和解鬼，他心理上也会承担更多的压力。成功了没有什么，一旦失败，则会面对来自熟人社会的质疑，甚至于指责，而且很可能会影响其在村落中的生活和与村民的关系。

我们看到，一般民众的心态和水书先生的想法在现实生活中就形成一种类似“墙里开花墙外香”、“外来的和尚好念经”的局面。无论对村民还是对水书先生，大家心照不宣，各取所需。这种状态的达成，一方面既保护了事主的隐私，另一方面又使水书先生摆脱熟人社会的压力。对于在村寨中的生活来说，他们都没有受到影响。失败还是成功，都不会影响人们的认知框架，而且

① 信息提供者：吴国利，男，1953 年生。调查人：王学文。调查时间：2007 年 7 月 29 日下午。调查地点：水利大寨吴国利家。

更多的时候则是有利于形成和维护水书先生权威的。当然，水书先生并没有脱离自己的村寨。一个水书先生会因为不断有人到他家问事打卦而在村寨中获得灵验的评价。同时，他也会积极地参与到村落生活之中，对于寨中人请他测日占卜等事情，一般不会拒绝。

同时，水书先生有自己的专属领域，即结婚、建房、葬礼等时间的测算。每个家庭有类似的事情，都不会去找过阴婆、埃幕占卜，而是听从水书先生的安排。一般，事主家只要将当事人详细的生辰八字告知水书先生。水书先生便会根据八字，来确定相应的时间安排。很明显，水书先生在时间上要较其他神媒更有权威性。

总体而言，水书先生是水族中的“知识分子”，其权威的建立一方面是因为他们掌握水书的知识；另一方面则因为在解决生活失衡问题时所逐渐积累起的声誉。

4.2.2 过阴婆：假神用鬼

水书先生最显明的特点是掌握水书知识，通过水书来推算、占卜，以书来指导婚丧嫁娶起造事宜，以及供神解鬼。在水族传统村落社会中，还存在着两类有别于这种方式，但同样可以沟通生活世界和鬼神世界的人，即过阴婆［ni^4 he^4 hau^3］和埃幕［$qoŋ^5$ hau^3 tin^2］。

过阴，是指通过鬼魂附身的方式，为事主解决生活失衡的事项。在水族，拥有过阴能力的多为女性，被称为过阴婆。一个人能否拥有过阴的能力，首先要看这个人是否“命对神”①。一个人是否“命对神”，要根据这个人的生辰八字和骨相来判断。因此，从这个角度来说，一个人拥有的过阴能力多是先天即注定的。但她并不会自觉地意识到，通常是要经历一些生活失衡的事件后，

① 信息提供者：吴国利，男，1953年生。调查人：王学文。调查时间：2007年2月6日下午。调查地点：水利大寨吴国利家。

找水书先生或已经成为过阴婆的人来解决时方会知道。

4.2.2-1 **马上进入“过阴”状态的“过阴婆”**

吴泽霖（1942［2004］：70～71）在调查中记述了成为过阴婆的过程。

女巫为一名妇巫，其来由据说系由于某女子年轻时身患剧病梦过若干已死青年，灵魂麇集身上，向她要求说：“我等现在下界为‘阴子’（即鬼），你命运当能互通阴阳，我等愿为你‘阴子’，今后你可替人看病断事问吉凶祸福……”女病愈即成疯狂之状，能唱“阴歌”，人们都以为她已变为女巫，于是偶有病症或遭不白之事，便来问讯，请求女巫召神一问究竟，若女巫之家人不允许她为女巫，她便做出种种法术为要挟，一经家人允准正式为人“过阴”后，疯狂便自然消灭。

水利大寨有两位过阴婆。一位是吴氏，一位是罗氏，均为女性。其中吴氏成为过阴婆的过程与吴泽霖上文的记述一致。吴氏在80年代成为过阴婆。当时她得病，疯疯癫癫，许多人都看不住，无法医治。后来找水书先生看，说是她的命对了神，神让她成为过阴婆。她若不答应，依附她身的鬼就会继续折磨她。她应承下来后，病就好了，从此就成了过阴婆。罗氏成为过阴婆不是因为生病，而是因为生活不顺。罗氏能讲一些汉语，最初嫁到的朵寨，后改嫁给水利大寨一位水平很高的水书先生。在的朵时，罗氏家里比较穷，牲畜不旺，生活不济，始终无法摆脱困境。于是，她的父亲带她去祭拜在荔波县据说很灵验的一个大洞。回来后，就拥有了过阴的能力。在其丈夫死后，罗开始过阴给人看病问事。

4.2.2－2　**“过阴婆”正在为人解拦路鬼**

李亦园曾将神媒的产生分为先天的、文化的和社会的三种，在一个有着悠久历史的社会，这三种情况是并存的（1998：194～

196）。过阴婆，作为神媒的一种，其生成既需要“命对神”这一先天的必要条件，同时也需要具备水族社会和水族文化对其的包容、认同这些充分条件才可以。如果没有水族的鬼神观念和在处理生活失衡问题时的社会机制，过阴婆也不会在水族村落社会生存。因此，过阴婆的产生不仅仅是“命对神”的简单生成，当事人需要经历身体或生活的磨难才会最终成为过阴婆。而且，身体和生活的磨难这种失衡状态，不仅是一个人的涅槃过程，更是社会、文化的认同过程。过阴婆本身的坚信不移、民众对这种产生机制的认可，以及共享的社会文化观念，共同成就了过阴婆。“由一个正常人成为具有特异能力的人神之媒，不仅是个人出于不同原因或主动或被动的抉择，也是乡村共享和认同的固有文化所允许的，并在其激励下生发的。”（岳永逸，2008：107）

过阴婆上身的鬼是不确定的。在罗氏家贴香火的墙壁上，挂有一红布，布上写满了人的名字，有40个之多，录于下：

王先龙、江 公、蒙永林、周志文、盘 林、起云龙、邓 公、成先龙、

吴黄生、刘文科、利起林、邓富果、成衣生、蒙起张、罗大公、杨福林、

成丙林、邓唐建、吴 公、朴金保、成老山、覃照林、罗回公、江老大、

蒙云华、杨柳花、覃友林、罗二公、江老三、覃照花、罗三公、周 树、

张伟强、黄老五、张 公、杨 公、杨朋自、韦起华、文 科、摇利伟

据她讲，上面这些人都是死去的水书先生或过阴婆，她不认识他们，都是过阴时上身的。每次吃饭时都要供他们。他们什么民族都有，有水族的，也有布依族的，还有汉族的。哪个族来看，

就用哪个族的先生来帮忙。[1] 在我观察到的罗氏所进行的一次过阴过程中，她说上身的是荔波县城的王二先生。[2] 但这个王二的名字并不在红布上。从罗氏的情况来看，过阴时上身的鬼有一定的随机性，不以民族、居住地来分，但以男性居多。鬼，在这里也表现出不受时空、民族限制的特点。

过阴都是在过阴婆家里进行。过阴婆每天吃饭前都要祭上身的鬼，要在香火前烧香，并摆一碗饭。过阴婆家香火前的供桌上，一般会放有一箩或箕，里面放着一碗米。过阴的方式因过阴婆的不同会有一定的变化，但基本都可分为请鬼上身、盘问、还阳三个环节。吴泽霖记述了特殊过阴和普通过阴两种方式。普通过阴，不指定女巫召请何神何鬼，一切由女巫自决后，径自去召集访问，这种方法大都用于探病，而少用于探事之究竟。特殊过阴较为隆重，探事者指定探求某鬼神，要备糯米饭、熟猪肉等供品。过阴婆"燃香化纸，用帕子蒙面，将黄蜡烧于碗内，用鼻扑于碗上，使黄蜡被燃烧后烟雾熏上，不久女巫师即不省人事，自摇头脑唱'阴歌'，探事者倾坐旁边，事的好恶便于此歌调中洞悉一二。歌毕，以探事者携来的米包向桌上放的箕中来打击数次，然后提看，如箕中米粒集于米包布之中央多者则吉。如附于米包布之边缘多者则凶，如遇凶兆则必有某神从中作怪，须设法敬神除鬼，方得解险。探事完毕，女巫仍要'还阳'。'还阳'时仍取黄蜡一小块，燃于碗中，便起燃雾，熏其鼻孔，片刻即清醒如初"。（1942［2004］：71）

罗氏的过阴方式与吴泽霖记述的稍有不同。2007 年 8 月 5 日我观察了一次罗氏的过阴过程。

一早，水岩村上水降组二位老年妇女和一位中年妇

---

① 信息提供者：罗丙云，女，1939 年生。调查人：王学文。调查时间：2007 年 2 月 7 日上午。调查地点：水利大寨罗丙云家。

② 信息提供者：罗丙云，女，1939 年生。调查人：王学文。调查时间：2007 年 8 月 5 日上午，调查地点：水利大寨罗丙云家。

女到罗氏家求她过阴。她们一起来，但是分别来找过阴婆过阴，因此，她们分别带了一瓶酒、一斤米和数量不等的钱。罗氏的香火前的方桌上，摆放着一插香的香筒。香筒中已经插满了残余的线香，可见已经有些时日了。香筒前是一圆形竹箩，竹箩中散放着上次过阴时别家带来的米。她首先点燃一根香，插在香筒里。然后将竹箩中的米清理走，而将来探事三人所带的米包分放在竹箩中，接着倒上三杯酒摆放在竹箩中。来人此时将数量不等的钱半埋在各自的米包里。准备就绪后，罗丙云在方桌前坐定，并取一块毛巾挂在脖子上，开始过阴。

罗双手下垂，眼睛微闭。最开初是发出不规律的打嗝声，并伴有哈欠，不时有鼻涕眼泪流出。很快，她开始唱歌，其中有水语，也有布依语和汉语，口中念念有词，继而轻轻吹起口哨，身体也筛糠般抖动。从种种迹象表明，鬼已经上身了。她先给蒙光妹看。蒙坐在她一侧，开始认真听她说话。罗用右手捏几粒蒙带来的米，放在嘴边，或唱或说，过程中将捏起的米放在左手中，同时还向身边的蒙诉说、解释。这样往复多次，而蒙则按罗的指示，也时而捏几粒米放在嘴边吹一下，然后撒向香火案，并不断进一步询问。大约持续了二十多分钟，蒙看完了，罗将一点米让蒙带回。然后，开始给中年妇女吴忍看。程序基本一样，但没有再重新上身，而是继续着前面一个上身的先生。给吴看的过程中，吴另加了一次米和一元钱。第三位也是如此。三位全部看完，应该送先生了。但也许是因为我在场的缘故，罗开始以上身先生的身份与我交流，他说他是荔波县城的王二先生。这期间，并说我有三个哥弟，排行老大（其实不对）。他和我一样乘飞机来的，都是在工作！所以将三位过阴的给她的钱，分给我一元六角，并让我和三位一起与她喝了几杯酒。接着，罗又开始唱，并不住地点头、流泪、打哈欠。最后还阳，罗丙云恢复如初。她说她并不知道刚才干了什么。但我发现，罗并不是完全沉浸在上身的先生的指挥下，因为，旁边人在做早饭时，她还告诉别人盐、油在什么地方。

本村寨的人探事问病多找外村寨的过阴婆。这里的原因与我们在上文中分析水书先生时一样。村民对过阴婆采取一种不远不近，不做评价，敬而远之的态度。“过阴的心太灵了，你与她说三四句话她就猜出好多来。”① 村民从心底里对这种能让鬼上身的人有一种恐惧感，不愿意发生过多的接触。我调查时，请他们与我一同到罗氏家看过阴，他们都拒绝了，还颇有深意地劝我“还是别去了，那没什么好看的”。② 村民与罗氏这些过阴婆的关系很微妙，一方面村民认可她们的能力，偶尔还要请她们帮忙，另一方面村民在生活中对其又存戒备之心，似乎她们有种穿透内心的能力。罗氏在村落生活中的状态即是如此。

另外，还有一个特点，找过阴婆探事问病的以女性居多。“她们好交流，都是女人的事。有些话我们不好说。”③ 很多关于民间信仰的研究都指出，女性身体的一些特质决定了她们更易于与鬼神沟通。过阴婆绝大部分为女性的事实也说明了这一问题。

过阴婆，不能同水书先生相提并论。水书先生无论在什么时候，都是一个完整的“人”的属性，其能力是通过传承和后天学习的方式获得，在防止失衡和解决失衡问题时，仍是其本身的意志的传达，民众对其的认可来自于对一种古老知识——《水书》的认可。而过阴婆，游走在人与鬼之间，从社会文化意义上来说，

---

① 信息提供者：吴小七，男，1976 年生。调查人：王学文。调查时间：2007 年 8 月 5 日下午。调查地点：水利大寨吴小七家。

② 信息提供者：吴健可，男，1968 年生。调查人：王学文。调查时间：2007 年 8 月 5 日下午。调查地点：水利大寨吴小七家。

③ 信息提供者：吴国利，男，1953 年生。调查人：王学文。调查时间：2007 年 2 月 6 日下午。调查地点：水利大寨吴国利家。

她在解决失衡问题时，已经失去了“人”的属性，而是在传达鬼的意志。

4. 2. 3 埃幕：咒语占卜

埃幕，均为男性，人们有时也称他们为鬼师。与水书先生用水书推算，过阴婆假神用鬼不同，埃幕主要借助鸡蛋、竹子、石头、草等器物，伴之以咒语进行占卜，从而确定侵扰之鬼的名字、来历和应对之法。水族的占卜方法很多，每个埃幕掌握的占卜的方法也不相同。按占卜的方式可基本分为蛋卜、竹卜、草卜、石卜等。

4. 2. 3　一位“埃幕”家中的卦书

蛋卜，即割蛋。程序主要有画蛋、煮蛋、割蛋、吹蛋、看蛋。画蛋，即埃幕先用木炭作笔，在鸡蛋纵向上画一小鸡的形状或者横画一圈，再纵向画两圈，然后捧蛋念咒语。念毕，将鸡蛋放入锅内煮，同时撒上白米一把，看有多少米粒浮起，以定鬼的类型。在煮蛋中，如果水刚起沸时，米和蛋朝同一个方向旋转（一般是顺时针方向），则显现吉兆；如果米和蛋在水中无规则地不断翻滚，则凶多吉少；要是在煮蛋时鸡蛋突然发生破裂现象，则为大凶。蛋熟后，用刀割蛋。有的切去一半边，而多数切去一头，有的留一边或一头。然后用口吹气，尽力将蛋黄从蛋白中吹出。审视蛋白里是否有阴影黑点，及蛋白薄的那一面（端口）属于何方。看蛋时，根据蛋白的厚薄、方位，显现不同色泽的点、线，以及这些点、线的分布、组合情况与所处位置来综合分析判定。（刘剑，2007：29；岑秀文，1984：110）

竹卜，将一节（长约三寸）粗如拇指的圆竹削其一端，从中间剖开，做成卜具。埃幕口念咒语，同时将卜具掷于地。如果二块竹片一正一反即为吉，二正或二反则为凶。草卜，是埃幕将七或九根稻草拧为一股，每两根草的两端打一个结，然后将其拉开，视草结的朝向来判断凶吉和测定鬼神。（岑秀文，1984：110）

以上三种占卜方式水利大寨人并不常用，而是多用石卜的方式。水利大寨的埃幕便会这种方式。石卜，人们常说是“吊石头”，其做法是拿一块重七两至一斤半的中间有洞的石头，用禾草反向搓成绳后，穿过石头上的孔。如果小孩子或老人生病，就去找吴校林。他就拿这块石头打卦。先把一点米或病人身上的衣物碎片放在那块石头上，念一会咒语。然后将米和衣物碎片取下。用手指钩住草绳，将石头吊起。然后继续念咒语，咒语内容就是许多鬼的名字。如果念到某个鬼的名字时石头发生摆动，就确定是受到了这个鬼的侵扰。继续念咒语，咒语内容是准备用什么供祭这个鬼。当念到某一供品，石头再次发生摆动，就确定用这一供品解鬼就可以了。然后告诉探事者供祭的时间和方位。在没有石头的时候，用秤砣代替也可以。

埃幕既有家族传承下来的，也有投师学艺的。水到大寨有二位埃幕，其中一位的占卜技术是家里传下来的，他的父亲原来也是埃幕。但能否成为埃幕，也要看八字。歌师吴国利的父亲以前是埃幕，但他因为八字的问题不能学习。

我在12或13岁时，我家三弟叫吴友凤解那个鬼。吴友凤说我的命不能学，要是学，我现在也是鬼师了。我家父亲也是鬼师。现在吴国安学，他也会，但是他去打那个卦，那个石头没有摆动。所以他就没法干了。现在我出去时，他们都说我会，但是我不会，现在解那些鬼，我都看过。①

埃幕为人打卦解鬼，能够获得一定的经济利益。

七十年代时为什么我们生活在这个寨子比较富裕，就是因为我父亲会这个打卦。当时是鬼师的都是中农或富农。当时我家父亲，解放初期是农会主席，我家母亲是妇女主任，第三个条件是我家父亲的嘴巴比较厉害。他不识字，但别人辩不过他。周围的人都找我家父亲。来找我家父亲的，都会带一碗米。那时的米都是定量的。基本口粮有二百斤也有一百多斤的。但是，他家有病了，就带半斤米找我家父亲。所以我家的米吃不完。人们还要请我家父亲到他家去，回来还要打包，鸡棒腿呀都有。②

埃幕不懂水书，但他能用石头打卦、解鬼。他不是通过神鬼附身，也不是通过水书推算来解决失衡问题的，而是通过一种技术性的知识和咒语来达到的。吴国利说："埃幕的好些东西，水书先生全都懂。在我们水利乡，用鬼解鬼，外面都评价吴友凤。埃

① 信息提供者：吴国利，男，1953年生。调查人：王学文。调查时间：2007年7月29日下午。调查地点：水利大寨吴国利家。

② 信息提供者：吴国利，男，1953年生。调查人：王学文。调查时间：2007年7月29日下午。调查地点：水利大寨吴国利家。

幕不懂水书。埃幕是个小小的芝麻官，和过阴婆不一样。一般每个村子几乎都有这三类人。”①

本节考察了在村寨中能够沟通鬼神世界与现实生活世界，帮助人解决生活失衡问题的三类人：水书先生、过阴婆和埃幕。他们的特点可以总结为表4。

表4　村落神媒分类表

<table>
<tr><th>身份</th><th>性别</th><th>能力获得方式</th><th>沟通方式</th><th>地点</th><th>不同点</th><th>相同点</th></tr>
<tr><td>水书先生</td><td>男</td><td>家族传承</td><td>通过生辰八字，用水书推算。</td><td>自己家或事主家</td><td rowspan="3">1. 水书先生可测日子。过阴婆和埃幕一般不会，或测不好。
2. 水书先生是测阳世，过阴婆测阴世。
3. 埃幕的技术，水书先生一般都懂。
4. 水书先生能够主持村寨、家族性的仪式。过阴婆通常只主持家庭性的仪式。</td><td rowspan="3">1. 确定鬼后，都可进行解鬼的仪式。
2. 有一定的物质收益和经济收益。
3. 需要一定的灵验叙事。
4. 三类人在占卜和解鬼的过程中有合作。</td></tr>
<tr><td>过阴婆</td><td>女</td><td>先天命合；生活失衡；鬼神选择</td><td>鬼神附体，询问探究。</td><td>自己家</td></tr>
<tr><td>埃幕</td><td>男</td><td>先天命合，家族传承或拜师学习</td><td>石头、草等器物，伴之咒语确定。</td><td>自己家或事主家</td></tr>
</table>

① 信息提供者：吴国利，男，1953年生。调查人：王学文。调查时间：2007年7月29日下午。调查地点：水利大寨吴国利家。

4.3 生活的失衡与调节

在水族人的观念中，他们的生活世界充满着有着异质力量的神鬼。这些神鬼涉及了水族人日常生活的方方面面。人们的幸福安康、一年的风调雨顺、村寨的蒸蒸日上等是因为有善鬼和祖先的保佑，而疾病夭折、贫穷劳苦、天灾人祸等则是由于恶鬼的侵扰。每当这个时候，人们便会找到与神鬼沟通的媒介，寻求解决之道。

4.3.1 生活失衡

我们将通过神媒诊断、调节、解决的事项定义为“整体性的、与人际关系有密切关联的”（李亦园，1998：192）种种非正常状态，即生活失衡。采用岳永逸对中国北方梨区“生活失衡”现象的分类（2008：108～110），在水族社会里需要从鬼神世界中寻找答案的事项同样可划分为三类：一类为空间的失衡，包括与房屋、墓地、道路、树木、水源等有关的事项；一类为心理和身体的失衡，主要是心慌、焦躁、恐惧、身体损伤及其他疾病等事项；一类为生命机会的失衡，包括牲畜、财运、家庭纠纷、婚姻、出行、外出务工、家族发展等事项。当然，这里所说的失衡不一定是既成的事实，有的只是一种心理感觉或表现出一定的倾向。而且，我理解的“失衡”，不仅包括受到鬼神侵扰，还应包括希望得到善鬼更多的保佑。

表5是2007年7月15至8月15日一个月之中，水利大寨神媒接受求助的情况。水利大寨神媒在一个月中接受求助的31件事项里，只有5件是本村的问事者，其他的均为外村的。表6是水利大寨10户家庭在2007年春节至2008年春节期间向神媒寻求帮助的情况。

表5　水利大寨神媒接受求助的情况（2007 年 7 月 15—8 月 15 日）

神　媒	次数	求助事项
水书先生吴友凤	6	1. 建房开工日期 2 次；2. 建新房礼日期 2 次；3. 结婚日期 1 次；4. 帮人解鬼 1 次。
过阴婆罗氏	16	1. 牲畜 4 次；2. 疾病求助 8 次；3. 出行务工保平安 4 次。
埃幕 1	6	1. 疾病求助 5 次；2. 保平安 1 次。
埃幕 2	3	1. 疾病求助 3 次。

表6　水利大寨 10 户家庭一年中求助神媒的情况（2007 年春节—2008 年春节）

家庭	次数	求助的神媒	失衡事项
吴胜培	1	外村埃幕	1. 供保财，保家庭平安
吴水由	2	本村埃幕	1. 孩子生病；2. 母亲生病
吴胜喜	4	水书先生、外村过阴婆	1. 母亲生病；2. 母亲走失
吴景强	2	外村埃幕	1. 生病
吴永民	1	水书先生	1. 生病
吴国安	2	本村埃幕	1. 生病；2. 家里不顺
吴国利	2	外村过阴婆、水书先生	1. 孩子婚事；2. 外出务工
吴国进	4	外村过阴婆	1. 孩子婚事；2. 孩子平安；3. 外出务工
吴建可	2	外村水书先生	1. 建房；2. 外出务工
吴爱体	2	外村过阴婆、外村水先生	1. 建房；2. 驱家中的鬼

从以上两个表的情况来看神媒在水族日常生活中是不可或缺的。他们承担了种种生活失衡事项的调节功能。一个月之中，有 31 个家庭向大寨的神媒寻求帮助，一年之中，10 个家庭均与神媒发生过关系，有的家庭甚至达到 4 次之多。这些数据既说明人们对这些神媒能力的认可，也进一步说明，在水利大寨所在的区域社

会里，鬼神体系和观念被坚定地绑在他们的日常生活之中。在他们的文化图式里，关于鬼的观念和行为实践不容忽视。

人们所求助的事项是广泛的，这些事项涵盖了我们对生活失衡的分类。每一个人、每一个家庭都不可避免地会与鬼神的媒介发生关系，因为他们都会受到善鬼的佑护，同时也会受到恶鬼的侵扰。这无形中构成了一种社会文化的氛围。在这样的氛围里，神媒的存在有其合理性和必要性。

4.3.1　“过阴婆”正在为一位妇女解释疑惑

除以上所说的个人、家庭的失衡外，失衡还应包括家族和村落的失衡，如村寨失火、人丁不旺、异常天象和灾害及其他在村民看来离奇的事件等。2008 年正月间大寨连续三人过世，死者年纪都不大，且一人是因为意外事故。这些事件打破了村寨往日的宁静与和谐，一时间人心惶惶。这一连续事件发生前，居住在外村寨但属于大寨的一家老人过世，其墓地在大寨的西侧，所以埋葬时抬棺从大寨村中穿过。村人迅速地怀疑是因为这一行为导致了这一连串的不幸。人们感到危险临近，整个村寨都笼罩在一种不安的气氛之中。村里的组长和老人意识到问题的严重性，马上商量对策，即找神媒来解决。家族和村落这种失衡，通常求助的是水书先生，而不找过阴婆和埃幕。

4.3.2 供神解鬼

这里我们将给出四个供神解鬼的案例：过阴、补高寿、驱拦路鬼及扫寨。这四个案例将展现出生活失衡事项通过神媒而重新达致平衡的过程。

4.3.2－1　**“过阴婆”为一老人占卜**

过阴：上一节我们已经简要介绍了罗氏为来自水降的三个人过阴时的情况。下面是她在请鬼上身和过阴时同水降老太太交流的节录①。

（罗唱 水语）牙发散从阴间把人分出来，我的命是最苦的，人们在人间就下来了，现在我到处漂泊。十二个命运和十二个魂，别人的灵魂平安，我的灵魂悲惨，现到处跟人家讨饭，丢了房屋和耕地，一无所有回地府。十二个命运和十二个魂，别人的灵魂平安，我的灵魂悲惨，离开人间几十年，到处请去解危难，有时还叫去开会，一去就是六七天。

（罗唱 布依语）略

（罗说）上面组长，还是组长，司法部门死去，还是在司法部门，人间有多少单位，下面就有多少单位。天生下来别人命好，我的命苦，死了以后埋在半路，没有来为我超度亡灵。但我到阴间，也经常为人间去做好事，解神用鬼。现在人间请我们办案。

（罗唱 水语）略

（罗喊人名）老王、老杨、老李、老蒙、老耿、老付、老江、老欧、老白、老魏、老吴、老莫、老罗、老唐，

（罗唱）十二种食物哪一种好吃，现在很不好吃了才来问你们。请问吃米是何姓?

（水降老太太）是姓吴的。

（罗说）请问米的魂，你们家有什么事情？请你一五一十地告诉我们，我们好帮你们去查。你想问什么?

（水降老太太）先问牲畜。

（罗说）现问米魂来回答。你们家的牲畜不漂亮，你

① 信息提供者：罗西云，女，1939年生。调查人：王学文。调查时间：2007年8月5日上午。调查地点：水利大寨罗西云家。翻译：吴国利。过阴过程中，罗氏使用了水语、汉语、布依语。整理过程中，汉语、布依语部分已注明，未注明的均为水语。全过程的记述见附录1。

家牛不吃草。

（水降老太太）对。

（罗说）你们家现在上面显灵，出了一个叫的牲畜，穿衣不好。请问米魂，讲清家里面的事情，不要瞒着我们。你们高脚杆的牲畜不健康，现在我们在上面看是这样的。

（水降老太太）是什么使它这个样子？请给我们说一下。

（罗唱）请问米魂，请问是哪个鬼，我们好祭他，保我们的平安。

（罗说）现在你们家好像没有祭要狗（三保财）的那个公。

（水降老太太）祭了，你去帮我们看看，他得了没有？

（罗说）在上面是见了，但是你们给鬼师用了，测得日子不对，他还没有得。现在叫你们来重复洗脸（赔礼道歉）。

（水降老太太）洗脸用什么东西呢？

（罗说）要用肉。

（水降老太太）要什么肉？要几斤？

（罗说）要猪肉，只要一斤六两就可以了。

（中间部分略）

（罗说）现在什么都没有了，就是要狗的那个公。只要你们同他赔礼就可以了。

（水降老太太）现在家时有没有什么事情呀？

（罗说）没有什么事情。从上面看，你们家里一切平安。

（罗唱）你们来到这里，我们帮你们查牲畜问题。现在牲畜已经查清，保证以后牲畜平安，听从我的话，不要违约。保证双方平安。

过阴婆请鬼上身后，便以上身鬼的身份与问事者进行交流，通过一问一答的方式，问题逐渐聚焦。人们借助鬼的力量，去常人所不能及的空间中进行探查，以求得生活失衡的原因和应解之法。这一过程，就像是侦查案件一样。通过过阴，水降老太太知道了家中牲畜不旺的问题所在，笼罩在心中的疑问也就此解开。

4.3.2－2　**“补高寿”时插在房中的白竹**

补高寿：又称“补粮”，类似于给中老年人过生日的一种仪式，在水族中非常普遍。在水族房屋的二柱处经常能看到挂着彩纸的已经枯萎的白竹，这就是补高寿仪式留下的印迹。一般来说，年龄 36 岁以上的人就可以办这种仪式。这一仪式与过阴婆和水书先生是分不开的。事主 36 岁后，如果感到身体不好或者精神不济，找到过阴婆。过阴婆经过与鬼神的对话，确定事主应该“补粮”

了。于是，当事人会找到水书先生，确定“补粮”的日子。当事人按照水书先生确定的日子进行准备。首先将补粮的日子告诉外家①。外家在事主补粮过程中承担着更多的责任。届时外家，特别是外家中的女婿、哥弟要带未脱粒的糯谷把、鸡等到事主家。补粮前，事主的女婿要到山上去挖两根竹子。所选的两根白竹一定要茂盛，尖稍匀称无损，枝丫多，根须全，竹节对齐的越多越好；同时两根竹子最好等高，上下要平。如果没有女婿，也可由长子去挖竹子。补粮这天，外家带着礼品到主家，主家的兄弟们也会过来帮忙。仪式由水书先生主持。水书先生摆好祭品，将挂有彩纸的竹子捆缚在中柱上，同时口念祝词，杀鸡，用鸡毛沾鸡血粘附在柱子上。在中柱上，水书先生还要粘上用红纸黑字写的对联，横批“禄高寿长”，上下联为“松柏经得冬寒冷，竹叶常青永存在”。祭礼完毕，主家杀鸡、杀猪招待来客。吴国利的妻子蒙面在49岁时办了“补高寿”的仪式。当时，蒙面的哥弟都来了。国利说，他身体还好，所以他没有办。如果他办补高寿，他的妹妹就会拿未脱粒的糯谷把和鸡过来，他的干仔吴水妹（大寨吴志林之女）、吴宇令（高寨）也要来。一年中，这样的仪式有很多，所以，国利家特意留着一袋未脱粒的糯谷把以防万一。②

驱拦路鬼：2007年2月4日，吴国利为大儿子吴万贤办了驱拦路鬼的仪式。吴万贤，1982年生，念过职高，在外打工多年，今年回到家里，尚未成亲。在水利，万贤这个年龄的年轻人多已成亲，所以他的父母认为这是因为遇到什么鬼了，于是就找过阴婆给看看。万贤的母亲在1月27日到那莪找过阴婆吴石东的爱人给看的。那个过阴婆说万贤碰上了拦路鬼。于是让他们在农历十二月十五日带着两只鸡、米饭和肉去东北方向山上解鬼。吴国利找到本村的水先生吴友凤，请他当天到坡上帮助解鬼。吴友凤用

① 外家，一般指母亲、妻子来自的家庭，是姻亲关系的一方。

② 信息提供者：吴国利，男，1953年生。调查人：王学文。调查时间：2007年4月30日下午。调查地点：水利大寨吴国利家。

水书算过后，认为十五日不好，改成十七日去，地点还是东北方向的山上。2 月 4 日，我们恰巧碰到了他们去山上解鬼。到山上后，吴友凤选好方位，点着香插在地上，将供品摆放好。口中念咒语，请鬼享用供品，让其不要再侵扰万贤。解鬼仪式完毕后，供品带回家中，煮熟后大家享用。但万贤不能吃这些供品。

扫寨：当村寨处于失衡状态时，例如可能发生火灾、瘟疫、非正常死亡、匪患、斗殴等重大恶性事件，村寨中的长者和管事人便会站出来，召集村民商量对策。扫寨即是使村寨重新恢复平衡的一种举措。扫寨由水书先生主持，全村每个家庭都要参与，实行以抵挡为目的的仪式，将恶鬼驱赶出村，从而使村寨摆脱恶鬼的侵扰。2008 年正月，大寨发生了连续的死亡事件，村中的长者和小组组长便同大家商议，进行了一次扫寨。扫寨的时间由水书先生吴友凤确定，在二十九的凌晨两点多。他们将出入村庄的各条道路全部封住，不让任何人进出。吴友凤带着按照“挡”仪式需要的特殊生辰八字选出的六人一起，擎着火把，拿着供品等，从村子的北边逐户下来。每到一个家户，主人要拿一碗米和一个三元六角的红包给扫寨的人员。各家户全走到后，宰杀猪、狗等供品，煮熟后全村人共同享用。这一过程中，水书先生还要念诵咒语，举行各种供祭。整个仪式，至下午两点多方告结束。此次扫寨，大寨每个家庭出资近四十元，购买了 2 头猪、1 只大狗，2 只鸭和 1 只鸡用于解鬼。

以上四个案例，既有个人的失衡，也有家庭的失衡，还有村落的失衡。无论是哪个层面的失衡，人们都选择了通过神媒来解决。因为在大寨人的观念中，种种的失衡都与鬼有关。

4.3.3 神媒的合作

事主在解决失衡事件时，寻求哪一种神媒，主要从声誉、熟悉程度来考虑。就三种神媒各自的属性而言，他们没有截然的分属。埃幕，如果懂得水书，也会成为水书先生。过阴婆，按照其说法上身的鬼都是过世的先生。她某种程度上是过世水书先生的一个代言人。水书先生随着水书知识在传承中的逐渐丢失，也会沦为埃幕的角色。水书先生死后，也可能成为依附过阴婆的鬼魂。三种神媒之间存在着相互转换的可能。

在以上四个案例中，水书先生、过阴婆和埃幕之间也体现出一种合作的关系。上面的过阴过程中，水降老太太询问了两件事，一件是家里牲畜的问题，一件是家里主人身体的问题。罗通过鬼附体，以鬼的身份与事主交流。她告诉事主，她家高脚杆的牲畜（牛或马）不好，原因是没有供祭三保财。但事主否认了这一说法。于是罗又通过探查，说看到事主祭过三保财了，但日子不对，要重新祭一次，供品是一斤六两肉，并解释刚才之所以说错，是因为之前没有用香写字。第二个问题，罗给看过后指出事主腰酸背痛，原因是应该"补粮"了，随后罗告诉事主补粮的时间应该在九月秋收后。通过过阴，事主得到了两件失衡事件的答案和解决办法。之后，她需要回到家中进行两个仪式，一个是祭三保财，一个是补粮。办这两个仪式前，她先要找水书先生确定日子。仪式当天，还要请三类神媒中的某一人来主持。同时，还要通知本家族的人来共同参加。另外在补粮和驱拦路鬼的仪式中，水书先生和过阴婆在其中也发挥了作用。在确定鬼及解鬼办法时，三者所采用的方式不同，但在解鬼仪式上三者是可替代的。过阴婆给看的鬼，水书先生可以去给解。吴国利描述了这样的一个程序：

> 我们这个寨子有一家小娃得病，就先去找吴校林，去看他得什么病。如果他说得对了，那人小孩康复了，就行了。如果还不好，就去找过阴婆。过阴婆说用鸡什么来解，那么又去找吴校林来解。水书先生也会找。但是吴友凤不会石头。但他可以算出来，知道后就可以去解。解的时候，找他们谁都可以。但水书先生能主持大场面，全寨子的事都要找他主持。过阴婆只能主持些小

场面。①

三种神媒的合作是有限度的，而且这与村民对他们的认知有关系。如水书先生在仪式日期和方位的确定上比过阴婆和埃幕更具有权威。在婚丧嫁娶、起房建屋以及村寨、家族重大事务的日期占卜上，人们更多地求助于水书先生。在个体或家庭的失衡问题上，则会找过阴婆、埃幕探病问事。

4.4 小结

本章我们考察了水利大寨的鬼神体系、神媒以及他们在村落社会生活中发挥作用的方式和意义。

鬼神的体系和观念已经嵌入村落的日常生活之中。在村落和家的空间里，有着鬼神的栖居之处，与人共处、共享或争抢着现世的利益；在人的生命历程里始终有善鬼的佑护和恶鬼的侵扰，福祸皆可在鬼神中找到对应。鬼神的性格是多重的。他们的善恶以及作用人们生活的方式，一方面与他们成为鬼的原因有关，他们要在现世寻找补偿；另一方面，也与他们在现世中所得的供祭有关系。神鬼与人们生活的关系是复杂而微妙的，但不是不可控制。人们可以通过谈判来和解，通过对抗来吓阻，但更多的是通过供祭来换和平。于是，在水族村落社会中神媒就担负起了沟通和协调鬼神世界与生活世界关系的职责。

水族村寨中可承担这种沟通、调节媒介的有三类人：水书先生、过阴婆和埃幕。水书先生以水书来推算，过阴婆通过鬼魂上身来探查，埃幕以咒语石卜来解释。他们通过各自不同但又有联系的方式来共同应对生活中的种种失衡问题，提出解决方案，进

① 信息提供者：吴国利，男，1953 年生。调查人：王学文。调查时间：2007 年 7 月 29 日下午。调查地点：水利大寨吴国利家。

而指导人们供神解鬼。

水利大寨村民在应对生活失衡问题时所采取的办法和程序，可见图 8。在图 8 中，主家/外家是指当事人的家庭或家族，及其姻亲关系一方的家庭。他们在举行供神解鬼仪式中，通常会参与，并承担一定的义务。有关这一点的讨论请见第五章。通过神媒举行祭神解鬼的仪式，如果没有效果，人们会再次回到求助神媒的环节，寻找答案。这一点还需要更多地讨论，特别是在面对疾病等问题时。随着现代医疗观念的进入，大寨人面对疾病，在求助神媒的同时，也会到医院检查和治疗。① 但有趣的是，现代的医疗还无法撼动大寨人的鬼神观念和生活失衡后的行事逻辑，神药两解依旧成为人们遵循的原则。吴国安 2007 年底突发胃穿孔，在医院治疗完回到寨子里，又专门请埃幕进行了解鬼仪式。

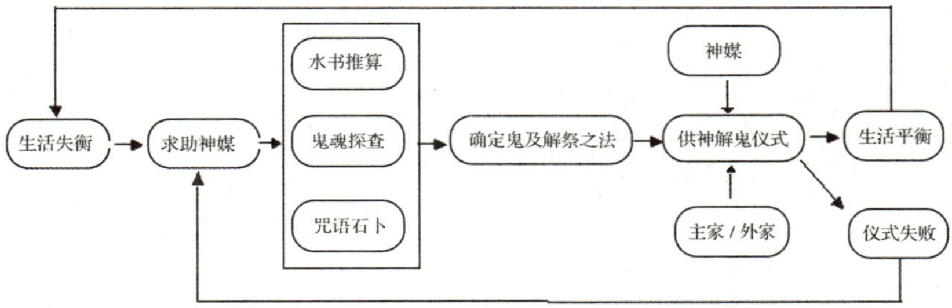

图 8　水利大寨村民生活失衡问题的处理程序

在调节生活失衡问题时，失败总会不时出现。但不怕出现失败，只怕没有一次成功。一次的成功可以抹杀失败所带来的影响，而且失败可以找到各种各样的理由来解释，神媒能力不够，事主行为或品格上有瑕疵，甚至还可以说是鬼太狡猾等。成功则不需

① 调查期间，村民韦书燕的妻子患病、吴国安患病均采取了既到医院治疗，又请神媒解鬼的方式。

要理由，成功带来的是权威，是更多的信任。在水族多鬼的鬼神体系和鬼神观念下，鬼、神媒和民众之间所构成的三角关系不容易破裂。因为，生活失衡是层出不穷的。

5. 差序的节日与姻亲关系

婚姻的缔结，不仅是在当事人之间建立夫妻关系，同时，它还将当事人的家庭、家族、村寨联系在一起。“婚姻是社会力量造成的，因为依我所知世界上从来没有一个地方把婚姻视作当事人间个人的私事，别的人不加过问的。”（费孝通，1998：129）从婚姻缔结那一刻起，一张由此构成的姻亲关系网便形成了。同时，每一个社会，对于婚姻缔结这一社会性再生产都有着各自的文化安排。本论文所考察的水族社会通过对节日时间的一种差序性的安排，而实现了婚姻缔结和姻亲关系的维系与强化。时间本身是认识人类社会的一个基本的范畴。在任何一个社会中，人们总是遵从和实践着某种时间逻辑，这种遵从有时是可以察觉到的，有时则是无法意识到的。但是不管怎样，这种时间逻辑深刻地影响着人们的生产、生活，最直接的方面就有：生产的节律、节日的安排和神圣与世俗的区分等。时间逻辑使一个群体按照某种原则有节奏地跳动，从而谱写出生存繁衍的协奏曲。从一定程度而言，人类群体就是在一定时间逻辑上得以存在和发展的。

在水利大寨的生产生活中，姻亲关系与家族制度、鬼神体系同等重要。本章将围绕着节日时间和节日中的内容来分析姻亲关系的形成和维系机制。

5.1 差序的节日

这里所说的“差序”并不是费孝通先生在形容中国社会中人

与人关系格局时所说的“丢石头形成同心圆波纹”（1998［1947］：24～30）状的差序，而是指一种节日时间上先后的序列，是线性的一种状态。在前面的章节中，我已经部分涉猎了水族人的时间问题，以及与之相伴随的生产节律。水族本身有自己的历法，但现在的生活中表现为农历、公历和水历共用的一种交融状态。三种不同的历法所影响的层面是不一样的。我们将简单考察目前水利大寨人所遵从的历制系统，同时，以端节、卯节为例重点考察他们对节日时间的安排。

5.1.1 交融的历制

在水利大寨等水族地区调查中发现，公历和农历早已进入了水族人的日常生活之中，被人们普遍接受，但水族的历法在各种民俗事象如民间传统节日、婚丧嫁娶、宗教祭典以及占卜吉凶等活动中，仍然在使用着。

有水历的研究者认为今天水族民间流传的水历是“六千余年前水族的先祖重黎、吴回、共工、陆终和昆吾等人所创制的中华古历的承传，是中华古代历术的‘活化石’”（蒙育民、蒋南华，2007：32）。我们无法知晓历法的创制年代和编历者，但历法的内容还是基本可以理清。水书就是以水族历法为基础而记录的，其中还有专门的纪年、纪月、纪日的卷本。

一般认为，水历采用的是“七元记历法”，即以十天干和十二地支相组合，配上二十八宿，用于纪年月日时。水族先民将太阳运行轨迹附近的诸星及天体赤道附近的诸星，以东北西南为序划分为四方二十八宿。与汉族二十八宿一样，每宿都想象成一种动物或事象，以此来判断吉凶祸福。水历年历的编制与农历一样，同样分为十二个月，大月30天，小月29天，一年354天，采用19年7闰补齐。与农历的不同在于，农历置闰一般在年初，水历置闰在年中或岁末。同时，农历建寅为正，水历建戌为正，即水历的一月是农历的九月。为何建月于戌，学者们给了两种解释：一种认为“水历以阴历九月为岁首，到次年八月为岁末，是说九月万物随阳而终，复陈阴而起，所以水历以秋实为岁首”。（王品魁，2004：77）还有一种观点认为古代帝王掌权后，都通过“更正朔”来合理化自己的统治，如夏建寅，殷商建丑，秦汉建亥。而水族这种建戌为正的做法，恰是在被秦打败后，不遵秦历，以表达抗秦之意。（朝荣培，2004：228）不管原因何在，水族现在的两个重要节日的节期都是以水历来确定的，端节，在水历的岁首“端月”，农历的八、九月间；卯节，在水历的九、十月，农历的五、六月间。水族地区的四季之分与汉族相同，分为春、夏、秋、冬。水历、农历与四季的对应关系见表7。

表7　水历、农历与四季的对应关系表

季节	秋季	冬季			春季			夏季			秋季	
水历	一月	二月	三月	四月	五月	六月	七月	八月	九月	十月	十一	十二
农历	九月	十月	十一	十二	一月	二月	三月	四月	五月	六月	七月	八月

从调查来看，水历，即使在过去，在水族民众中也不是一种普及的知识，而是由水书知识的拥有者水书先生掌握。在水书中保存的水族天文历法知识也最为丰富。熟练掌握和运用水族的历法知识，是一个水书先生的必备素质。以贵州省档案局、荔波县人民政府编译出版的水书《泐金·纪日卷》（2007：25）的一个条目为例，译为汉语为“第一元子甲（即甲子）虚日鼠凶”，注释为：“此宿日忌起造、嫁娶、开张、种植各种粮食作物、修粮仓、修鱼塘、放鱼等。”如果水书先生不掌握历法知识，将难以解释和运用水书。我们在一些水族村落调查端节、卯节的时间时，绝大多数人都无法准确说出时间，只能说出自己过节的批次，并说“今年什么时候过节，水书先生还没算呢”。① 同时，在七八个水族

① 信息提供者：韦荣尚，男，1962年生。调查人：王学文。调查时间：2006年9月9日上午。调查地点：翁降大寨韦荣尚家。

村落中的数个家庭中，我们也没有见到水历的印刷物和传抄本。[1]水历以一种非全族共享的方式在水族社会中存在着。

以上是关于水历本身的介绍。在一个正在经历着从传统迈向现代，从村落领域走向世界舞台的水族村寨而言，他们在生活中使用的历法也呈现出一种交融的状态。这种交融不是几种历法融成一个新的历法，而是不同的历制在生产、生活的不同层面发挥着作用。

5.1.1 卯节：伞盖卯坡

在水利大寨，人们的生产生活受到三种历法制度——农历、公历、水历——的影响。现在，在每一个水族家庭，都能看见一

① 根据罗春寒的文章，水族地区有两本通俗易懂的《年下用月日历书》和《日下用时历书》流传，是普通百姓在日常生活中用于择日的水历手册。（2004：503）但罗说的这两本书我没能发现。

张既有公历又有农历的日历，唯独见不到水历。这些日历有少量是从场上购买，大部分是购买东西赠送，或者一些部门如中国移动、中国联通、银行和邮政等搞活动派送的宣传品。村里的学生是最关注公历的群体，因为他们的学习制度是在公历的基础上设计的，如周六日放假，五一劳动节、十一国庆节等。星期几还有劳动节、国庆节这些公历假期显然对村民生活没有什么影响。我在村落里调查时，也感受到公历的存在可有可无。只有当村民到县里、镇里办事时，才会查一下公历的日期，怕去了以后找不到工作人员。而县里、镇里在村子中安排事情时，也从来不用考虑公历的问题，而只要考虑是否农忙季节即可。

对于以水稻种植为主的农耕村落来说，农历的重要性不言而喻。水族民众普遍接受农历的指导，非常重视二十四节气。人们一年的农事安排，都是以农历来展开的，并在长期的生产实践过程中形成了极具指导意义的农事谚语，如“小满秧长满，芒种快栽秧”、“冬至天晴无雨色，来年栽秧田开裂”等。① 另外，在水利大寨，村民习惯于用干支来纪日，常用地支所对的动物来指称某日，如称逢亥日为猪日，称逢辰日为龙日，称逢戌日为狗日。人们赶场日期也习惯于用地支来记载。潘一志记录的《水族地区市场名称及集市日期表》（1981：67）进一步表明这一传统由来已久。

再来看水历。从水书的记载来看，水历深刻地影响着水族人的生产生活。以《泐金·纪日卷》的“第一元甲子”的60个条目注释（2007：25～37）为例：涉及粮食种植的条目有20条，其中宜条目5条，忌条目15条，其中已经详细到宜忌作物的品种。但目前，水历在农业生产方面影响已经不那么深入和广泛了。从我们可追溯的记忆和查考的资料来看，水族接受农历的历史已经很长，农历已经更多地代替水历承担起了指导农业生产的功能。水历和农历尽管在设正置闰上有差异，但历法的整体原则是一致的，

① 相关的谚语可参见韩荣培的文章。（2004：228～230）

所以农历替代水历，并没有造成水族社会生产节律的混乱，相反，极大地方便了水族人的生活。由于水历记载在水书之中，受水书知识只在家族内部传承的限制，这种历法一直由少数人掌握，有一定的神秘性，所以在生产领域农历替代水历是一种必然的选择。有水族民众说“以前什么时候翻地、插秧，都要去问水书先生，现在都不用问了”。[①] 但水历退出的只是一般的生产环节，一些仪式性的节点上，它仍在发挥着作用，如吃新节日期的选定。吃新节各地节期不同，一方面要看稻米成熟的程度，另一方面则是要找水书先生选定一个吉日。这个吉日的选定，就离不开水历的作用。在《泐金·纪日卷》中就有多处关于“尝试新谷”的宜忌条目。

除此之外，伴随着水书，水历也被广泛地应用在节日庆典、婚丧嫁娶、起房建屋等生活事件之中。当然，农历在其中也发挥着协同的作用。水历与农历之间诸多的相似性，也使二者在民众生产层面融合到一起，我们已经很难说人们的干支纪日是农历使然，还是水历使然。即使在水书先生用水书占卜测日时，也不能完全说是使用水历，因为许多水书先生手中都有一本供他们查考的汉文的万年历。他们在测日时的通常程序是：事主首先将生辰八字告诉水书先生，水书先生通过查万年历或以手指记数的方式将生辰八字换算成干支，然后再对照水书加以推算后确定。当然，这里最关键的不同在于水书先生的依据是水书中的阴阳五行体系和吉凶观念。因为受限于本人对水书的了解较浅，所以无法在此点上进行更深入的分析。

水族两大重要节日端节和卯节是依水历而定的。在节日日期的确定上，人们煞费苦心地做了极富社会意义的安排。一般汉族节日，如春节、端午等节期固定，而水族这两个节日却是分属不同水族群体，分期分批次过，节期长达一二个月。对此，我们将

① 信息提供者：韦荣尚，男，1962年生。调查人：王学文。调查时间：2006年9月9日上午。调查地点：翁降大寨韦荣尚家。

在下文详细分析。

总体而言，水利大寨村民的生产生活就处于这种交融的历制之中。在联系国家机构的层面遵从公历；在农业生产领域以农历为主，水历为辅；在节日、仪式等民俗生活中以水历为主，农历为辅。

5.1.2 端节

水族有句俗语："汉族的节日算春节大，水族的节日数端节大。"端节，又称"借端"，是居住在都匀、三都、独山和荔波等地水族人民的年节，也是过节人数最多、涉及地域最广的一个水族节日。端节的时间在水历的年终岁首阶段，即农历的八、九月，时值稻米归仓之际，以庆贺丰收、祭祀祖先、辞旧迎新为主要目的。

端节按地域分批分期来过，主要分为七批。第一批与最后一批一般相隔 49 天。各批次的顺序不能随意更改。节期的确定规则是，水历十二月和正月逢亥日过节，期间还有在午、未、申、酉、戌日过节的，但统称为端节，并多穿插在第三个亥日之后的时段，所以归为第三批或第四批。一个月中最多能出现三个亥日，多为两个亥日，再加上一些特殊的时间规定，所以七批过节，至少要两个月的时间。水族端节的各批次情况见表 8。

表 8　端节批次表①

批次	过节日期	过节区域	姓氏
第一批	水历十二月第一个亥日	都匀市基场、阳和乡一带。丹寨县小羊昌等地。	蒙、韦
第二批	水历十二月第二个亥日	三都县拉佑、水东、苗草地区。	韦

① 本表原始数据来源于潘朝霖《水族的借端》一文。(1986：66～69)。

批次	过节日期	过节区域	姓氏
第三批	首批端节下推的第三个亥日，且必须是水历正月第一个亥日	三都廷牌、恒丰、水龙、安塘、坝街地区，独山天星，荔波县佳荣、甲站，榕江平永、新华、雷山县达地等。	韦、王、张、莫、石、陆、杨
	酉日	三都羊福乡排外、党虾、羊甲。	韦
	戌日	羊福乡排引、孔荣、丛木和坝街乡里搞。	韦、杨、潘、李
第四批	第三个亥日之后七天的午日	三都塘州乡，九阡水迭和都江区一带。	潘、石
	固定在水历正月的午日	三都羊基、各羊、弯寨和都匀阳和光荣村。	潘
第五批	首批端节下推的第四个亥日，且必须是水历正月的第二个亥日	三都县三洞、中和、地祥，九阡石板，丹寨金钟乡高排及榕江县八开、新华地区。	潘、石、杨、陆、王、韦、蒙
第六批	第四个亥日之后的八天的未日	三都县牛场、三纳、行尝等。	陆、刘、潘、王
第七批	首批端节下推的第五个亥日	三都县三洞乡兰岭、古成、姑奇、水碾及九阡的水昂，榕江县八开区上午、下午等。	石

在水族过端的人群中流传着端节由来的故事（潘朝霖 1986：76～80）。很久以前，水族的先祖在一只神鸟的引领下来到现在居住的三洞地区，各家族分散在这一区域，安家落户，辛勤耕作，并商定每年年底在三洞团聚。结果当他们团聚时，遭到强人的骚扰。他们在神仙的指点下，战胜了强人，于是每年便在年底时聚

到一起祭奠死去的亲人。但年年都到一个地方过节，不能到别的地方走动，大家都厌了。于是决定分期分批来过端。他们通过竹篓里摸鱼的方式，决定了过端的先后次序。结果住在都匀内套的大哥摸到了最大的鱼，获得了最先过端的权利。端节的批次也随着时代发生变化，如原来第七批的兰岭村，已经改为第五批，和三洞乡大姓的潘姓共同过节。

端节的主要活动有祭祀祖先、辞旧迎新、庆贺丰收、聚会亲朋和端坡赛马与唱歌。端节的前夜和端节上午是祭祖的时间。在此期间要忌荤，但水产类不在此列，而以水产的鱼类为主祭品。端节到来之前，家中一切炊具和桌椅要刷洗干净，同时准备好供品。祭祖时，要专设供桌，摆放好鱼包韭菜、豆腐、南瓜、糯米饭、米酒等供品。有铜鼓木鼓的村寨或家庭还会取出来敲击。

赛马活动一般是在端节当天的午后进行。赛马这天，水族男女老少和好胜的骑手便齐聚到端坡。赛马前要举行祭祀跑道仪式，在德高望重的长者组织下进行。当主持人念毕祝词，拔掉道口的祭标，高呼“开端！开年！开道！”之后，骑手们挥鞭纵辔，扬蹄奋进，游戏竞技。赛马也为男女青年交际创造了交往的机会，在水歌中也有“男骑马去相姑娘，女梳妆去看新郎”（潘朝霖，1986：73）歌句。在端坡上经常能见到情投意合的男女青年三五成群地聚会唱歌。

端节是亲友重逢、团聚的重要日子。过端的时候，每一个家庭里都有十几到几十人来拜访。每当这时候，整个村寨都是人声鼎沸。来的亲友和客人会被拉到各家去饮酒。这样的状态会持续三五天。一处过完端节，主人刚忙完，便又会携家带口赶到下一批过端的亲戚家聚会。在两三个月的端节期间，水族地区到处都能看见走亲访友、聚会宴请的热闹场面。

5.1.3 卯节

过卯节的人群主要集中在龙江上游（荔波称樟江）地区。水利大寨便处于卯节区域。卯节的节期在水历的九十月间，即农历的五六月，时值水稻插秧上坎完毕，等待禾苗打包抽穗的阶段。水书认为，这一季节是绿色生命最旺盛的季节。

卯节的择日原则，第一卯应在端午过后，农历五月三十日之前过；最后一卯应在农历六月之内过。每一轮六十甲子中共有五个卯日，即乙卯、丁卯、己卯、辛卯和癸卯。人们认为，辛卯日为最佳的日子，可保风调雨顺，人畜平安；丁卯日则视为凶日，逢丁卯过节则会招致天灾瘟疫，所以节期逢丁卯日能避开的就尽可能去避开，实在避不开时也硬着头皮过节。但这里有一个问题，端午到六月底总共有50余天，在这一跨度内，无论如何不会出现五个卯日。如果再加上要避让的丁卯日，四批卯不可能在50余天里排布开。因此尽管水族古歌中有“第一卯是水利卯，第二卯是洞坨卯，第三卯是水扒、水浦卯，第四卯是九阡卯”之说，但在实际运作中可能并非如此。现在，第二卯和第三卯已经归到第四卯，古歌中的“四卯说”在今天实际上只有“两卯”，而且据调查，这种状况至少从解放前就是如此了。这样，两个卯在50余天的时段里便很容易安排，只要遵循端午之后，六月半前的时间限制即可。但是，如果最后一卯逢了丁卯，且下一个卯日要到六月十二以后的话，九阡也只好过。因为在九阡那边有一个寨子，不过卯节，而是过六月半。如果九阡卯迟于他们过节的话，九阡的稻米就会招灾，降质减产，比过丁卯还要惨。① 1985年首批过卯是水历九月初四的辛卯日。依次下推，丁卯日恰被九阡逢上，农历是六月初十，所以无法避开，九阡只能过了这一卯，刚好当年八九月旱象和虫灾严重。（潘朝霖，1986：81）为了防止这一情况发生，水书先生在为卯节择期时，通常也会考虑到其他各批次卯节的日期安排。

传统节日节期的选择与传统的农业生产、生活是分不开的。卯节的节期与水族农业生产、生活有密切的关系，关于时间限制的约定也与此相关。水族的农业生产体系是传统的稻作农业体系，

① 信息提供者：吴国利，男，1953年生。调查人：王学文。调查时间：2007年7月29日下午。调查地点：水利大寨吴国利家。

四时的安排基本围绕着稻作农业延伸、展开。过卯节的时段，是在插秧上坎结束之后，农业生产从忙碌的春种进入一个日常的打理、等待秋收的间歇期。这一个时段，是雨水充沛，植物生长茂盛，最富生命力的时段，但同时对于民众生活而言，这一时段在过去却是青黄不接，粮食无以为继，焦急等待粮食丰收的时段。此时的卯节，也就有保佑禾苗生长，期盼稻谷丰收的意味。而六月半之前最后一卯必须过完的民俗约定，抛开习俗禁忌方面的原因，还有生产上的重要原因。七月半时，已经开始尝新米，秋收马上就会开始。卯节期间稻田对雨水的需求量大，所以过卯祈求雨水充沛的意义就十分重大了。因此，一些地区过去过敬霞节的日期也大致选择在卯节期间。

5.1.3－1　**卯节时的卯坡**

“文化大革命”结束，改革开放初期，卯节恢复。水利大寨的吴国利当时是村里的干部，亲自参与了卯节的恢复工作。据他讲，卯节恢复时，原来的四卯就变成了两卯。那两卯人少，过卯时来的客人多，他们招待不起，所以就不单独过了，而同九阡一起过。[①] 1987 年，荔波水利、永康、水尧、瑶庆 4 个乡人民政府，“为了利于社会主义物质文明和精神文明建设的开展，共同倡议将全县各地先后不一的卯节，统一在农历六月十日的第四个卯日进行”。这一倡议曾一度实行，但不久又恢复了原来的传统习惯。（贵州省荔波县地方志编纂委员会，1997：184）今日我们所见到的是，只有两个批次的卯节。2007 年卯节的批次情况见表 9。

5.1.3－2　卯坡上对歌的少女（李思晋　摄影）

① 信息提供者：吴国利，男，1953 年生。调查人：王学文。调查时间：2007 年 6 月 22 日下午。调查地点：水利大寨吴国利家。

表9　2007年水族过卯节村寨及姓氏表①

过节地区	姓氏
第一批 水历：九月十二（丁亥年丙午月辛卯日）农历：五月十二	
水利村：水利、纳莪、低朵、岩寨、大寨、高寨、老寨、的互、古庭	吴
水岩村：水岩大寨、拉干、低和、拉小、上水降、下水降、董红、母达、央采	吴
水丰村：拉吕	吴
水龙村：岜忙	吴
第二批　水历：十月初七（丁亥年丁未月乙卯日）农历：六月初七（原二、三批已不过，同原第四批一起过）	
洞坨村：上寨、下寨、漂寨、弯寨	吴
水浦村：水浦、老寨、板闷、水江、	邓、潘、吴
尧排村：水扒	吴
水各村：大寨、甲弓、母黔、板拉、母下、水对	吴
水条村：姑牙、拉约、姑朗、水错、水吼、塘坊	吴
水昔村：务把、利蒙、拉朝、拉笃、拉坨、抵育	潘
水昔村：母荣、姑化	吴
白庙（红星村）：姑鸭虽、引抗、雨岜、抗甲	潘
石板村：上水达、下水达	潘
母改村：母改、水叶、姑内、姑丙、井封、下水迭	潘
板高（新光村）：板高、板红、井麻、岜凡、板闷、板犁、姑潭、姑弄、务牛、老寨、大寨	潘
水懂村：大寨	潘
水懂村：姑流、甲小、甲害、甲少、甲路、鸡寨	杨
周覃水备村：低秀、板远、板留、板先、水后	吴

① 此表中的数据参考了潘朝霖“水族卯节批次顺序表”（1986：86～90）。

续表

过节地区	姓氏
岜鲜拉毛村：大寨、小寨	潘
干田坝村：板告、板厌	潘
岜鲜村：岜鲜寨	潘
拉先村：大寨、拉学、地界、麻栗坳、长命沟、古城、姑尧	潘
地牙村：大寨、小寨	潘
水维乡拉易村：上寨、下寨、兰靛山，板报	潘、吴
水维村：岜毛、朱家寨、中寨	潘
甲料村：甲料、老鹰岩	潘
永康乡德门村：董打、抵朵、拈头、拉柳、吉流、上下德门	蒙
母早村：大寨	蒙
太吉村：大寨、西鸟	蒙
白岩村：拉梭、穿洞、的看	蒙
吉洞村：吉洞、董亥	蒙
溪竹村：溪竹水家寨	蒙
尧古村：低杠、董例、必忙	蒙
尧岜村：低不	吴
水尧乡水功村：板独	潘、姚
水尧乡水功村：扬抑、抵朵、上更浦	常
水尧乡水功村：水捞村	欧
水尧乡水功村：岜合	姚
水尧乡水功村：董罕	潘
水尧村：打里、坡顶、板央、水尧水家寨	姚
拉交村：上拉交	姚
拉交村：董未	石、韦
拉交村：拉党	姚、潘、蒙
水扒村：董伟	欧

续表

过节地区	姓氏
水扒村：水扒	姚
水扒村：董见、洞杠	蒙
水扒村：董路	吴
瑶庆乡洞流村：洞流大寨、洞角、更昔	蒙
瑶庆乡洞流村：吉王	韦
更坡村：老寨、吉讲、平寨、拉来	韦
更坡村：高寨	吴
水庆村：拉歹、拉头、水条	蒙
水庆村：拉节、上寨	常

我们在水利大寨和水各大寨调查时，都听到“斗气过卯节”的说法。水各大寨吴天伟说：

上早这个九阡地区来说，是别人住着。我们是从北方迁来的，我们祖先被打败后逃到江西，以后又从广西来到他们的地方。他们说我们是小地方来的，看不起我们，说我们没得吃没得穿，过不起节，所以我们就为争口气，为了祖公，同房就决定五黄六月过这个卯节。我们的卯坡是主坡。我们过完这个卯就没有卯了。第一卯是荔波水利乡，我们过最后一卯。为什么我们过这个卯呢？是因为大祖公在这里，他们在荔波那边都是兄弟，所以给兄弟过先，大哥去看，看兄弟过这个卯节是不是热情接待亲戚朋友，所以必须大哥去看。让老弟过先，看他们别打架。所以水利过卯时，我们这边是要过去看的，必须登上他们的卯坡。①

水利大寨的吴国利讲述了另一个版本的卯节来历。

以前我们这里不过卯，我们过额，与过端的时间差不多。村里一个老人去坡上，有一块人形石头自己跳到篮子里。老人拿出去，它又跳进来。于是老人就带了回来，水书先生说我们应该过额。全村就过额拜这个石头，村子风调雨顺，十分兴旺。后来村里一个姑娘嫁到了水丰村，那个村子人就知道我们村有这块石头保佑，就偷了去。他们就过额。我们把石头偷回来，他们又偷回去，过完了把石头还藏在床底下。这样我们就找不到了，我们就没法过额节了，怎么办呢？后来我们的老人说，你们偷走我们的石来过节日不算什么本事，既然我们没有额石了，我们就另外过一个节日，就是我们现在的卯节。额节过是农历9月是丰收的时候，这时候过节不算什么本事。我们就过水历的9月份（农历的5月）过，这个时候刚好是青黄不接的时候。我们要看你有没有本事现在过这个节。于是我们就开始过卯。水利卯是第一卯，因为我们是大哥，所以我们先过。②

这两则关于卯节的解释，都有“斗气过卯”的情节，但对于卯节批次先后的成因给出的解释却相互矛盾的，一说是大哥先过，一说是大哥让小弟先过。这种异同是不同人群为合理化自己的历史和地位的时候所经常采用的一种策略。

卯节的节日内容有祭祖、宴请亲朋和卯坡对歌等。卯节来临，

---

① 信息提供者：吴天伟，男，1952年生。调查人：王学文。调查时间：2007年7月20日。调查地点：水各大寨吴天伟家。

② 信息提供者：吴国利，男，1953年生。调查人：王学文。调查时间：2007年7月25日下午。调查地点：水利大寨吴国利家。

家家户户要清扫房子，备办节日所需物品。外出的家人和嫁出去的女儿都会赶回来过卯。在卯节的前一天，即寅天的晚上，和卯节的当天的早上，各家都要设席祭祖。与端节祭祖忌荤用鱼不同，卯节祭祖不忌荤，也不用鱼，而用鸡、鸭或者猪肉等。祭祖时，还要放一堆燃烧着的炭火，并点燃一个烟杆，供祖先享用。有些过卯的村寨，如水各大寨，除了家庭祭祖外，还举行全村的祭祖和祭稻田仪式，祈求风调雨顺，稻谷丰收。过卯节时，最有特色的是卯坡对歌。水族的民众，以青年男女为主，这一天会齐聚卯坡，寻找心仪的对象，以歌传情。现在的卯节已经被当地称为“东方的情人节”。原来卯坡对歌前，一般由德高望重的寨老先宣布开始，并请歌手唱完开天辟地、创造万物的全套古歌后才可唱情歌。但现在这些程序已经没有。在烈日下，姑娘们撑着花花绿绿的雨伞遮住害羞的脸庞，小伙子们围在周围浅吟低唱。对歌时，男女方各有一位主唱，几个同伴在其旁边做帮手。每唱完一小段，伴唱者就哼起衬和的帮腔调。对歌时通常先唱相识歌，接着便会询问哪村哪寨和家里情况，两人都巧妙应答。如果双方有意，就会告诉姓名，还有直接带回家中的。对这种卯坡上认识而带回家中成亲的，男女方家长一般不会干涉。在过卯节的村寨中都有这种卯坡认识后成亲的情况，现在四五十岁的这批人，很多人都有这种让人心动的情感经历。卯节期间的走亲访友、宴请宾朋的情况同端节一样。火塘上的火锅全天不撤，周围的人却换了一拨又一拨。

5.1.4 差序节日的意义

端节和卯节是水族两个最为重要的节日。从上面的介绍中我们可以看到，端节和卯节在时间安排上都采取了按地域分期分批次的方式。端节分为七批，卯节分为四批（现在为两批）。在水族地区，端节和卯节所表现出的不是一个时间的节点，而是由一个个节点构成的时段，而且是有严格规定的有着先后次序的差序的安排。这种在时间上线性的差序原则有着丰富的社会涵义。

学者们根据端节和卯节群体的居住区域、姓氏构成认为这种分批次过节表明“水族是由不同血缘共同体或部族在同一地域长期生息之后所组合成的。过端是水族中具有同一习俗或同一血缘共同体的遗风。其复杂的批次，就说明这一支系是由无数部落联盟所组成，并且各个批次大多是以血缘家庭为基础的组合”（潘朝霖：1986：74）。这种溯源性的分析有一定的道理。在民众的口承故事里，对端节和卯节的批次给出了一定的解释。端节的批次通过竹篓里抓鱼称重量的方式排定，卯节的批次则是以兄弟长幼为序来排定，而且关于两个节日的传说故事里都有共同祖先的说法。目前，各批次过端人群和过卯人群的主要姓氏一定程度上也支持了以上说法。如过端的群体中没有吴姓，而过卯的则大部分是吴姓。但我们也不能高估了这些资料的解释能力，如过端和过卯群体中都有潘姓、蒙姓和韦姓，就很难用上述观点来说明。但是，水族的节日是动态发展的，随着人员的迁徙，家族的发展，到后期就不完全与初始的布局完全吻合。毕竟，这种溯源式的研究，在频繁的交流互动和文献资料缺乏的情况下，很难有完美的答案。但从社会生产、生活的角度来分析，这种差序性的节日安排却在生产安排、族群认同、家族繁衍等方面发挥着重要的作用，这也是这种差序节日安排能够维持至今的原因。

卯节是在插秧上坎完毕之后，端节是在稻谷成熟之时。从水稻的种植过程来讲，这两个时间都是非常重要的。在相当长的时期，禾苗移到田里后，最重要的就是要保证水量，防止虫灾等，而这两方面并不是民众所能控制的，只能求诸于神、祖先的保佑。于是，在卯节期间，有祭祖、祭稻田的安排。卯节的整个节期被限定在端午之后六月内，也是出于生产上的考虑。端午前，插秧并未完成，过节势必会影响插秧的进度。而且，过卯节的一个前提是全村寨的家庭都要完成插秧。如果有哪家在过卯时还没有完成，村里人就会去帮他家完成。这对农业生产起到了一定的督促作用。六月完成过卯，也是为了不让过节影响了秋收工作。端节作为丰收之节，其前提也是要基本完成稻谷收割工作才过节。所以，尽管卯节和端节都有一个很长的节期，但总体上是不会影响生产安排的。相反，人们通过节日里的祭祀和欢聚，表达着对生产的期许。

差序性的节日安排，对人群一个直接的影响就是群体认同和凝聚力的提升。社会关系如果没有经常性的重温和互动，在经过长时间的搁置后，会逐渐变淡变薄。在平日里的忙碌的农业生产过程中，人们接触更多的是本家或本村的成员，而与外家和朋友疏于走动。端节和卯节恰逢农闲时节，本就是走亲访友的重要时刻。而且在这种巧妙的节期安排下，这种走亲访友更成为节日的重头戏，成为一种集体性的行为。如果整个区域同一天过节，这就会极大地限制家庭、村寨的双向和多向流动。水族这种差序的节日安排，却使家庭与家庭、村寨与村寨之间可以在节日里实现双向、甚至多向的流动，更加广泛地发挥了社会整合的功能。在水族端节、卯节期间，经常是一个村子的成员邀约在一起，到别的寨子里去玩乐，而且不拘泥在亲戚两个家庭之间。“有的时候来的人我们都不知道是谁，都是跟外家来的朋友。来就好，我们都喜欢。各家都要拉去吃酒。”[①] 可以说，农闲不闲，农闲，闲的是在田土上的体力劳动，忙的是通过节日活动巩固旧的社会关系，建立新的社会关系。

人类的繁衍问题和人类的生存问题同样重要。如果说，水族通过农业耕作解决了生存的问题，那么水族的端节和卯节则部分地承担了促进水族人的繁衍的功能。端节和卯节所造成的大范围长时间的人员流动，给人们的交往提供了更多的机会。散布在水族地区的端节的端坡和卯节的卯坡为人们提供了一个个交流的空间，对歌是不可缺少的内容，特别是卯节。有人说卯节是“年轻人的节日，卯坡是年轻人的媒娘，歌声是年轻人交往的桥梁”，“充满旺盛生命的青年无疑是卯节的主体，热恋情爱与旺盛生育力

---

① 信息提供者：吴天伟，男，1952 年生，调查人：王学文，调查时间：2007 年 7 月 20 日，调查地点：水各大寨吴天伟家。

又是年轻人最突出的特点，人口增殖就是卯节核心的一个方面。”（潘朝霖，1996：237）

卯节和端节这种分批次过节之所以能够维持到现在，以致政府试图将节日日期统一的努力最后都失败了，其很重要的原因就是这种差序的节日在农事生产、社会关系、祖宗信仰的巩固与发展以及群体繁衍上发挥着重要的作用。但这里还有一点值得注意，即原来的四批卯节到现在已经只剩两批卯了。原来的二卯、三卯合在了第四卯。这一变化好似有悖于我们上面的分析，但进一步调查后发现，二卯、三卯的消失的一个重要原因是过二卯、三卯的村寨较少，人们去他们那走亲访友的人太多，他们无力招待，所以就过不起了。归到第四卯，可以减轻接待上的压力。因此，它从另一个侧面印证了我们上面的分析，即卯节期间人员流动的规模和范围非常大。

本章的主旨是要探讨差序性的节日安排对姻亲关系的影响。以上，我们描述了村寨中的历法状态，并概况性地介绍了水族两个重要节日的差序性的时间安排和大致的节日活动。通过以上的初步分析，我们可以认识到这种差序性的节日时间安排对农业生产和人群的交往有重要的作用。但就姻亲关系的建立和维系而言，我们还没有进行更多的交代，因此第二节我将以卯节为例，考察在卯节中姻亲关系的状态。

5.2 卯节与姻亲关系的生产

“卯节是有东方情人节的意思，但不全是。我觉得它是一个孕育新的生命的季节，是走向一个新阶段的节日。卯节必然是所有人家都插秧完毕才过。如果哪家没插完，大家都会去帮工。我记得小时候卯节这天，父亲他们要净身，还要净家、净寨。”荔波县人大副主任潘永会这样为我们解释了卯节。[1] 2007 年 6 月、7 月，我调查了水利大寨卯节和水各大寨卯节。

5. 2. 1 第一卯与最后一卯

如水歌上所唱，水利大寨过第一卯，九阡水各过最后一卯。现在也只有这两个批次的卯节。关于这两个村寨人对这两个卯节的解释我们在上面的一节中已经讲到，这里将更多地集中在节日期间的活动上。尽管都为卯节，二者还是有着诸多差异。水各的卯节显然要比水利的卯节规模大，内容也更为丰富。

5. 2. 1 – 1　卯节时向稻田撒扬尘

2007 年水利大寨过卯是农历的五月十二，水历的九月十二日，逢辛卯日。卯节前一天，村里较之往常就热闹了许多。刚忙完插

① 信息提供者：潘永会，男。调查人：王学文。调查时间：2007 年 6 月 19 日。调查地点：荔波县。

秧的水族妇女又忙碌着清扫房屋，七八个人挤在水塘边清洗被单及衣物。下午时分，村中一户由于做活路慢，人手又少，还没有完成插秧工作，吴国安的妻子、吴建可的妻子等几个妇女便挑着秧苗到田里帮她。今年的猪肉比较贵，为了省点钱并多得一些肉，村里人有好几家斗钱①买一头猪来杀。吴国利、吴国进、韦书燕三家就合伙杀了一头猪，肉没有拿出村就卖光了。全村一共杀了5头猪，2头牛。每家这一天还会做一两锅酸汤豆腐，并从菜园摘回新鲜的蔬菜，准备招待客人。卯节前，村里在附近打工的人都回到了村里，准备过卯。有些家里已经有客人提前来了。我们在一户人家中就碰到了外村寨的三个女孩。我们问她们是不是要到卯坡上找一个朋友，她们羞涩一笑，避而不答。有些家庭这一天便会把扬尘收集起来，抛撒到稻田里。

傍晚时分，各家都开始祭祖。但从我们的观察来看，水利大寨的卯节祭祖不太隆重。在上一章中我们已经描写过吴国利家的卯节祭祖，这里不再赘述。水利大寨卯节祭祖时不烧香。对此，吴国利解释说，卯节是青年人的节日，就不用烧香。除祭祖外，各家还要祭娘娘座，用的供品与祭祖时一样，但摆放的酒杯和碗筷是三副，不知具体何意。同时，祭娘娘座也不用炭火和点燃的烟杆。

赶卯坡，一般是中午吃过饭后。吃过午饭后，我们随着穿着水族传统服装的人群来到卯坡。水利大寨的卯坡原来在微波站处，后来因为修建微波站，所以将卯坡改到了水利乡政府南靠近公路的一块相对平坦的坡上。水利大寨卯坡的植被不好，与周边嫩绿的水稻和绿色的山岭形成鲜明的反差，不知是被赶卯坡人踩成这样，还是本就如此。2007年的卯节非常炎热。烈日当空，卯坡上更是无遮无挡。但这无阻人们赶卯的热情。一些小商贩已经摆上卯坡。站在卯坡的高处，看见公路上和山林间的小路上到处都有成群结队向这赶的人。卯坡上的人既有年轻人也有中年人，但以年轻人居多。无论是小伙还是姑娘，都是结伴而行。几个小伙子

① “斗钱”是当地土话，即凑钱，指几人共同出资的意思。

看中哪个水家姑娘，便手拉手将姑娘围住，邀请她对水歌，不时会传出起哄声和欢笑声。也有姑娘因为难以突出重围，脸上颇有怒色，但也只能想尽办法脱身。从现场来看，现在会水歌的小伙和姑娘已经很少了。相反，一些中年人则这一堆那一伙的对唱水歌。唱水歌的妇女和姑娘都打着伞，并把伞压得很低很低。一来遮阳，二也用来遮羞。唱歌的双方只是唱，眼神上的交流基本看不到。今年水利大寨的龙狮队和县城一个文艺队伍也来到卯坡，他们敲锣打鼓地表演吸引了很多人围观。人们说，卯坡上的人一年比一年少了，会唱歌的也没有几个了。水利乡政府为了鼓励更多的人来卯坡，提前还发出了通知，并在卯坡对歌时给歌手发毛巾和50元奖金。但这也只能是权宜之计。年轻人都出去打工了，这种文化的传承也遇到了问题。快到傍晚，卯坡上的人们开始陆续离去，但仍有一两对唱得难解难分。我们初步估计，2007年赶水利大寨卯坡的人大约有1000人，在卯坡上唱水歌的有十四五对。

5.2.1－2　**盛装赶卯坡**

赶完卯坡，我们回到寨子。此时寨子里比平时多出一倍的人来。吴友凤的大儿子从城里回来过卯。他的十七八个战友来到他家过卯。他妻子是布依族，但妻子的父母也到他家来过节。几乎每家都有几个客人。而这样的状态将持续两三天。村民说，每逢卯节，都会下雨。2007年的卯节也不例外。入夜后，大雨哗哗地下了一夜。

2007年水各大寨的卯节是在农历的六月初七，逢乙卯日。原来最后一批过卯的村寨就比第一批的要多，现在二三批的加入，更扩大了这一卯的范围。同时，近年来，水各大寨正在打造卯文化风情园，搞旅游接待，所以这两年的水各卯节，政府都进行了规划，并参与了组织策划。从规模和气氛来说，水各的卯节都是最隆重的。但由于这里的卯节，政府的参与程度很深，而且在这几年水各旅游的催化下，我们已经不能确认我们今日所见的卯节是否已经失去原有的意义。这个问题还有得进一步的调查。在水各，人们流传一句话，生动地概括了卯节的意义，即“子时天无光，卯时亮堂堂，稻谷生长旺，小伙配姑娘”。

卯节前的准备工作和祭祖、祭娘娘座的情形与水利大寨基本一样，但这里祭祖要烧香。早晨六点多，我们起来。主人早已忙碌了好久，准备着节日里要用的食物。而此时的村庄，炊烟袅袅，欢笑声声。节日的气氛伴着太阳的升起，走向一个高潮。我们吃过早饭后，随着迎宾的人群走到寨口。此时的寨口早已人声沸腾。身穿青色民族服装、戴着闪闪银饰的水族妇女还有请来的外援九阡中学的学生聚集在此。芦笙吹起，铜鼓敲起，水歌唱起，九阡酒端起，一拨又一拨的宾客络绎不绝地来到这里。而这一拨拨宾客中，既有乡、县州的各级领导和相关部门的人员，还有走亲访友的外家和朋友。而此时的卯坡和村中水族文化展示馆前的空场上，已经有许多小商小贩们摆摊设点。

与水利大寨只进行家中祭祖不同，水各大寨除了家中祭祖外，还要进行整个村子的祭霞①和祭稻田仪式。村民所说的“霞”，是一人形的石头，立在水各大寨村口的水族文化展示馆前的空场上。上午十一点，县里的领导和嘉宾到齐后，村民和学生自编自演的节目顺序上演。首先是祭铜鼓，接着是跳水族舞蹈、唱水歌。然后开始祭霞。祭霞由寨老和水书先生来祭，但现在政府的代表县长与仪式的主持者并排而坐，共同来主持。供品有整只的小猪、鸡、糯米酒等。仪式中有水书先生请神、占卜、献牲和送神等内容。整个仪式持续了近二十分钟。“祭那个石头，保证我们这个地方稻谷生长，明年开春才风调雨顺。七二年干旱，我们寨子也恼火。我们村子就祭霞，刚祭完就来雨了，其他地方就恼火了。”②祭霞完毕，已经中午，所有来宾都被邀请到各家吃酒。“秀！秀！秀！”干杯的欢闹声很快响起！

水各卯坡由大寨、母亨、水后、下水措等共同管理，在吴姓的宗族规约中，明确地写着卯坡的四界。“东抵大路（除吴合刚的自留地），西抵板拉的责任田坎上，南抵的冷王勇的责任田坎上，北抵本养井吴秀林、吴用两家的责任田坎上，北面卯坡却的夭腊除原已划定的几块自留地外均属卯坡界线内。”③ 下午的祭稻田就在水各卯坡下的吴秀林家的稻田中举行，每年都在此。稻田中特意留有一块空地没有插秧苗。村民很早就依托一边的田埂，用木条在稻田边搭好了供台，上面摆放好供品。除了酒、肉外，还有绿的禾苗和往年成熟的未脱粒的糯谷把。稻田中央插有一木架，象征神灵。村里的妇女有上百人，每人手里都拿着巴茅草，将稻田完全围住。周围观看的人早已将这里围得水泄不通。寨老和水书先生主持仪式。仪式中最热闹的是将母猪和母鸭扔到水田中，

① 我们的信息提供者吴天伟在介绍这一仪式时，将其说成全村共同的祭祖。但就我们的观察，这一仪式围绕着称为“霞”的人形石头展开，在仪式过程中，还有向霞石淋水的环节。这一仪式有强烈祈雨色彩。

② 信息提供者：吴天伟，男，1952 年生。调查人：王学文。调查时间：2007 年 7 月 20 日。调查地点：水各大寨吴天伟家。

③ 本资料由水利大寨吴国利提供。

几个后生扑进水田中去捕捉和争抢的场面。人群欢动，甚是有趣。“男的不能去拿巴茅草，女的拿才有用。祭稻田都用母猪和母鸭，她们可以生仔仔，骟猪没有后嘛。仔仔还生仔仔，就发展了发达了嘛。鸭子会叫，会讲话，保佑子孙后代可以好学上进。”① 水各卯节祭稻田的仪式与许多学者曾提到的“敬霞”（罗春寒，2004：510~513；刘之侠、石国义，1999：118~122）有很多相似处，如霞神也是一块人形的石头，也有稻田里捉母猪的情节，都表达了祈求风调雨顺的意愿，都有借助母性生殖能力的内涵。

举行完祭稻田的仪式，人们都涌向卯坡。花花绿绿的雨伞点缀在卯坡之上。一时间，卯坡上行走都非常困难。据估计，来赶这个卯坡的人有上万人，唱水歌的有四五十对之多。有些面孔我们在水各卯坡曾经见过。我们在卯坡上还碰到水利大寨的村民，至少有二三十人之多。他们一早就出发，坐车赶到这里。从他们的表情来看，非常兴奋，都说这里好玩。人们都争相围着唱水歌的人。胆子大的年轻人，看到心仪的水家姑娘，便围上去，以歌会友，以歌传情，希望能让姑娘坐下来，对水歌。傍晚六点多后，人们陆续地离开卯坡。

水各大寨卯节第二天，对歌还在继续。但不是在卯坡，而是靠近水各小学的一比卯坡小的草坡上，称为“辰坡”。赶辰坡也是在下午。与卯节时的情形差不多，也有四五百人来赶这个辰坡。昨天到卯坡的许多人又来到这里，或是听别人对水歌，或是寻找自己心仪的姑娘来对歌。相比昨天的喧闹而言，辰坡更加有情趣，对歌者也更加专注。正当人们沉浸在一种难以言表的兴奋之中时，大雨突然而至。本以为人群会被大雨冲散，但我们却看到，人们并没有四散开去，而是聚得更紧，围坐在一起，几对歌手唱兴正浓，依旧在你一段我一段地唱着。

① 信息提供者：吴天伟，男，1952年生。调查人：王学文。调查时间：2007年7月20日。调查地点：水各大寨吴天伟家。

5.2.2 缔结婚姻

卯节，现在被称为“东方的情人节”。从我们的调查来看，因为现在的年轻人从小一直接受学校教育。学校的教育体系部分地代替了家庭的教育传承功能，原来许多依靠家庭生活、村寨生活来传承的传统文化在学校的教育体系中没有相应的传播渠道，而且随着电视、影碟广泛地进入到这些村寨、家庭，年轻人的生活开始围绕着外面的世界而转。特别是近年来，越来越多的年轻人外出打工，所以现在赶卯坡的人越来越少，卯坡上会唱情歌的也逐年减少。但我们还是看到，卯节赶卯坡、唱情歌，这一曾经在水族卯节区域年轻人缔结婚姻方面发挥着重要作用的民俗事象，依然散发着让人情动的魅力。

5.2.2 **卯坡对歌**

我在水各卯坡采录了水各大寨的吴珍艳与外村一个小伙对唱的情歌，以下是其中的一段。①

（女）你说你没有成家，前一晚我过寨角，听见你们夫妇谈欢说爱，楼上米盖没盖，辣子你取未取，你未取她帮你取，变成鼠只会弯路，变辣椒看见灶上，说请哥别瞒我了。

（男）我未成家你偏说我成家，你已成家你说你没成家，我们两个拿钱来赌，看你同意不同意，如果我输就补钱，如果你输如何办？

（女）你家养你头一男，得三早就去定亲，得媳妇肉色漂亮，脚步轻比龙王女，眼角弯内心厉害，你媳妇聪明伶俐，我请哥别想我了。

（男）我未成家你也说我成家，我未成双你也说我成双，我未成家到你方找，我未娶妻到你方要，如找不到我俩如何？

（女）你说没家周罩我见，你说没成家九阡我逢，夫妻赶场牵手回家。

这斗智斗勇的情歌，听着撩人。许多研究者指出，水族人的婚姻是不自由的，受到家族严格的控制。（罗春寒，2004：521）但卯节，无疑是提供了一个相对的奔者不禁、自由宣泄的机会。“过卯节，男人无权”。我们今日在卯坡上，的确看见有中年妇女和男子对歌，但更多的中老年人则选择在家接待客人。特别是如果有十四五岁以上孩子的人，更会有意地避开这种对歌场面。他们认为，在卯坡上碰见自己的小辈，很不好。② 过去卯节的状况，

① 2007年7月20日水各卯坡。翻译：吴珍艳。

② 信息提供者：吴国利，男，1953年生。调查人：王学文。调查时间：2006年9月17日晚上。调查地点：水利大寨吴友凤家。

我们不得而知。但从我们的调查来看，卯节的主力应该是年轻人。

年轻人逛卯坡对情歌分为三种类型：一种是完全无目标的寻找，碰到心仪的对象便邀请对歌；一种是双方早已在赶场或其他场合认识，且互有好意，通过赶卯坡加深了解，也通过这种方式将恋情公开；还有一种是双方已经是情人关系，通过赶卯坡，将姑娘带回家，从而促成婚事。水族在卯坡唱情歌时，如果两人情投意合，男方可将女方直接带回家中成亲，而不用事先征得男女方父母的同意。女孩当天便会住在男方家里，男方父母要杀香猪请家族人吃酒，从而被承认为家中的一员。第二天一早，男方请寨中的老人和叔叔等，抬着大猪、糯谷把、糖到女方家赔礼道歉，认亲家。如果女方父母不收，表示不同意这桩婚姻。但女孩如果坚持，女方父母也只能承认。女孩从卯坡到男方家后，可以一直住在男方家，帮男方家耕作。男方家会在农历年底摆酒席宴请亲朋。通过对歌认识，后来成婚的情况在40多岁以上这代人中非常多，水各大寨吴天培认为能达到80%。①

这里还要说明，在卯坡上，不仅男女歌手建立婚姻关系的可能性较大，他们的帮手和旁边围观的人也不只是看客，他们也在各自寻找着。有时，不会唱水歌的年轻人，还会拉着会唱的歌手帮自己同心仪的对象沟通。水利大寨歌手吴国利年轻时在卯坡上就非常有名，他与他的妻子不是通过卯坡对歌建立的关系。但当时他在卯坡上对歌时，其妻子就在场，与他对歌的女孩，是其妻子的姐姐。他妻子的姐姐就说："我通过对歌，感觉这个人很好，你跟他会很好的。"就这样，他们结为了夫妻。韦书燕的老婆，当时也是在卯坡上认识的，吴国利还曾帮他唱水歌。

以前四个批次的卯节，都各有卯坡，且不止一个。但现在二、三卯已经不公开过了，所以只有一、四卯。这两个卯也有多处卯坡。2007年，卯坡有水利卯坡、三都九阡镇卯坡、水各卯坡及辰

① 信息提供者：吴天培，男，1967年生。调查人：王学文。调查时间：2007年7月22日。调查地点：水各大寨吴天培家。

坡，水尧乡、尧庆乡、永康乡也设有卯坡。这些卯坡中，以水各卯坡最大。通过赶卯坡而促成婚姻的在结婚的总数中仍占有一定的比例。2006 年 170 多户的水各大寨娶媳妇和嫁姑娘的有 30 多户，其中有一半以上的婚姻都与卯坡有关。2006 年水各大寨通过卯坡促成婚姻的情况见表 10。2007 年卯节我在水各大寨调查时了解到，已有三个男孩从卯坡上将姑娘领回家，还有村里的两个女孩到外村男孩家去了。

表 10　2006 年水各大寨卯节促成婚姻情况表

序号	水各大寨	妻子所属村寨
1.	吴晓念	杨拱乡
2.	吴兴钻	九阡姑潭
3.	吴兴旦	九阡姑内
4.	吴小保	九阡石板
5.	吴宏驰	周覃
6.	吴宏儿	九阡水条
7.	吴启东	九阡板兰
8.	吴朝相	九阡板兰
9.	吴龙清	九阡水昔
10.	吴国敬	九阡姑弄
11.	王门	九阡水吼
12.	王教	九阡水叠
13.	王赛	九阡姑吉
14.	蒙泽涛	九阡水措
15.	吴国特	九阡水董

5.2.3 姻亲关系的强化

通过卯节认识，进而缔结婚姻，无疑是一种社会关系的生产过程。因为婚姻关系的建立，不同家庭、不同家族、不同村寨的关系被重新定义，他们开始在这复杂的关系网中拥有不同的权利，承担相应的义务。除此之外，卯节期间人们走亲访友对社会关系的影响也值得关注。在水族社会，家族性的村寨特别多，所以卯节期间的走亲访友，一定程度上就是姻亲关系各方的走访。

过卯节期间，主家都会有客人来，客人主要有以下四类：第一类是外家，这包括妻子的家里人、母亲的家里人及外甥。第二类是外家的本家及亲戚。第三类是到本村寨其他家庭客人。第四类是家人的朋友，如战友、同学等。表 11 是水利大寨韦书燕家、吴志才家、吴锦胜家①、吴友凤家，水各大寨的吴志彪家、冯琼家 2007 年卯节期间接待客人的情况。

5.2.3 –1　卯坡对歌

① 水利大寨韦书燕、吴志才及吴锦胜三家在卯节接待客人的数据是清华大学人类学博士生唐有财提供。

表 11 2007 年卯节期间六户家庭接待客人数量表

家庭	总数	各类客人数量				
		外家	外家本家/亲戚	其他家庭客人	朋友	其他①
韦书燕家	66	17	36	13	0	0
吴志才家	40	10	30	0	0	0
吴锦胜家	20	2	9	9	0	0
吴友凤家	30	2	6	4	18	0
吴志彪家	66	14	18	4	14	16
冯琼家	38	4	9	0	9	16
总计	260	49	108	30	41	32

从上表中，我们可以看到平日里走动较少的亲朋好友在卯节期间的互动是非常频繁的。每一个家庭过卯的时候，不仅外家会来拜访，外家通常还会带本家或村寨中的其他人同来，而且还有家人的朋友及来村中其他家庭的客人。而在招待客人的过程中，主家自家的兄弟也会作陪，还会邀请这些客人到家中做客。因此，卯节，给各种社会关系一个集中呈现的舞台，这其中完全涵盖了水族人的亲属制度体系，同时还将类亲属的关系，如朋友、战友、干亲都纳入其中。亲戚的朋友和同寨中人的到来，更进一步扩大了社会关系的涉及范围。

卯节期间来家的客人，通常会带一些象征性的礼品，如白糖、酒等。主家则要备办酒、肉招待客人，据我们估计，每个接待 20 位客人以上的家庭，其支出就会达到 150 元以上。与他们人均年收只有 1300 多元相比，这一支出所占的比重已经很大。以水利大寨吴志才家为例，2007 年卯节，他家买了 10 斤猪肉、1 只鸡、3 只

① “其他”是指卯节期间，地方政府分派给各家庭的接待任务，接待的主要是相关部门和兄弟乡镇的工作人员。这种情况只在水各大寨过卯时有，因为当地政府深入参与了水各卯节的活动组织。

鸭子和其他的一些菜，总共花费了200多元。① 但尽管如此，每一个水族家庭都会尽力招待好客人，不仅是到自己家里来的，到村中其他家庭的客人，他们也会去邀请。“村里我们都是一家，外面来的都是我们的亲戚朋友，多走动好。我兄弟家来客人，我也要去请，即使不来，我也要拿一瓶酒过去。这是我们的礼节。我们到他们寨子，也是一样。”②

5.2.3-2　卯节时到水各大寨过节的孩子们

卯节的时间正处于稻谷抽苞吐穗的阶段。在过去完全依靠农耕，且农作物产量低下的年代，卯节这一时期是最为艰苦和脆弱的阶段。一方面，当下的生活处于青黄不接、无以为继的状态，水田里稻谷的生长状况直接关系到明年的生活；另一方面，农历

① 清华大学人类学博士生唐有财提供。

② 信息提供者：吴国利，男，1953年生。调查人：王学文。调查时间：2007年7月25日下午。调查地点：水利大寨吴国利家。

五六月也是疫病多发、多灾闷热的时节。于是，人们为了应对这种种潜在的危险，在卯节期间还创造并传承着种种的仪式和行为。这种种仪式和行为，不但与我们上面提到的缔结婚姻、生产和强化社会关系有关，而且还从心理上缓解了人们的不安情绪，表达着人们对丰收和安康的期盼。

潘朝霖指出，卯节是“稻作丰收与人口增殖并重的水家年节”。（1999：235）人口的增殖，我们从上面对缔结婚姻的分析已经表明了卯节的这一意义。期盼稻作丰收的含义也非常容易理解。无论是祭祖，还是祭稻田、撒扬尘，无不包含着这种情感在其中。但同时建之于上的，还有一个姻亲关系的强化和维系。

5.3 小结

法国著名社会学家布迪厄（Pierre Bourdieu）认为，在现代化以前，农业村落的时间，不仅是一种抽象的认识论体系，还包括了不同的社会文化体系，通过研究农村的时间观念，可以看出文化不仅是象征体系，还是社会经济的体系，是象征与实践结合的产物。（1997：97～108）本章我们首先考察了水族社会中的历制。在水族人的生产生活中，农历、公历和水历在不同的层面发挥着作用。农历指导农业生产，水历在占卜与节日时间安排中扮演重要角色，公历则是水族民众与“民族国家”发生关系时必须考虑的时间维度。当然，这三种历制有时是结合着使用的，表现出交融的状态，同时在它们发生作用的村落生产生活中，人们可以熟练地选择、使用相应的时间制度。

在这种交融的历制状态下，我们发现了水族一种独特的节日时间体系，即差序性的节日时间安排。水族最重要的两个节日端节和卯节，在时间安排上均表现出这样的特点。这种在时间先后上的巧妙设计，其最初的原因还不能确定，但其社会意义却是丰富的。这种时间安排与农业生产的时间很好地搭接在一起，既不影响农业生产的安排，也从另一个角度督促人们在一定的时间内完成生产的各个环节。根据水族农事安排情况，农历五六月间和九月以后恰好是农闲时节。如果我们称农忙的时间为生产时间的话，那么与此相对的农闲时节则可称为再生产的时间，因为水族人的婚礼通常是在农历岁末时举行，建新房还有许多解鬼的安排也是在农闲时间。水族的婚姻，有许多情况便是在端节、卯节时双方认识，然后年底时举行婚礼。这种生产时间与再生产时间的区分安排在侗人社会和景颇族社会中都有类似的体现。侗人社会的生产时间与再生产时间的循环、交替与演进，是在自然韵律与生产活动的进行中配合生命仪礼的活动来将人、自然与社会三者相联结的（林淑蓉，1999）。景颇人则以在雨季里生产“做活”，在干季里忙着“做人”（结婚、联姻、盖房、丧葬、过节）的模式来建立时间的价值（何翠萍，1999）。水族在再生产的时间里，与侗人社会和景颇社会不同的便是差序性的节日时间的安排。这一时间安排，无疑在水族的“做人”时间里发挥了重要的作用。

我们上文所描写的卯节个案，生动地揭示了这种时间安排的意义。一方面是卯节本身的意义里，便有“情人节”、“青年节”的含义。另一方面，节日使人们获得更多的交流和表达的机会；同时社会提供了这样一种缔结婚姻的渠道。再有就是姻亲关系所建立起来的主外家关系，在这种差序的节日安排中，通过相互的走访而不断得以强化。当然，卯节是最能体现水族社会中姻亲关系生产方式的一个节日。水族社会的端节、额节，虽然不如卯节这样旗帜鲜明，但也都有如此的作用。除此之外，水族居住区域内依地支而设的赶场日也为年轻人相识、交流提供了机会。

差序性的节日时间安排，助推了姻亲关系的建立，生产、扩大和强化了人们的社会关系网络。可以说，在流动的时间上，设定一个固定的时间点或时间段，并赋予其规定性的内容后，它就不仅仅是看不见、触不着的“时间”了，而是一个可以生产和维系社会的平台。本章重点考察了水族人的节日时间对姻亲关系的影响，并没有讨论姻亲关系的日常运作。

6. 礼物交换与社会和谐

在前面的章节中，我们重点考察了在水利大寨人的生产生活中最为重要的三种社会关系的生成和运行，即家族内的关系、人与鬼神的关系及姻亲关系。这三种关系，是理解水族村落社会的钥匙。通过对它们的分析，我们可以相对清楚地看到水族村寨日常生活文化的一个意义和行动的网络。它们可以自成体系，但通常它们是纠结在一起的，共同作用于人们的情感、生产与生活。它们交融在一起，在不同的情境下，影响人们的思想和行为。这就好像是一个最底层的数据库，当你给出不同的条件时，就会提取出不同的答案。当然，这一比喻不完全恰当。在数据库中，答案不会反作用于底层的数据结构和数据，但在人们的生活中，人们的思想和行为可以反作用于这些基本观念和制度。也正因为这一特性，才使社会始终处于一种动态的过程中。维系社会动态运行的，则是那些可以称为“总体的社会事实”（马塞尔·莫斯，1923［2002］）。礼物交换即是其中一种。

人类学家马塞尔·莫斯（Marcel Mauss）在《论礼物：古代社会里交换的形式与根据》中指出，礼物的交换是一种“总体的社会事实”，“在某些情况下，这些事实启动了社会及其制度（夸富宴、对峙的氏族、互访的部落，等等）的总体；在另一些情况下，特别是当这些交换和契约所涉及的主要是个体的时候，这些事实所启动的虽然不是社会总体，但却是多种制度”。在莫斯看来，这些总体的社会事实，既是法律的、经济的、宗教的，同时也是美学的、形态学的，等等。（1923［2002］：204）以莫斯为代表的礼物交换理论，是以波利尼西亚社会的民族志资料为基础的，但其理论意义却在一定程度上跨越了时空的界限。无论是在传统社会还是现代社会，有别于商品交易的礼物交换现象都普遍存在，为我们“提供了一条理解和诠释既定社会中不同文化规则与社会关系结构的途径”。（阎云祥，2000：1）

本章我将集中考察在水族日常生活中非常普遍的礼物交换现象，分析在不同类型的礼物交换中，家族体系、神圣观念和时间制度的作用机制。同时，我们还将进一步探讨礼物交换与社会生产、生活的关系。

6.1 礼物与交换类型

礼物交换是社会的一个普遍现象，正在从传统迈向现代的水族村寨中，也充满了礼物交换现象。这里要说明，我们采用的是莫斯关于礼物交换的界定：“首先，不是个体，而是集体之间互设义务、互相交换和互订契约；呈现在契约中的人是道德的人……其次，它们所交换的，并不仅限于物资和财富、动产和不动产等在经济上有用的东西。它们首先要交流的是礼节、宴会、仪式。第三，这些呈献与回献（contre - prestation）根本就是一种严格的义务，甚至极易引发私下或公开的冲突，但是，它们却往往透过馈赠礼物这样自愿的形式完成。”（1923［2002］：7）以此来分析水族村寨中的礼物交换：从交换的内容来看，既有猪、鸡、土布等实体性的物品，也有直接的现代货币，还有劳动的协助；从交换的对象来看，既有人与人之间的交换，也有人与神鬼、祖先的交换。从交换的性质来看，既有出于某种目的偶尔为之的充满现代商品交易性质的“请客送礼”，还有在当地礼俗知识下形成的惯习化了的有一定约定性的礼物交换。

6.1.1 礼物的分类、性别与等级

因为事件、场合的不同，人们交换的礼物也不同。在什么场

合给予什么礼物，有一定的社会规定性。根据从水利大寨的调查，我们可以将礼物分为以下四类：一类是农业作物及其衍生物，主要是水稻、糯米、米酒及用棉花织的布等；一类是家禽家畜，主要有鸡、鸭、鱼、猪、牛、马、狗等；一类礼物的形式较为特殊，不是有形的实体，而是敬献一场表演或参与生产协作。还有一类礼物是近年来才较为流行的，即送礼金（人民币）和现代用品，如带有吉祥图案或文字的钟表、牌匾，电视，家具等。每一类礼物的性质是与礼物交换的场合紧密相关的。在某一场合，为什么用糯米而不用玉米作礼物，为什么只能用鸡而不能用鸭作礼物，为什么只能用母猪而不能用公猪作礼物，为什么只能用熟肉而不能用生肉作礼物？这些规定性与水族人的基本分类原则有关，只能从水族人的文化图式中获得理解。

6.1.1－1　祭稻田的祭品

我们首先来看前二类礼物，即农业作物及其衍生物和家禽家畜。这两类是水族礼物交换中最为常见的用来作为礼物的东西。无论是田土里生产的糯米、棉花，水田里放养的鱼，还是家庭里所饲养的鸡、鸭、猪、牛、马、狗，都是水族民众日常生活中主要的衣、食来源，也是婚丧嫁娶、岁时祭仪等重要场合所必备的物品。尽管近年来，水族民众也开始从市场上购买这些物品来作为礼物，但仍有大部分的家庭仍会对这些物品的生产进行一定的规划，以提前为可能要进行的礼物交换做好准备。这些物品的生产都需要一定的周期。糯米和棉花需要一个生产周期。把棉花织成布，还要经过一段的时间。我们在水利大寨的许多家庭中都能看见未脱粒的糯谷把，这预留下的糯谷把就是有意为之的。因为在水族的“补粮”、结婚等场合中，糯谷把是必需的礼物。“每家都要留几个糯谷把，以防万一，这是规定的，没有不行，就失礼了。”① 有些场合，规定送的猪要是大猪，这就需要饲养八个月到一年方可以，即使是送小猪，也需要三四个月才可以。而鸡、鸭等家禽也至少需要三四个月至半年才可送礼。因此，水利大寨各家所饲养的鸡、鸭，主要用于送礼，还有少部分尽管不拿出去送礼，也多在宴请客人时宰杀。因此，严格意义而言，这少部分的鸡、鸭也被间接地用在了礼物交换之中。至于牛、马的饲养所需时间更长。狗主要是在供神解鬼的场合作为供品。水族的各家户都养有多只狗，各家的狗均为散放，狗的交配也不加任何限制。酒作为糯米的衍生物，在各类型的礼物交换场合都是必不可少的物品。酿酒主要由女性来完成。每个家庭，每年都需要酿近百斤的米酒，一方面用于节日时招待客人，另一方面则是作为走亲访友时的礼品。所以，经常能够看见水族人提着一小桶或一瓶酒到主家做客的情景。

以一场表演作为礼物的场合主要是葬礼。在葬礼中，死者的女婿承担着重要的任务。女婿要制作香亭和旗伞。如果死者没有

---

① 信息提供者：吴国利，男，1953 年生。调查人：王学文。调查时间：2007 年 4 月 30 日下午。调查地点：水利大寨吴国利家。

女婿，则由外家准备，也可由丧家准备。除此之外，女婿、外家视自身的财力状况，可以邀请“八仙”、花灯、舞龙、舞狮到丧家表演，以示孝道。“八仙”指的是吹唢呐的人。通常丧家和外家都会请他们吹丧调，并在葬礼中设专人接待他们。水利大寨吹唢呐的人有四五个，经常会被人请到各处参加葬礼，有丧家请的，也有女婿或外家请的。2007 年 2 月，水利大寨相邻岩寨吴佩光母亲过世，大寨吴健可等是外家，所以他们请了本村的“八仙”去参加葬礼。舞龙、舞狮、花灯虽然不是水族特有的文化，是受周边汉文化影响而产生的，但这些表演艺术已经进入到水族人的礼物交换体系中。2006 年，水利大寨吴国安妻子家住九阡的大妈（即伯母）过世，国安作为女婿，便请了一场花灯送去。水利大寨还有一个发展了十四五年的龙狮队，曾经多次被人请去参加葬礼。龙狮队参加葬礼有专门的白事哀调，其中包括门前调、孝堂调和道谢调。（见附录 2）

6.1.1－2　水族妇女正在酿酒

以参与生产协作作为礼物主要体现在家支之间在红白喜事上的互助，在插秧、收割上的换工及其他一些需要集体协作的生产之中。根据协作事情的不同，有些互助是义务性的，有些则需要还礼。

礼金和现代用品被作为礼物，是伴随着水族社会生产的发展而来的，正在逐渐被水族群众接受，呈现出一种普遍化的倾向。我们在水利大寨吴树高家建新房礼单中便发现，送礼金的占了所有送礼者的绝大部分。

礼物是有性别的。在美拉尼西亚人的礼物交换过程中，礼物本身、交换者及交换这一事件及结果均被性别化。（Marilyn Strathern，1988）在水族人的礼物交换中，同样可以发现这种性别化的现象。礼物的性别化，是与水族人生产生活中所遵循的性别原则相一致的。礼物的生产也有性别的区分。以糯稻与土布为例。糯稻产于“田”，织土布所用的棉花则产于“地”。“田”在水族人看来，是男人的范畴，“地”则是女人的范畴。尽管在田的耕作中，女性承担着插秧、收割等工作，但从一个整个的生产周期来看，男人在田的管理和控制上居于主导地位。因此，田里产出的糯米在水族这样的父系为主的社会中，其象征意义是丰富的，既象征着生存之本，又象征着父系的权威。水族男人较少参与地里的劳作，女性是地的主要管理者。地里的产出，也就具有了女性气质，作为礼物进入交换环节时，也主要由女性来完成。以种棉、摘棉直至纺线、织布这一过程为例，水族古歌中有一段是种棉织布歌，这一段都由女歌手来唱，男歌手不会唱，也不能唱，因为那是女人的事。①

种棉、摘棉直至纺线、织布是水族妇女传统上必须具备的一项技艺。同时，从棉花种植，直到制作成服装，所有环节都是要由妇女完成。女性很小便要跟母亲学习纺线、织布，同时随母亲参与棉花的种植。在棉苗长成，即将打苞开花之时，水族妇女还

① 在水利采录古歌时，吴国利说他不会唱这段，于是最后是由村中潘继花来唱的。

有用糯米饭、酒肉及煮熟的鸡蛋到棉地边去供祭，以保佑棉花丰收。（刘之侠、石国义，1999：196）在洋布尚未在水族地区普及之前，水族的衣服都是由自织的土布制作的。在以前，一般五口人家，一年要织五六疋布（一疋约为三丈六尺）。现在尽管越来越多的人开始从市场上购买衣服，但水族妇女还是更多地保持着原来的服饰特色，以青色、蓝色、绿色为主，而且种棉花、织土布仍在坚持，因为土布在礼物交换中还具有不可替代的意义。土布的纺织和使用正处于一个逐步衰落的过程，但调查中我们看到，土布的文化涵义和标志作用却在这一衰落过程中被强化，甚至获得水族以外族群的认同。水族人过世，寿衣必须是土布制作的，不允许用洋布等其他布料。她们认为，以前老祖宗都是穿着土布的，现在的人死了也要穿土布去见祖宗才行。“给死去的人穿土布衣服，他们自己也会高兴。”① 老人的寿衣由儿媳制作，铺的寿单则由女儿赠送。这一规定不仅在水族的葬礼中被严格地遵守，在水族周边的汉族、布依族中也获得了广泛的认同。当地汉族和一些布依族不自己织布，所以他们就到场上购买水族人织的土布，来给老人置办寿衣。送土布，主要有三种场合：建新房、婚礼、葬礼。其中，葬礼只能送白色土布，建新房和婚礼所送土布的颜色则以喜庆、鲜艳为宜，但绝不能送白布。葬礼送的白色土布上，还会请人用毛笔竖写上祭文，又称“幛”，通常挂在灵堂上。值得注意的是，土布是妇女织的，一般也由妇女去送，其社会价值的实现是由水族女性来完成。

礼物的性别化还表现在多种礼物交换场合。在葬礼中，女性葬礼杀猪敲牛，而且必须是母的，男性葬礼则可以宰马。“妇女生前喂猪养牛，故杀猪敲牛给她带走。男人生前会骑马，杀马让他有马代步和能参加赛马。”（刘之侠、石国义，1999：100～101）在祭稻田的时候，所用的猪必须为母猪，不能用公猪。在一些供

① 信息提供者：潘继绣，女，1963 年生。调查人：王学文。调查时间：2007 年 11 月 15 日下午。调查地点：水利大寨吴国安家。

神解鬼的过程中，也规定了献给鬼神的供品的性别。如解过路鬼时，病者若为女性则杀公猪祭，若为男性则杀母猪祭。解桥头鬼时，则要用母鸡一只。（岑秀文，1984：107～108）

送礼送什么，送多少是以礼物交换双方的关系来确定的。不是谁想送什么都可以，也不是想送多少都可以。如果送礼者一方打破了送礼的常规，如送的礼物不符合传统，送的量过多、过少或不送，都会破坏礼物圈的秩序。礼物本身有一定的等级之分。在家畜家禽中，以马为最高，其后依次为牛、猪和鸡、鸭等。这种等级之分，是与祖先记忆及农业耕作有直接关系的。水利大寨各家均饲养有马和牛。“养马是水族人的一大特色，原来北方民族才养马，而且我们骑马也要用马鞍，不像其他民族那样什么都不用。马不用来耕地，只在赶场等时候代步用，也用它来拉车。”① 据我在水利大寨的观察，放马、给马割草等与马相关的活路绝大多数由男性来做。水族十岁左右的男孩都会骑马。他们对马的饲养相当精心，也很少用马干重活。有学者认为，水族在端节登高跑马的习俗是水族来源于北方的一个佐证。“水族男子去世，杀马祭祀被认为是给予死者最高的礼遇和荣耀。”（罗春寒，2004：505～506）作为农耕民族，牛是水族人传统农耕生产必不可少的役力。在水利大寨，有专门的牛班，各家户轮流到坡上放牛。冬季里，家里的主妇要专门用大锅温牛食。晚上睡前，还要给牛加料加草等。牛在生产中的重要作用和人们对它的悉心照料，使得用牛来做礼物，更显尊贵。2007 年，水利大寨 70 多户，饲养的牛马达到 200 头（匹），户均接近 3 头（匹）。近年来，由于粮食价格升高，水利大寨养猪户减少，但仍旧存栏 200 多头。鸡、鸭是水族礼物交换中最常见的礼品，每个家庭均会放养一批。

6.1.2 交换类型

在李承宏关于水族两个村寨——三都九阡镇白庙村和水龙乡

① 信息提供者：吴国利，男，1953 年生。调查人：王学文。调查时间：2007 年 4 月 30 日下午。调查地点：水利大寨吴国利家。

水龙村的礼物交换的民族志报告中，他将水族日常生产、生活的礼物交换分为四类。一类是仪式场合的礼物馈赠，包括自然崇拜仪式中的礼物馈赠，铜鼓崇拜活动中的礼物馈赠，鱼及鱼图腾，婚礼的礼物，丧葬的礼物，节日的礼物等。第二类是非仪式性情景中的礼物馈赠，包括祖先崇拜中的礼物，亲戚、朋友之间的互访，看望病人时的礼物，外地打工回家带来的礼物，爱情信物等。第三类是工具性的礼物馈赠，包括扶贫和资助帮助脱贫的礼物及扶贫款，不正当的行贿礼物等。第四类是帮工和互助，包括农忙时的帮工，婚丧嫁娶时的帮助，建房时的帮助，生活困难的帮助等（2004）。应该说他的这种分类体系基本是事项本位的，他所说的这些礼物交换现象在水利大寨都存在。为了进一步理清水族礼物交换中的一些基本原则和结构，我根据交换对象和交换内容的不同，将水利大寨生产生活中的礼物交换分为以下三类。

6.1.2-1　男方送给女方的彩礼，俗称“大牛”

第一类是祭祖、供神、解鬼之礼。这一类包括日常的祖先祭祀，清明、卯节等节日里的祭祖，依靠神媒所进行的供神解鬼的仪式，等等。和人与人的礼物交换不同，这一类礼物人们交换的对象是祖先、神、鬼。他们是在现实生活中看不见，但却影响着人们生活的一种力量。人们与他们的礼物交换目的是要在世俗生活与神圣力量之间达成一种契约，目的是祈福禳灾、求取安康幸福。人们献出猪、鸡、香、酒等礼物，期望得到祖先的荫庇，好鬼的护佑，恶鬼的原谅和回避。礼物交换的物品只是一种象征性的敬献，祭祖、供神、解鬼所用的物品，绝大部分由参与者分享。同时，这一类的礼物交换中，不是每一次的送礼，都能得到所期许的回报，但在崇敬祖先和浓厚的鬼神信仰下，这种不成功的交换不会造成这类礼物交换关系的全盘崩溃。

祭祖、供神、解鬼之礼与水族的家族记忆、鬼神观念关系紧密。在水族人的观念中，祖先、神、鬼具有或善或恶的性质，如祖先、神鬼中的好鬼通常是保佑人们生产生活的，其性本善；恶鬼其性本恶，时刻威胁着人们的安康。但无论是祖先、好鬼，还是恶鬼，都是需要供祭的。经常失礼于祖先，祖先非但不再保佑他的子孙，相反还会侵扰他的后代。好鬼，如果你怠慢了他们，他们也会弃你而去，把你抛在恶鬼的各种威胁之中。人们对恶鬼更是敬而远之，若不小心碰到他们，需要马上向神媒寻求帮助，以驱除他们。

第二类是协作之礼。这一类礼物交换的内容主要是劳动的交换，多发生在邻里之间、家族之内和村寨内部。主要包括各家支在红白喜事上的协作，在农业生产中的帮工、换工，不同年龄群体的“打平伙”，还有“牛班”制度，等等。这一类的礼物交换双方是人，且有规定性还礼义务。经常性的失礼，会导致社会关系的破裂。

第三类是主家外家①之礼。这一类的礼物交换主要发生在家族之间和村寨之间，多表现在婚丧嫁娶、建新房等民俗事件之中。

---

① “主家”水语为［ɣa：n¹ sau³］，“外家”水语为［ɣa：n¹ qoŋ⁵ ta¹］。

婚姻的缔结，创造出了主家与外家的关系。一个水族家庭的外家，通常包括妻子来自的家庭与村寨，母亲来自的家庭与村寨。每一个家庭，既有自己的外家，同时也是别的家庭的外家。他们在通过婚姻关系而产生的主家与外家中，承担着不同的礼物交换义务。

6.1.2－2　**结婚时亲戚朋友送的礼物**

这三类的礼物交换，可以同时在一个民俗事象中发生，以缔结婚姻的过程为例。男方父母有意于某家少女时，首先要带点心、红糖、猪腿及银项圈等请媒人到女方家说合。女方家接受礼物，即表示认亲。接着男方须拿酒、糯米、肉、一些钱等请水书先生择吉日，确定订婚日。男方要带糖、肉、银项圈等礼物前往女方家订婚，女方家需杀小猪或鸡，在家中招待，并请寨老等作陪，表示婚约成立。在订婚后到结婚前的日子里，男方要送聘金，还要另备小猪一二只、米粑等送给女方的舅家。女方要给男方回礼。结婚当天，女方要将男方带去的熟猪肉及糯米饭供于祖宗牌位前，然后抬着嫁妆到男方家。男方的家族成员要到男方家帮忙，招待客人。男方的外家也要来送礼。（吴泽霖，1942［2004］：66～70）在这一简单的过程描述中，既有祭祖之礼、协作之礼，也有主家外家之礼。在婚礼中，缺少任一类型的礼物交换，都会给婚姻带来影响，最严重的后果甚至是婚姻破裂。

婚礼中礼物交换的例子是想说明，三类礼物交换类型是共存于水族人的生产生活之中的，它们从不同的方面，同时作用于一个民俗事件。在前面的章节中，我们已经就祭祖、供神和解鬼的一些仪式行为进行了讨论，因此这里将重点讨论协作之礼及主家外家之礼。当然，我们对每一种礼物交换类型进行描述和分析时，都会涉及其他两种。它们不是孤立的。因为，指导和约束这些礼物交换行为的是水族社会中的基本观念与制度，即祖先与鬼神信仰、家族记忆、亲属制度、差序的节日等。只是在不同的礼物交换类型中，某一观念或制度发挥着主导作用而已。

6.1.3 送礼与还礼

在水族供神解鬼、起房建屋、红白喜事等社会生活中，礼尚往来甚是频繁和重要。如果哪里落了礼，就会受到来自社会的不好评价，以致其后无法在这样一个“礼物社会”中顺畅地生产生活。用吴国安的话说：“不去不好，以后碰到不知说什么。”①

因为礼物本身存在等级，所以我们可以通过送礼者所送礼物来判断礼物交换双方的关系。在一般的礼物交换中，礼物双方的亲疏关系可以大致分为四个层次，第一层是主家本家，第二层为外家中的直系亲属、女婿等，第三层是一般外家及干亲；第四层是与外家同寨的人和朋友等。这四个层次基本呈现出同心圈的形态。每个层次中的人，根据所属的层次送礼，而收礼者在还礼时，也会根据这四个层次来确定该如何还礼。

---

① 信息提供者：吴国安，男，1957年生。调查人：王学文。调查时间：2007年4月31日中午。调查地点：水利大寨吴国安家。

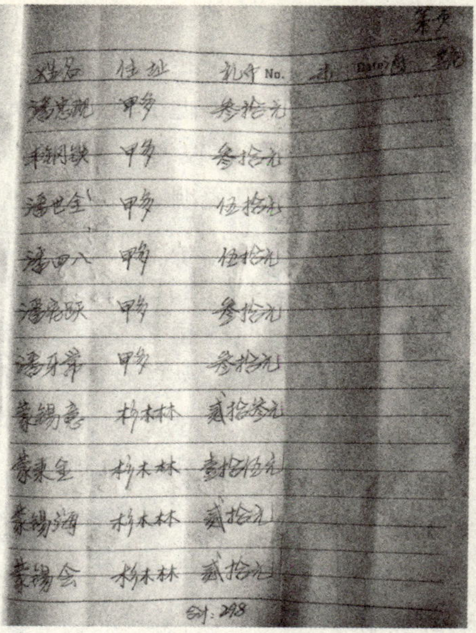

6.1.3　建新房的礼单

每个层次在不同的礼物交换中所送的礼物有一定的规定性。主家本家的礼物以互助、协作居多，通常不用物品。第二层次承担着很重的送礼义务。以送土布为例，外家中的直系亲属一般要送三丈六尺，即一疋，而一般外家或干亲只要送一丈、二丈即可。2006 年，蒙秀妹两个家住水丰的大伯去世，她分别送了二丈四尺的土布。韦四妹送给其母在抵朵的干女儿一丈土布。水利大寨吴国安妻子家住九阡的伯母过世，国安作为女婿，不仅请了花灯，还送去了三张毛毯，一头小猪。如果是第三层次或第四层次，送礼的数量可相应减少。用礼金多少来衡量这种同心圈式的礼物关系阶序的话，第一层次的人作为本家，可送可不送，更多的是参与协助；第二层次人通常会尽全力来送礼，送得越多，收礼者和送礼者越觉得风光，人们也会给予他们很高的评价，从而赢得好的名誉。第三层次的人有送礼义务，但不用送第二层次那么多，多在百元之内。第四层次的人给礼金的多少则更为随意。

每一个家庭在一个年度周期内，都会进行多次的祭祖，如清明祭祖、卯节祭祖、中秋祭祖等。同时在一个年度周期中，种种失衡事件经常会不期而至，因此人们经常要向神媒求助，进而举行供神解鬼的仪式。第四章的分析也反映出供神解鬼仪式在水族村寨中发生得非常频繁。祭祖、供神、解鬼的礼物既有牛、猪等大牲畜，也有鸡、鸭等常见的家禽。这部分支出占据了水族家庭礼物支出的一部分。但这一敬献祖先、鬼、神的礼物只是象征性的，最终是由家族成员、仪式的主持者分享。只有在请神媒占卜测日时所送的礼物，如酒、糯米和钱发生了实际的转移。因而这一类礼物交换的回礼也缺乏强制性。在人、神媒以及看不见的祖先、神、鬼之间，搭建起来的并不是简单的一种送礼与还礼。它们之间理想状态下的送礼与还礼，是从生活失衡状态回到平衡状态，求诸的事项均告达成，但现实中常见的情况是通过这种送礼获得一种心理意义上的回报。

协作之礼的送礼与还礼，是以相互在生产中的互助来计算的，体现出“我为人人，人人为我”的互助观念。在一个村落社会中，家支、邻里、年龄群体、村落成员这种种现实的社会关系是具有极强的生产意义的，也是维系这种协作之礼的依据。关于协作之礼的描述分析请见下一节。

主家与外家之礼的送礼与还礼，是在水族三类礼物交换类型中，最能够用经济学的观点来分析的一种类型。送礼是以家庭为单位的。每个家庭在日常的生产生活中都承担着送礼的义务，当然也拥有收礼的权利。当一个家庭收礼后，也就意味着在某一个时刻他要还礼。因此，每个家庭都清晰记得每次收了谁的礼，礼物是什么，有多少。在婚丧嫁娶、建新房等大的民俗事件中，要专设人员记录收到的礼物。这张礼单就是以后主家所要还的一张“债单”，如果单子上的家庭有什么事情，曾经收过礼的家庭要不请自到，否则便是失礼。在调查时，水利大寨的吴健可因为有事错过了在外家建新房时送礼，心里非常不安，直到过几天补上才算解脱。还礼时，以比所收的礼多为宜。这种增加了的还礼，又带来下一次的礼物交换。正是这种还礼要多于收礼的原则，使这种礼物交换通常处于一种失衡的状态，一定程度上维系了这种礼物交换的持续进行。

礼物的支出在水族家庭支出中占有很大的比例。以2006年水利大寨吴国安家的送礼支出为例。2006年，国安妻子的伯母过世，国安作为女婿，请了花灯，并送去了三张毛毯，一头小猪，用去了900多元。家住水丰的妹夫家建新房，国安作为姐夫送去了被子、毯子，大约800元。作为一般的外家，送礼的次数达到十四五次，每次在30至50元不等，总计在600元左右。与国安一家一年的收入相比，这近2500多元的礼金支出所占的比例达40%。

6.2 协作之礼

水族生产生活中的协作非常普遍。许多学者早就注意到水族族群内部重视互助合作的这一特点，但多没有对水族的各种协作行为作进一步的分类研究，多为笼统的概括和简单定性。潘朝霖、罗春寒将其称为共耕合作制，是生产方式的原始孑遗（2004：34~37）。李承宏虽以礼物的观点分析了农忙时的帮工、婚丧嫁娶中的帮工及建房时的帮工，认为它们体现了礼物交换的互惠原则（2004：131~133），但实际上这几种“帮工”在水族民众中是有着显著区分的行为。

水族生产生活中的协作可分为家支协作、换工、帮工等很多种。这里我们把生产生活中的协作视为礼物交换的一种，是因为这些协作行为，通常是伴随着“还礼”的要求或预期的，有些还礼是即时的，有些则是延时的，而且这种协作不存在现代市场交易的性质，不完全以数量、多少来衡量。因为第三章中我们已经描述了水利大寨的家支之间的协作，所以这里不再赘述。

6.2.1 换工

换工是农耕生产中一种非常普遍的生产协作方式，通常是以工换工，以集体作业的办法，弥补劳动力的不足。在水族的农业生产过程中换工更成为一种重要的生产方式。

换工是在春耕秋收大忙季节，主要是在水稻种植和收割环节。每当这个时候，人们便会以家庭为单位自发地组成一个个的换工群体，通过集体轮流耕作的方式确保春耕秋收的顺利完成。这种换工群体的组成不囿于血缘关系、年龄群体，但直系亲属之间较易达成换工。换工群体一经形成，便会相对固定，但因为劳动力和田多少的变化，经常会发生一些微调。换工群体给其中一家插秧或收稻谷时，便会在这一家吃饭。在吃饭的过程中，确定接下来给哪一家插秧或收割。插秧和收割的顺序一般依据农时和田的位置状况来确定。“春耕秋收的顺序正好相反。春耕的时候，互助活动是从山上的农田开始然后依次向山下进行春耕生产，秋收时则从山下的农田开始依次向山上进行收割。这种差异性是由于山上山下海拔地势不同导致气温日照差异而形成的。”（潘朝霖、罗春寒，2004：36）

水利大寨这样的换工群体有近二十个，大小不一，多者六七家，少者三四家。2007 年 4 月 30 日这天，水利大寨吴国利家插秧。国利负责将秧苗送到田里，然后回家为插秧的妇女准备午饭。大约下午三点多，插秧的妇女从田里回来到国利家吃饭。据我观察至少有 6 家人为国利家插秧，也就是国利家所在的换工群体有 6 户。这些换工的家户在水稻插秧期间一直在一起，一家一家地轮流进行。在哪家换工，就在哪家吃饭。国利家的秧下午三点多即插完了，但是晚饭时，参加换工的妇女仍是在国利家吃饭。“工是要还的，这次哪家换工了，下次就要还给那家工。如果没有工可做了，也就不用还了。给哪家多干些或少干些没什么，大家在一起干活路可以摆（聊天），宁可多干点，也是比较开心的。如果那家没有劳动力，就算帮那家了。但不会出现故意不还工的情况，如果出现这种情况，以后这家就不会有人愿意与其换工了。”① 我们看到，尽管各家的劳作量和劳动力并不平均，但这似乎并不影响换工体系的运行。

6.2.1 **插秧时换工**

在上世纪60年代的一份广西水族社会的调查资料中，我们也看到了这种换工的记述。“南丹县龙马乡龙马屯和龙马屯附近的更亮，唐内等屯的十余户水族，他们就是在农忙的季节以换工来解决劳动力的不足。男女同样换工，他们到哪一家换工，就在哪一家吃饭，当一天劳动结束，吃晚饭时，他们一面吃饭一面安排第二天的农活，看哪家农活最紧，就给哪家换工，经过一致同意，

① 信息提供者：吴国安，男，1957年生。调查人：王学文。调查时间：2007年4月30日中午。调查地点：水利大寨吴国安家。

第二天就去换工。如果有的家多换了几工，别家没有农活要干，可以不还工，也不给任何报酬。农闲的时候都是各做自己的农活。”（中国科学院民族研究所、广西少数民族社会历史调查组编，1962：7）

分析水利大寨的换工情况及60年代的广西水族社会调查资料，我们看到，换工是要求还工的。因为换工主要限于水田的生产上，而村落中的每一个家庭都有水田，都要进行插秧和收割工作，这也就保证了换工群体中的各家庭只要全程参与了插秧和收割，就会完成对群体中各成员的还工义务。而只有在未能参与群体中各家庭的生产时，才会出现没有还工，只能另寻机会还工的情况。同时，我们也认识到，在这样一个水族群众共同认同的换工需要还工的约束机制下，换工也允许非有意的不还工的情况，也并没有严格遵循现代社会所奉行的“等价交换”原则，同时，衡量这个“价”的也早已超出金钱与物物交换的核，而是涵化了亲情、邻里和道德等多方面的“价值”。当然，这并不是说他们缺少“等价”观念，而是说这一“等价”是一个在较长时间中实现的，是在亲情、邻里关系的维度中，在“村落道德”的约束下所达成的一种平衡。

6.2.2 帮工

帮工与换工是不同的。“语文和数学是能互换的吗？帮工和换工就像语文和数学。换的什么工，也要还什么工。帮工，就是请来帮忙，等他家有事时再还，不一定还同样的工。”① 与换工主要限定在水稻种植和收割上不同，帮工的范围更加广泛。在水利大寨，帮工主要在起房架屋这样的需要多人参与的事情上。换工群体一经形成，便相对固定。帮工的人员则不固定，要看被邀请帮忙人的时间是否允许，同时还要看双方平时的关系怎样。今天帮

---

① 信息提供者：吴明权，男，1967年。调查人：王学文。调查时间：2007年11月16日中午。调查地点：水利大寨吴明权建房处。

工和明天帮工的人可能完全不一样。

村中劳动力在农闲时大都出去找钱，年轻人也出去打工，而且水利大寨2007年有两家同时在建房，都是一个吴姓家族的，找到村里人一般也不好推辞，但一家又很难抽出两个劳动力，所以帮工的人显得很难找。村中人也感觉非常为难，只能是帮这家两天，帮那家两天，“有时间都要去帮的，不能只帮这家，而不帮那家”。① 吴明权家是正在建房家庭之一。

2007年11月，我在大寨国利家居住的十天里，吴明权几乎每天都会到国利家一趟，请国利的三儿子万烈去帮工建房。帮工是义务的，不用给钱，但需要准备酒菜来招待。11月16日，给明权帮工的人较多，因为当天房子铺顶。他还请了两个旧寨的人做木工。请的这两个人，每天要付40元钱，而帮工的人则是义务的。吴明权建新房大约用了四万多，其中三万多用于原材料上，用在人工上的费用很少。包工付钱是最近五年才出现的，主要是技术工，也有是因为没有人干活，都出去打工。在水利大寨有付钱请工的，但完全包工的还没有。国安说：“如果你去请工了，别人就没法帮工了。寨里的人也会不高兴的。所以小工村里都通过帮工解决。那些长年在外赚钱的，如果有活路，一般也不好意思请人帮工，因为明知道没有机会还的。”② 但一般而言，帮工也不一定要还工。只要今天家里没有什么事情，主家来请的话，甚至不用请，听说主家有事，大家都会去帮忙。国安说：“帮不帮工，主要看关系和自己的活路。自己帮他不指望还。如果这次帮别人工了，下次自己有活路时，别人也会主动帮自己。你帮一天工，他可能帮十天工，也可能只帮半天工。但如果别人帮了你，而别人有事时，你没事也不去帮忙，有这么一二次，寨中人就没人理你了。这是要看良心的。但像盖房是一代人的事情。自己盖房时请寨中人帮工，别人盖房时自己也去帮工。但如

① 信息提供者：吴国安，男，1957年生。调查人：王学文。调查时间：2007年11月16日中午。调查地点：水利大寨吴国安家。

② 信息提供者：吴国安，男，1957年生。调查人：王学文。调查时间：2007年11月16日中午。调查地点：水利大寨吴国安家。

果这一代人没盖房子，也就没办法还了，不是不想还。有时也通过帮别的活路来还这个人情。”①

6.2.3 打平伙

埃文思－普里查德（Evans－Pritchard）在努尔人的研究中，描述了努尔人的年龄组制度，这种年龄组制度体现了“多种层面的联系，包括经济上的、仪式上的、食品上的、游戏上的联系等等”，是由社会所规定的，并要承担相应义务，享有一定权利的群体。（1940［2002］：289～303）在我国云南芒市傣族社会中也有类似的年龄群体，称为“傣过”。（褚建芳，2005：98～115）但我们在水族社会调查时，没有发现这样的相对组织化的年龄、性别群体。在水族村寨中，在亲属制度之外，不同年龄段和性别群体之间的联系的手段是通过一种不定期的聚会，即打平伙来实现的。

6.2.3 小伙伴们的互助

① 信息提供者：吴国安，男，1957年生。调查人：王学文。调查时间：2007年11月16日中午。调查地点：水利大寨吴国安家。

打平伙，是村落中一种传统的聚会方式，通常以分享共同获取的劳动成果，增进群体友谊，增强凝聚力为目的，也有为共同举办一件事而组织的平伙。打平伙的人员多为村落中同年龄段、同性别的成员。一个人，从其出生那一刻起，就自然地与村落中同时段出生人有更多的接触机会，并将共同走过儿时的时光，在成年后彼此更为了解，结成一种松散的伙伴关系。打平伙，就是这种伙伴关系的一种表现，也是社会生产生活协作关系的一种。

打平伙遵循“平均主义”的原则，参加打平伙的人平均分摊费用，自带酒、米，地点可在某一参加者的家中也可在野外。在大寨，打平伙的方式仍很普遍，到田里抓到田鸡后打平伙，到河沟里抓到鱼后打平伙，妇女们为接待某一位客人打平伙。打平伙是一种非常好的沟通方式，就像我们所说的“AA 制”。

2007 年我在水利大寨调查过程中，同时还在开展“文化保护与乡村可持续发展示范基地”的项目，村民对此事非常热衷，并举行了多次平伙讨论这事。村中的同性别的小伙伴也会不定期地打平伙。（见表 12）

表 12　水利大寨四次打平伙情况表

时间	参加人员	人数	地点	方　式
6 月 22 日	万炯等男孩子	5 人	吴？	几个同性的伙伴，半夜去田里捉的田鸡，拿到一家来食用。
7 月 28 日	40 岁以上男性	26 人	吴锦祥家	肉、菜、豆腐为参加者集资购买，酒、米为参加者自带，每人一瓶酒、一斤米。
7 月 30 日	男青年	20 人	吴小七家	所用的酒、菜、肉、米均为青年集资购买，每人十五元。
7 月 31 日	妇女	34 人	吴胜挺家	肉、菜、豆腐等为参加者集资购买，酒、米为参加者自带，每人一瓶酒、一斤米。

打平伙时，大家都自觉投入到准备工作之中。有人蒸饭，有人洗菜切肉，有人负责准备桌椅碗筷。打平伙人多时，都是摆长桌宴。水族人的桌子很特别，多为方桌，中间镂空，而且沿对角线分成角状的两块，吃饭时组合到一起，用完后则挂在墙上。这是与水族人喜食火锅有关的，中间镂空部分正好放火锅。打平伙的长桌宴，由多张这样的桌子组成，中间摆放多个火锅。几十人围坐在一起，边吃火锅边喝米酒，气氛融洽、热闹，喝到高兴处，大家还会一起喝“团团酒”。人与人和谐有序的关系，就在这样的平伙中不断巩固，也增强了平等、共享的观念和成员间的认同感。村落中的许多事情，就在这样的气氛中达成一致。

协作之礼，除了我们上面谈的换工、帮工和打平伙之外，还有各家支在红白喜事上的合作（请见第三章）。这些协作关系，有的侧重于血缘关系，有的侧重于邻里，有的侧重于年龄、性别群体，从不同的侧面呈现出一个复杂的协作交换网络。不同的协作，有不同的送礼与还礼要求。换工是一定要还的，而且在稻作生产中的换工，构成了一个可以自足的送礼还礼圈，换工群体中的各家庭可以即时地完成还礼，而不再牵涉稻作生产以外的协作。帮工虽然是义务性的，以血缘和邻里关系来决定的，好像在帮工的时候没有期望回报，但在现实的村落社会中，这种帮工，也预埋下了还工的情感因素，有机会也是要还的。打平伙的礼物交换意味相对淡薄，但却是强化伙伴关系的一种手段。水族村落社会中复杂的协作之礼，是长期的生产实践中摸索出的生存发展的办法，其维持之道则在于民众对互助协作中的送礼还礼原则的遵守。

6.3 主家外家之礼

外家，最为宽泛的理解是指家族血缘关系以外的交往群体。但严格说来，外家主要指水族人对家族血缘关系以外的，特别是对联姻一方的亲属关系的统称。外家，既包括妻子的直系及旁系亲属，也包括母亲、奶奶的直系及旁系亲属，同时也包括家族中其他家庭通过娶妻建立的亲属关系人群。一个家庭，一般会有两个以上的外家群体，也会是两个以上群体的外家。主家与外家的关系在水族的礼物交换体系中能够清晰地呈现出来，而礼物交换也是构成和维系他们关系的一种机制。

6.3.1 外家的产生

主家与外家的关系是通过姻亲关系而产生的。姻亲关系的建立过程中有着一系列的礼物交换行为（见表13）。

表13 姻亲关系建立过程中的礼物交换情况①

程序	礼物交换			
	主家（男方）		外家（女方）	
	对象	礼物	对象	礼物
提亲	女方父母	几斤糖、几斤肉、几斤米酒，年节时还要送酒肉等。	男方	女方做的衣物。
订亲“吃小酒”	女方家族	糯米粑、小猪、银项圈、猪肉、糖饼、烟叶等。	男方及本家族人员	分食男方的礼物。

① 本表中所用的信息为20世纪80年代颜勇的调查报告《荔波县佳荣、岜鲜、水维三乡水族神话传说及习俗调查》（1986：278～281）及作者在水利大寨的调查。

续表

<table>
<tr><td rowspan="3">程序</td><td colspan="4">礼物交换</td></tr>
<tr><td colspan="2">主家（男方）</td><td colspan="2">外家（女方）</td></tr>
<tr><td>对象</td><td>礼物</td><td>对象</td><td>礼物</td></tr>
<tr><td rowspan="6">结婚
“吃大酒”</td><td rowspan="2">女方家庭</td><td rowspan="2">肥猪、聘金、银饰等。</td><td>祖先</td><td>肉、酒、稀饭等。</td></tr>
<tr><td>女方</td><td>嫁妆</td></tr>
<tr><td>女方舅爷、叔伯</td><td>猪崽</td><td>—</td><td>—</td></tr>
<tr><td>女方已婚哥哥</td><td>鸡</td><td>—</td><td>—</td></tr>
<tr><td>女方家族</td><td>糯米粑、酒、糖饼、烟叶、</td><td>本家族和本寨人员</td><td>分食男方的礼物。</td></tr>
<tr><td>—</td><td>—</td><td>男方</td><td>女儿及嫁妆</td></tr>
</table>

姻亲关系建立后，主家与外家的礼物交换仍会非常频繁，范围几乎涉及祭祖等家族性事件之外的所有仪式场合和节日中（见表14）。双方在生产和生活上也存在或多或少的互助行为。

表14　姻亲关系建立后主家与外家礼物交换情况①

<table>
<tr><td rowspan="2">主家事件</td><td colspan="2">外家送礼情况</td></tr>
<tr><td>送礼者</td><td>礼物</td></tr>
<tr><td rowspan="2">婴儿满月</td><td>一般外家</td><td>糖、米等。</td></tr>
<tr><td>婴儿外婆</td><td>背带、衣服等。</td></tr>
<tr><td rowspan="2">补高寿
（补粮）</td><td>一般外家</td><td>糖、米等。</td></tr>
<tr><td>女婿、补粮者的兄弟姐妹</td><td>未脱粒的“米把”、鸡等。</td></tr>
</table>

① 主家与外家礼物交换情况并没有完整列出来。在主家除祭祖等家族性的事件之外，其他的仪式场合几乎都有外家的参与。

续表

主家事件	外家送礼情况	
	送礼者	礼物
建新房	一般外家	送糯米、米酒或钱。
	直系外家	送得较重。通常会是一般外家的二倍到数倍。
女性葬礼	一般外家	送糯米、米酒、钱、土布一二丈等。
	直系外家	送得较重。米酒一二十斤，祭幛一二张，土布三丈六尺等。
	舅舅	送彩灯、纸伞、排灯、纸马等。
	女婿	送香亭、彩灯等。

为了达成姻亲关系，男方与女方要进行一系列的礼物交换；婚姻达成后，男方与女方的礼物交换仍会持续；婚姻关系因女方过世而终止，主家与外家的礼物交换也会慢慢终止。[①] 而因离婚而造成婚姻关系终止的，主家与外家的礼物交换也立即会终止，甚至还会发生追回礼物的现象。礼物的交换促成了婚姻达成，而婚姻的达成，也实现了社会的再生产。正如林淑蓉在研究侗族社会的礼物交换时所指的那样，“从一个人出生、结婚、生子至死亡，都藉由礼物交换的送礼与答礼之义务来区分我群与他群，并作为联结社群的基础。”（1999：233）水族这种主家与外家之间的礼物交换也促成和维持了水族社会的再生产。

从水利大寨的婚姻圈来看，与水利大寨通婚的有蒙姓、韦姓、王姓、李姓、吴姓（非本家族）等，来自三都九阡、荔波佳荣、甲良等水族居住区，水利大寨的女子出嫁的范围也多在周边的水

① 水族有“一代亲，二代表，三代四代快光了”、“姑爹死了姑妈在，姑妈死了断头菜”的说法。由母系血缘所确定的亲戚关系，在两三代内，还为人们重视，但随着时间的推移，年代的久远，这种关系会模糊不清，甚至消失。（蒙爱军，2004：570）

族区域。婚姻关系呈现出的是列维－斯特劳斯（Claude Lévi－Strauss）所称的多个群体之间通婚的开放系统（open system），并不拘泥于两个群体间的狭义交换（1969）。因为水利大寨人的婚姻圈主要在周边的水族区域，而且一个村寨的姑娘嫁到水利大寨后，有时会将寨中的其他姑娘介绍到大寨，所以在水利大寨中来自同一个村寨的妇女有很多。再加上家族村落缘故，大寨中各个家庭的主家与外家关系网有着叠加、重合的现象。主家与外家的礼物交换关系也非常复杂而频繁。自己家庭的外家，亲兄弟的外家，还有相互交好家庭的外家，都是礼物交换所规定的范围，要根据亲疏关系送礼和还礼。

主家与外家礼物交换的原动力是女人的交换，交换的范围及内容是在女人交换所建立起来的亲属制度框架中进行的。婚姻双方，通过礼物交换实现了一定的互惠，同时在一个开放的通婚系统中，实践和扩展了这种互惠的社会道德原则和信任水平。外家群体的送礼与还礼是有层次性的，我们将通过水利大寨的一份建新房礼单和一个葬礼中外家群体的角色来进一步分析。

6.3.2 建新房礼

外家群体，我们可以基本分为三层次，送礼与还礼最重的是主家外家中的直系亲属、女婿、连襟，其次是主家兄弟外家中的直系亲属，再次是主家外家的旁系亲属及同家族其他家庭的外家等。2007年2月，水利大寨吴树高举行了建新房礼，从建新房礼中我们能清晰地看到外家群体的层次性。

房子建好后，只有找水书先生举行建新房仪式，贴上“香火”，请外家吃过饭后，才算完成。对于一个家庭而言，建新房礼是仅次于婚礼和葬礼能够集中呈现亲戚关系的事件。一个家庭建好房子后，为举行建新房礼通常会准备很长时间，时间会长达一两年之久。建新房礼耗费甚巨，牵涉、动用的社会关系非常广。准备过程中，本家支的家庭要义务协助，外家也要筹备礼物，并到主家参加建新房礼。办建新房礼日期是找水书先生推算的，并在很早以前便通知了外家。2007 年 2 月 5 日，水利大寨吴树高办建新房礼，宴请外家。吴树高建新房礼的日期是水丰村的水书先生选的，提前便将建新房礼的时间通知了外家。他为此也筹备了数月。因为吴树高所属的家支户数较少，于是在办礼的前一天，他就找到国利、国安一支，请他们当天去帮忙，接待外家和做饭。吴树高建新房礼，杀了一头牛、一头猪、十只鸡，并买了二十多条鱼。水利大寨人一般宴请均不炒菜，都是只吃火锅，下火锅的通常是一两种肉类、豆腐、青菜即可。但办建新房礼，则要隆重得多。吴树高建新房礼准备了十六盘，其中七盘为萝卜炖猪脚、炸花生米、血肠、扣肉、红烧鱼、鸡蛋、海带萝卜拌酸，还有豆腐、豆泡、猪排骨、粉条、猪肥肉、猪瘦肉、鸡肉、牛肉、牛杂等九盘用来下火锅。如此多的菜肴，在水族的一般宴席中是见不到的。办礼当天，专门设两人用于收礼、记礼单。从早晨到晚上一直有送礼的人陆陆续续赶来。来到便入席，吃饭饮酒。我们在收礼处得到了一份礼单（见表 15）。

6.3.2－1　外家送的建新房礼

表15 吴树高家建新房礼单①

姓　名	住　址	礼　物	姓　名	住　址	礼　物
潘忠现	甲多	30.00	江其富	老街	500.00
韦钢铁	甲多	30.00	江文雄	老街	50.00
潘世全	甲多	50.00	江文均	老街	50.00
潘四八	甲多	50.00	罗兴国	老街	50.00
潘宠跃	甲多	30.00	罗小军	老街	30.00
潘牙常	甲多	30.00	吴兴	老街	50.00
潘宠祥	甲多	20斤米，一床棉被	杨彪	老街	30.00
潘宠新	甲多	20.00	黄成	老街	30.00
蒙锡意	杉木林	23.00	罗小坤	老街	50.00
蒙秉金	杉木林	15.00	罗帮	老街	50.00
蒙锡海	杉木林	20.00	江国平	老街	40.00
蒙锡会	杉木林	20.00	李志刚	老街	40.00
蒙锡金	杉木林	20.00	杨胜培	老街	30.00
蒙锡辉	杉木林	20.00	杨陆	老街	40.00
蒙丙超	杉木林	15.00	杨玖	老街	40.00
蒙小弟	杉木林	30.00	杨柒	老街	40.00
蒙胜齐	杉木林	20.00	黄波	老街	30.00
妈五四	水蒙务班	30.00	罗鹏	老街	40.00
妈伟叶	甲良	20.00	罗大坤	老街	40.00
江文忠	荔波	50.00	黄勇	老街	30.00
江文林	荔波	50.00	梁运昌	老街	30.00
覃汉刚	三都上弄尧	25.00	江小平	老街	50.00
覃汉朋	三都上弄尧	25.00	吴凤娥	板央	100.00

① 此礼单不包括吴树高妻子一直系亲属所送的家具。

续表

姓名	住址	礼物	姓名	住址	礼物
覃汉举	三都上弄尧	25.00	吴树凡	乡政府	40.00，另10斤米，1桶酒
覃汉明	三都上弄尧	30.00	吴树勇	水丰	30.00，另一疋布，一块匾
韦元行	三都上弄尧	30.00	吴凤朗	上水降	10斤米
覃汉莎	三都上弄尧	0.00	吴凤奎	上水降	200.00
覃汉武	三都上弄尧	10斤米，1桶酒	吴利以	上水降	10.00
潘化光	甲新吉林	30.00	吴爱果	上水降	20.00
潘化竹	甲新吉林	30.00	吴爱军	上水降	20.00
潘化八	甲新吉林	30.00	吴凤泽	上水降	20.00
吴汉光	岩寨	50.00	吴凤召	上水降	30.00
吴育辉	纳莪	30.00	吴利凯	上水降	30.00
吴永军	纳莪	40.00	吴凤饶	上水降	30.00
罗永培	上水龙	50.00	吴爱儒	上水降	20.00
莫荣辉	洞塘乡	60.00	韦小燕	上水降	20.00
吴春进	抵朵	30.00	吴士伟	大寨本寨	20.00
吴春景	抵朵	30.00	吴德伟	大寨本寨	20.00
吴春明	抵朵	30.00	吴玉科	大寨本寨	100.00
吴春旺	抵朵	30.00	吴石美	大寨本寨	20.00
吴春游	抵朵	30.00	吴玉清	大寨本寨	30.00
户数总计	82户		礼金总计	3278.00	

礼单中，大寨本寨送礼金的只有5家，其他送礼的77户均来自大寨以外的村寨。一般外家的礼金在20元至60元不等。礼金超过100元的，均为吴树高妻子或母亲来自家庭中的直系亲属、女婿和连襟。记礼过程中，一直有人围在一边，其中有大寨本村的人，

还有先来的外家。“大家都想看看别人送了多少。看他外家、女婿还有连襟都送了什么？无论有没有钱，外家中的女婿和连襟都不能太小气。外家送的多，他们的女子在村子里也有脸面。”①

6.3.2-2　**建新房礼时送到的土布**

6.3.3 葬礼上的外家

主家与外家是通过姻亲关系而产生的。作为交换出女子的一方，女子嫁到主家后的地位和生活境遇，都时刻受到外家的关注。主外家通过持续不断的礼物交换，来巩固姻亲关系，提高女子在主家的地位，监督主家的行为。这其中舅舅作为外家中的重要成员，在婚礼和葬礼中都享有极大的权威。

① 信息提供者：吴国利，男，1953年生。调查人：王学文。调查时间：2007年2月6日下午。调查地点：水利大寨吴国利家。

在过去，水族中有姑舅表婚的现象，即外甥女必须嫁给舅舅的儿子作妻子。如果不与舅舅的儿子成婚，男方需要给女方舅舅赔礼，付“外甥钱”，征得舅舅同意后方可成婚（岑秀文，1984：91）。虽然这种姑舅表婚现象现在已不多见，但舅舅的地位依旧。在结婚时，需要给女方的舅舅送礼，平时的交往中，对舅舅要非常尊敬。水族有句古话说“天上雷公大，地上舅公大”。舅舅地位的确定，其深层的原因，应该是与原来水族中的姑舅表婚习俗有关，舅舅通过放弃这种婚姻权利而获得在主家与外家礼物交换中的强势地位。在生活中，舅家通常会承担起外甥女监护人的角色，替外甥女伸张权利，争取地位。

6.3.3 **水族葬礼**

2007 年我在水利大寨调查时，正好碰见邻近的岩寨一女性过世，水利大寨这边是外家，我于是跟着随外家吊丧的队伍参加了部分葬礼。岩寨吴佩光的母亲因病过世，其母是从水利大寨嫁过去的，水利大寨吴健可一支是他们的近支。2月6日凌晨，佩光母亲一过世，岩寨便立刻派人到大寨报丧，并开始忌荤吃素（只忌禽畜兽类油肉，不忌水产类）。吴健可等作为舅舅一方，迅速赶到岩寨丧者家中，查看后才允许尸体入棺。6日一早，丧家在紧锣密鼓地筹办丧事的同时，作为外家的大寨也在匆忙地准备着各种礼品。吴健可一支人马上派人去买彩纸扎制的旗伞、高脚牌。因为死者的女儿最小，尚未出嫁，还没有女婿，所以原本应该女婿准备的香亭①，经商定也由作为外家的吴健可一支准备。同时，外家还请了八仙。7日晚，水利大寨一行近二十人，其中有丧者的近支，也有大寨的一般亲属，分别擎着大小旗伞、二面高脚牌，抬着香亭、猪仔、鸡等，吹着唢呐浩浩荡荡地从大寨出发。期间唢呐声声，鞭炮阵阵。行到岩寨村口，外家的队伍放一挂鞭炮，同时将唢呐吹得更响，以此通知丧家赶快出来迎接外家。丧家对外家的接待也格外重视。当听到外家队伍来到的消息，死者的儿孙也走出家门，跪迎外家的到来。直到外家上前将他们搀起，方可起身。丧家人迅速接过外家所带的礼物，将旗伞、高脚牌放在房外，香亭放到屋中的棺材前，同时单独设一祭桌，摆好外家带来的祭品。

丧家小心而恭敬地接待外家。我在佩光家墙上看到一张操办佩光母亲后事的分工名单，上面专设了一组，接待外家，人员是燕巧、凤平、绍伍、奇飞、洪波、树珍六人。大寨过来吊丧的人员被让到房子里，便陆续到丧家设的收礼登记的地方写礼，吴健可一支作为近支，写的礼都在50元以上，一般外家大都在一二十元左右，还有人送的是米酒和糯米。吴健可一支作为近支，在葬礼过程中，一直会在丧家监督，看丧家是如何对待死者，办理后事

① 香亭，是由彩纸扎制的，类似亭子的形状，据讲是死者到另一个世界的居所。一位死者只能有一座香亭，通常香亭由死者的女婿准备。没有女婿的，则由丧家自己或外家准备。不管是丧家准备还是外家准备，只能准备一座，所以由谁准备通常会事前协调好。

的。稍有怠慢，势必会招来外家的谴责，甚至于使葬礼不能顺利进行。

佩光母亲去世后，丧家请了八仙，同时请了“开路先生”做道场。道场在外家到来后开始。“开路先生”引领着死者的亲属，进行了请圣、餉荐、散花、绕棺等一系列的复杂仪式，大约持续了三个多小时，8日凌晨一点方告结束。然后进行抬棺出门。一般抬棺出门后即要将棺材放到选定的墓地，但因为是晚上抬出的棺，而且墓地离村寨较远，所以先将棺材放在屋外临时搭起的棚下，准备第二天早晨抬往墓地埋葬。所有这一切，吴健可等一直在旁边观看、协助。在将棺木放到屋外后，他还叫丧家拿被子盖在棺木上。“我们要在这守着，看他们如何对待我们死去的姑妈。棺材放在外面了，现在天很冷，要盖上些才行。而且野狗这么多，我们不能离开。”① 他们几个近支家庭当晚没有同我们回水利大寨，而是在丧家守棺一宿。丧家的人也一直陪伴着他们。

7月8日早上，成殓着死者的棺木抬到墓地安葬。中午时分，吊丧的人可以开荤。丧家杀了一头牛和一头猪，招待宾客。其中专设了一桌招待舅舅，并由村中年长者作陪，感谢舅家对葬礼的支持，歌颂死者的美德。舅家离开时，要将宰杀的牛或猪的一条腿送给舅家。

通过上面的葬礼，我们可以看到，外家特别是舅舅在葬礼上占据着很高的位置。他们监督着葬礼的进行。

6.4 小结

本章从礼物交换的视角切入，围绕着水利大寨日常生活中的礼物交换现象，剖析了水族礼物交换体系的状况和运作机制。

① 信息提供者：吴健可，男，1968年生。调查人：王学文。调查时间：2007年2月7日晚。调查地点：岩寨吴佩光家。

我们首先从礼物交换对象和交换原则的角度，将水族村落社会中的礼物交换现象分为祭祖、供神、解鬼之礼，协作之礼，主家与外家之礼三类。祭祖、供神、解鬼之礼某种程度上是送出有形的礼物，而不确定能得到还礼。在浓厚的祖先信仰和神鬼观念的作用下，水族人一般不会评判送礼与回报之间是否平衡。而且，从礼物最终归属来看，最后享用这些礼物的还是社会中的人，因此，在这类礼物交换中，人们只是仪式性地敬献了礼物。协作之礼的特殊性在于用于交换的礼物是一种劳动力，一种“我为人人，人人为我”的互助协作的行为。这其中有在水稻种植和收割中需要在这一时段即时进行还工的换工协作，也有延时还工甚至于只是义务性的帮工，还有部分地承担着年龄和性别群体功能的以平均主义为原则的打平伙行为。协作之礼的达成，不完全依赖血缘关系，也不受血缘关系限制，而是在家族远近亲疏、长幼尊卑的等级化体系之外，所构建的一种以平等、共享为原则的合作关系。因婚姻关系产生的主家与外家之礼，遵从的是亲属制度的框架。外家中的不同层面，承担的送礼与还礼义务不同，享有的权利地位也不同。但不管是祭祖、供神、解鬼之礼，协作之礼还是主家外家之礼，都在运用和实践着社会关系的规约，同时也在创造、生产和享受着种种礼物交换所带来的成果：长幼有序、内外有别、互帮互助，一点一滴地维护着一个家庭、一个家族乃至一个村寨的生存和繁衍。

在种种的礼物交换中，在什么场合送什么礼物，送多少，谁来送，送给谁都有着一定的规定性。对此，我们进行了一些尝试性的分析。无论是水族生产中产出的糯稻还是衍生出的米酒、土布、饲养的家禽家畜，还是一种劳动或交际上的协作行为，还是一场表演，都是他们日常生产、生活中不可分割的元素，并没有超出他们生活之外，是他们在长期的交往中在礼物上形成的约定。当然这种约定，并不是随意指定的，而是与他们的世界观直接相连的。比较明显地展示出这种联系的即是礼物的性别化区分、等级序列。“田”与“土”的性别化分工直接影响了它们衍生物的性质。自然的生长与人的繁殖互为相关的观念，同样被纳入到礼物交换框架加以实践。礼物的阶序与人际关系的阶序要相吻合，才能维持社会的稳步运转。而在这一过程中，谁又能说没有受到水族人鬼神观念、亲属制度的深刻影响呢？

水族社会中的礼物交换是建基于家族关系，人与祖先、鬼神的关系及姻亲关系之上的。人们依托这三种基本的社会关系，进行生产协作、生活失衡的调适以及姻亲关系的维持和强化。同时，因为关系的不同，也决定了礼物交换的礼物类别、数量等。家族的关系，决定了村寨中的协作以“劳力”为主要的礼物，且在交换中不讲究“等价”原则。人与祖先、鬼神的关系，受人们鬼神观念的影响，在祭祖、供神、解鬼之礼中所建立起的是一种象征性的礼物交换关系，是通过作为供品的“物”来换取生产生活的一种平衡。姻亲关系，是通过女性的流动而实现的，从一开始就是一种交换关系。这种礼物交换的内容及数量受制于姻亲关系。姻亲关系终止了，这种礼物交换也会逐渐终止。同时，这种礼物交换更多地表现为“物”的交换。而且，这种礼物交换的送礼与还礼有相对严格的约束。每一次的还礼以比所收礼多为宜的原则，也无形中不断推升着这种礼物交换的强度。

反过来看，各类型的礼物交换又会影响家族关系，人与祖先、鬼神的关系和姻亲关系。村寨和家庭内部日常的协作之礼，不断强化着家族的观念和村寨的认同。在第三章关于水利大寨家支体系的描述中，非吴姓家庭也进入到家支体系之中，其重要原因是为了生产生活上的相互协作。频繁的祭祖、供神、解鬼之礼，将人们思想层次上的对鬼神的认知，通过上述社会性行为予以展现和处理，从而成就心理和生活上的一种平衡。而以姻亲关系产生，并伴随着姻亲关系始终的主外家之礼，扩大了人们的社会交往范围，同时强化了姻亲关系中的权利与义务。

礼物交换，不仅是水族社会的一种“互惠、互酬”的网络（李承宏，2004），更是水族村寨生存、繁衍的一种机制，是与水族人的家族体系、鬼神观念和姻亲关系融合在一起的一套观念和行为。费孝通先生曾指出，中国乡土社会秩序的维持，不是单纯的人治或法治，而是一种礼治，是社会公认合适的行为规范。(1947［1998］：48～53）水族社会的礼物交换原则就具有费先生所说的“礼”的意义，在这一体系中，三种基本的社会关系得以启动和运行。

7. 变迁中的村寨

在迅速发展的中国社会，政治治理、市场刺激和传媒影响已经渗透到每一个村寨。乡村正在同城市一样，到处充满了发展的欲望和追赶现代化的努力。这就是我们的现实，我们不能也不应该创造出一个个孤立且自足的“土著”世界，就像是早期人类学家所描述的那些完全异文化的“田野之岛”或“历史之岛”那样。我们前面围绕着水利大寨的家族记忆与实践、神鬼体系、差序节日与姻亲关系，以及与三者紧密相联，且建构、维持三者的礼物交换进行了描述分析。这种描述分析更多地表现出一种静态的、面向群体内部的社会运行状态，而相对地忽视了水利大寨动态的、与群体外部（村寨之外、族群之外、国家、世界）相连的一面。事实上，我们所面对的村寨，以各种各样的方式与世界体系相连，这其中既有以外出打工为代表的主动寻求，也有电视等媒介的强势灌输，还有在各种力量共谋下所进行的文化展示和文化保护。从这种意义上说，我们所观察的水利大寨正在经受着传统与现代的双重浸染，是一个正处于变迁中的村寨。而我们前文所描述和揭示的水利大寨人的生活文化，也正处于这一变迁过程中，它在日常生活中发挥着作用，同时进行着调适和再生产。

什么是传统？什么是现代？传统与现代的关系如何？学界对这些问题的讨论从没有停止过。初期的现代化理论，采取的是一种二元对立的观点，将传统与现代的对应关系极端化。随着研究的深入，研究者们开始认识到：在任何社会中既不存在纯粹的传统性，也不存在纯粹的现代性。传统与现代是一个连续统的两端。所谓变迁或社会变迁，就是这两端间的某种过渡过程或过渡状态。

（周晓虹，1998：15～23）从二元对立的观点到“连续统”的观点，进一步深化了传统与现代关系的探讨。人类学关于土著现代性的讨论，基本摒弃了传统与现代二元或决裂的认识，而且从来自中国的田野调查的真实经验出发，指出在这样一种过渡过程中，传统与现代的交错并置特征。简美玲对贵州东部高地村寨苗人关于一场吃鼓藏仪式的叙说的分析指出：“现代性不是一种异化的，与传统的、村寨的苗人文化有所断离的想像及经验的处境。相对地，现代性是在他们日常熟悉的生活场域及空间地景，就传统的仪式元素，建立新的动员。”（2007：165）Schein 在关于苗人现代性的研究中也提出了相类似的观点：“现代性不只可认为是人群生活的脉络，也不仅是影响人群主体性的庞杂歧异的规驯，现代性也还通过表演，被人群有力地建构及妥协。”（1999：361）基于以上的观点，我们本章将要考察变迁中的水利大寨，以及这一过程对于水利大寨人生活文化秩序的影响。

7.1 走出去与走进来

水利大寨人的走出去与水族文化区域以外的人进入村寨几乎是同步的，这种双向的行为在2000年以后逐年增多。走出去的人所带回的信息、金钱和改变了的行为举止，触动和刺激着村寨人的思想观念和实践行为；走进来的人所表现出的文化态度、目的与企图，也激发着村寨人思考、反思甚至于进一步的行为。

7.1.1 找钱

水利大寨，与众多的中国农村一样，已经进入到一个广大的劳动力市场之中。在大寨，人们习惯于将外出务工称为找钱。过去，农闲时节里，为了增加收入，改善生活，村中的男子都会三五结伴到周边的村镇打零工，短的一两天，长的两三个月，对村寨的传统生产安排与生活秩序的影响很有限。但2000年后，随着外出务工成为一种不可抗拒的潮流，村寨里日常的生产生活也开始发生改变。水利大寨有290多人，其中常年在外务工的有60多人，如果再加上每年在外打工两三个月以上的人，外出务工者的数字可能近百人，而这还没有计算在周边村镇打零工找钱的情况。大寨人外出务工呈现出以下的特点：20世纪70年代末以后出生的人，大多长年在外打工，打工地遍及江苏、浙江、福建、青岛等地；60年代到70年代出生的人，一般已经结婚，一年会有一段时间在外打工，打工地主要在广西、江浙一带；剩下的村民，基本不会长时间到处务工，而只在农闲时节打些散工，补贴家用，范围主要在大寨周边的城镇。以吴国利家为例，他的大儿子职高毕业后，2004年到浙江打工，期间到过江苏、青岛等地，直到2007年2月才第一次回家。他的二儿子职高毕业后，在2005年外出打工，而直到2008年仍未曾回家。吴国利本人在打理田地之余，还经常为人伐木、挖沟。而在这种四处找钱的行列中，妇女也是重要的力量，同时还有老人、孩子的身影。2007年11月，我去大寨调查时，正好碰见大寨的六七位妇女一起去广西，为人砍甘蔗。她们将会在水稻插秧时回来。在家的妇女也同打散工的男人一样，会找一些挖防火带、做小工的活，也有的会织土布去场上卖。而采集蘑菇、草药等特产则是妇女、老人和小孩常做的一种活路。应该说，找钱已经成为水利大寨人生产生活中重要的组成部分。

找钱给村寨带来了什么呢？我们可以罗列出许多外在的表征：村中只剩下“三八六一九九部队”①；年轻人五颜六色的头发；每天在手中摆弄着的多功能手机；干栏式房屋变成砖混的水泥建筑；等等。但这些表征的背后，是对村落传统秩序的影响。

① “三八六一九九部队”是村民对现在村寨中人员状况的一种幽默的说法，是指村中只剩下妇女、儿童和老人。

7.1.1－1　**一个水族青年的房间**

在传统的时间制度中，插秧上坎后的农闲期间及水稻收割后的三四个月里，是维持和巩固原有的社会关系，进行社会再生产的重要时段。插秧上坎后正是卯节。差序性的节日安排，使处在水族卯节区域的村寨流动起来，一方面伴随着大范围长时间的走亲访友，一方面还有以谈情说爱为主的赶卯坡。但由于大部分年轻人外出打工以及村寨中的人都在忙于到处找钱，卯节中的人员流动已经减少，赶卯坡的人也在逐年减少，加上学校教育的影响，卯节原有的社会功能正在逐渐萎缩。尽管我们在第五章中仍指出卯节在社会再生产中的作用，但不能不看到外出务工已经危及到这一节日体系。会唱水歌的年轻人越来越少，通过卯节认识进而缔结婚姻的情形也在逐年减少。年轻人通过在外打工，结识朋友，进而成亲的情况却逐年增多。这无形中改变了水族社会长期以来形成的婚姻缔结传统。水稻收割后的三四个月，通常是举行各种仪式的时间。盖好的新房举行建新房礼，定好的婚事举行婚礼，还有许多供神、解鬼的仪式大多会安排在这一时间段。现在，离家找钱的行为也影响了这些仪式。因此，从时间制度的角度来看，外出务工正在改变着农业生产张弛有节的一种韵律，原来用来调整社会关系和完成人类再生产的“做人”时间已经悄然发生改变。

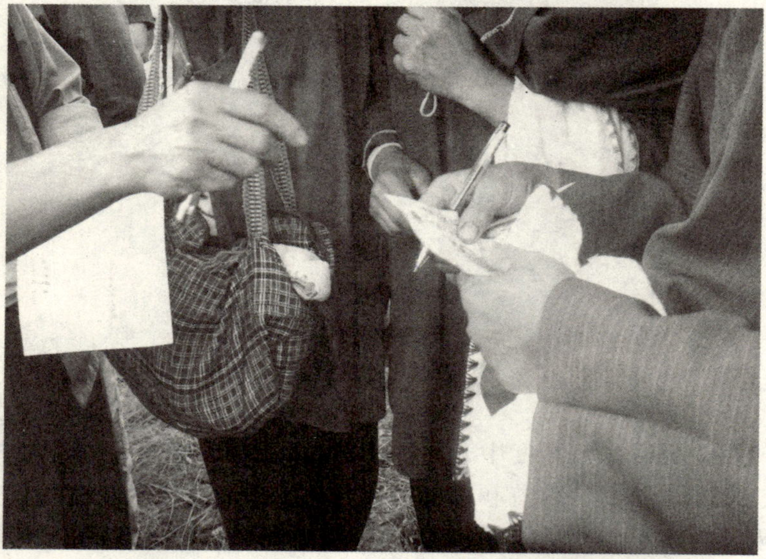

7.1.1-2 过卯节时乡里给唱水歌的人发钱

这里还有一个不能忽略的问题。从目前的状况来看，外出长年务工的青年中，男青年一般在外漂泊几年后，便会回到村寨娶妻生子、起房盖屋，无论是自愿的还是被动的都要完成其承担着的家族传承重任，而寨子里走出去的女青年，似乎更容易脱离村寨、家族的束缚，不再回到寨子，而进入到不同的文化体系中，走上与其母亲不同的生命轨道。大寨吴国安的大女儿在外打工，便远嫁在浙江。而吴国利大儿子吴万贤在外打工三年后回到寨子，一个原因便是父母要求他回来结婚。吴国进的儿子回到寨子，也有这方面的原因。当然，寨子中的男青年，也有将在外打工认识的女朋友带回来的，但由于家庭乃至村寨穷困的现实，使大部分的男青年最终还是选择回到寨子，在他们周边水族村落寻找伴侣。这种状态一定程度上维持了村寨的传统秩序，但当男青年也不再回到寨子，其情形可想而知。而现在在大寨中，已经有只有孩子在家，夫妻均在外找钱的情况。

从性别分工来看，男女老少齐上阵的找钱行为也模糊了传统水族社会中“男主外，女主内”的分工。近年来，村中女性出去打工的逐年增多。女性长时间地在外打工，家中的事务自然要由男性全部承担起来。男性开始更多地在女性色彩浓厚的“土”上从事生产，开始种菜、酿酒、喂养家畜家禽。找钱，成为家庭每一个成员的任务。我在水利大寨吴国利家居住的日子里，他的妻子尽管没有外出务工，但每日里却不停地奔波。傍晚时，到菜地摘回应季的蔬菜，第二天一大早挑到老街，再乘车到场上去卖。据统计，他妻子的卖菜收入已经承担起家庭日用品的支出。

找钱是伴随着市场经济的深入而形成的全民动员行为，与此相关的是生产生活事件的货币化倾向。一个显著的标志是在礼物交换中，人们更多地用礼金来代替传统的礼物形式，礼金的多少成为衡量亲疏关系的重要指标。货币，正如安东尼·吉登斯（Anthony Giddens）所言，“是现代社会生活的一个内在组成部分，是象征标志的一种特殊类型。它对从总体上现代经济活动之脱域①是极其关键的”（1990［2000］：23）。货币在礼物交换中被广泛使用，将使人们不再在生产中提前准备礼物，礼物准备过程中所具有的社会性涵义将减弱，而衡量礼物的标准也会逐步单一化。

7.1.2 “对不起你”

在与外界的交流和比较中，水利大寨人的贫困意识严重地侵蚀了他们在与外界交往中的自信。这种源于经济上的困窘，一定

---

① 吉登斯所说的“脱域”是指“社会关系从彼此互动的地域性关联中，从通过对不确定的时间的无限穿越而被重构的关联中‘脱离出来’”。(2000［1990］：18)

程度上激发着他们去不断地找钱。然而，由于自身基础的薄弱、致富能力的有限和无法把握住机遇，他们的发展仍处于一个相对缓慢的阶段。

我们上面提到男女青年在婚姻上的选择，其重要的原因就是他们走出去所接触的外界社会已经部分地改变了他们的价值观念，他们已经无法满意他们的村寨生活，所以女青年选择了离开，而男青年因为父系传承的责任而无法洒脱地离去，只能回到村落的生活轨道上。

水族人十分好客。我每一次在水利大寨的调查，都受到村民的热情款待，通常是今天在这家，明天到那家，有时甚至同时好几家人来邀请，以至一顿饭不得不走几个场。而且，在一家吃饭时，通常会越吃人越多，周围的邻居会拎着米酒、肉，甚至还有鸡来到我们做客的家庭，共同招待我们，不住地为我们夹菜倒酒。一段时间下来，在我居住的吴国利家却没吃几顿饭。这是典型的水族人的待客习俗，在他们看来，一家的客人，就是一个村的客人，每一家都应该来邀请。而在路上相遇及送别之时，他们会热情与你打招呼，并上前与你拉手致意，与你依依惜别。每一个到水家的人都会被他们这种热情和真诚所感动。而在这些场合中，最常听见的一句话是“对不起你呀！”他们认为，他们这种贫穷的生活让外来的我们吃不好住不好，所以心里很愧疚。我们当然不能对这一语言过度阐释，但却可以认为这是大寨人对外交往中所持的一种态度。

在他们的观念中，没有明确的关于传统、现代的概念，但关于贫穷与富裕的认识却与当今社会所流行的贫富观趋同。这明显地受到了多年来整个中国社会所大力灌输和实践的发展观和现代化梦想的影响。在这种影响下，加上走出去的所见所闻，使水族人群开始反思一直以来的一种相对自足的生产生活体系，其在心理上承受的压力可想而知。除传统固有的谦逊与礼节性问候之外，“对不起你呀！”也是他们面对我们这些拿着相机的外来者时，表现出的一种真诚的自卑和对现状的无奈。

7.1.3 文化发现

在越来越多的水利大寨人走出去找钱的同时，也有人怀揣着形形色色的目的走进水利大寨。在考察村落变迁时，这些走进去的人的所作所为对水利大寨人的思想和行为产生怎样的影响也值得关注。由于我们自己就是这些走进去的人之一，这里我将结合我们走进水利大寨的原因、在水利大寨中开展的活动以及在与大寨人接触过程中获得的感知，来描述我们的行为对于一个水族村寨所产生的影响，同时这一分析也包含着一种对我们自身行为的反思。

我进入水利大寨，是因为要在水族地区开展一个名为“文化保护与乡村可持续发展”的试验项目。这一项目的产生与我国政府近年来开展的保护非物质文化遗产的工作有关。项目的目的是要以村民为主导，构建一个政府、学术力量、商业资本和村民共建的平台，形成一种传统与现代相协调、文化保护与社会发展互促进、多方共赢的新农村建设模式。具体到水利大寨，则是考虑以水利大寨所拥有的丰富的水族文化资源为依托，通过激发村民的文化自觉意识，培养村民自治的旅游组织等方式，发展一种可持续的乡村旅游，从而提高人们的生活水平。当我们怀揣着这些理想化的设计进入水利大寨后，我们发现在我们的话语体系中所说的“文化”、“非物质文化遗产”，在村民那里并不能得到预想的回应。村民们在很长一段时间里，并不能理解我们的意思。当我们说他们的服饰、饮食、水歌、供神解鬼的仪式、互帮互助的协作就是文化，就是一种可以转化为生产力的资源时，他们更加不解。这些他们习以为常的东西，我们却将其描绘为他们拥有的财富，这显然有悖于他们在追求发展过程中所建立起来的财富观。而我们这种看似先进的认识，也是在现代化熏陶下产生的，是经历过现代化惨痛的教训和多年的反思后才得出的。因此，在其后长达一年的时间里，我们一直在进行着一项“文化发现”式的工作，一方面我们去探求和发现他们的文化，另一方面也在引导他们发现和认识他们自己的文化价值。

我们住在水利大寨，参与他们的生产，同他们饮酒唱歌，上山摘野果，到稻田里摸鱼，一起赶卯坡，问他们离奇古怪的问题，就这样渐渐地融入到他们的生活中。到后来，他们已然了解了我们的兴趣爱好。当村里某一家在解鬼时便会有人跑来告诉我，谁从山上打来了竹鸡也会来叫我享用。当我们一起吃饭时，他们也会说吃火锅是他们水族的文化，酸水豆腐、青菜都是绿色食品。更有趣的是，一些我们不曾注意到的生活细节，他们也会颇为得意地指给我们。如水族夫妇分房而居的习俗，还有每顿饭前敬娘娘座的习俗，都是经他们的提示我们才注意到。很显然，我们按照我们对“文化”、“非物质文化遗产”的理解在大寨进行的调查，客观上激发了他们对自身生产生活的反思，从心理上增加了他们自身的“文化感觉”，他们与我们一道，在现代性的观照下，发现了自己的文化。

然而这种“文化发现”还没有上升为费孝通先生所说的“文化自觉”[①]。一方面，大寨人在我们面前所呈现出的这种对自身文化的“发现”是在外力的刺激下产生的，而且这一外力——我们——在他们的眼中不只是一个单纯的文化研究者，还是一个要在他们寨子进行“项目”的人。在村寨中，“项目”就代表着投资，代表着生活水平的改善，代表着他们走出去所见到的“发展前景”。因此，我们所关注的东西，自然会引起他们的重视。另一方面，大寨人发现了自身的文化，但对如何实现文化价值，更直接一点即如何通过这些文化改变贫困的生活现状，实现发家致富，他们并没有清晰的概念。一种可能就是迅速地将文化转化为商品，那么我们看到的众多民族村寨的村民面向游客兜售失去地方性的、批量生产的旅游商品，廉价地进行歌舞和仪式表演的过度的文化

① 费孝通先生所说的“文化自觉”是指生活在一定文化中的人对其文化有“自知之明”，明白它的来历，形成过程，所具的特色和它发展的趋向，不带任何“文化回归”的意思，不是要“复旧”，同时也不主张“全盘西化”或“全盘他化”。自知之明是为了加强对文化转型的自主能力，取得决定适应新环境、新时代文化选择的自主地位。（1997：22）

商品化现象，也极有可能会在水利大寨出现，其最终结果将导致这一文化体系全面崩溃。这也是我们最不愿看到的一种结果。如果这样，激发出这种“文化发现”的我们就成为间接的罪魁祸首。

因为我们在大寨的项目目前还没有进行到实质性的商业投资和运作阶段，所以，我们能否按照我们的设想，掌控好文化商品化的尺度，实现既保护了水族的文化，又改善了村民生活的目标，还需要时间的考验。

另外，进入大寨的不只我们这些抱着上述目的的人，还有许多其他欲求的外来者。2008年的插秧时节，如果我们有机会再次从老街走进大寨，我们将难以见到多个家庭在一起，充满笑声、洋溢着协作精神的劳动场面，因为进村的平坝已经被一个广西的老板承包，不再种水稻，改栽西红柿了。这对人们在稻作生产中所建立的换工体系会产生怎样的影响，还有待进一步的评估。除此之外，我们也从乡政府的领导那里听到，曾经有老板考察了水利大寨用来放牛的草场，提出了建高尔夫球场的想法。这对于水利大寨意味着什么呢?

走出去与走进来这种人员的流动，是一种空间位移现象。

村寨中的人们通过脱离村寨的生活空间，而进入到一种有别于村寨生产生活的体系之中，感受甚至接受一种新的观念和行为，但这种脱离更多的还是一种暂时的“脱域”（安东尼·吉登斯，1990［2000］：18），特别是对村寨中的男性而言。当他们再次回到寨子中时，他们又会进入到寨子的传统生活秩序之中。进入到村寨，主导着村寨日常生活世界的观念和准则，如家族的制度、神鬼的观念与时间的节奏便会即时启动。万贤在外打工三年回到家中，虽然不满于生活的现状，不愿意按父母之意完成婚姻，但也不能反对，而只能遵从父母为此所做的种种努力。他的母亲在他回来后，专门去找过阴婆来询问为何万贤至今还不能结婚，过阴婆告诉说是因为他遇到了拦路鬼。于是，他的父亲便请水书先生到山上为他解鬼。而他也自觉遵守相关的禁忌，不吃解鬼的供品。

万贤说："一直以来我们就是这样。要解鬼呀。这是我们的风俗。家里有家里的规矩。"① 吴万长打工回到寨子后，他的家人也为他举行了解鬼的仪式。过阴婆在田坝上的交叉口，立一十字，将万长的一身衣服挂在上面，然后请神念咒。在举行这些解鬼仪式时，仪式的对象并不参与，甚至于仪式的对象自己都不曾知道，所有的事情都由他们的家人来操持。

这种外出务工回到家中后，家人为其解鬼的情况非常普遍。我调查了几位当事者，无论是万贤，还是万长，他们在外务工无病无灾，身体也很好，没有我们在介绍水利大寨人的鬼神体系时所指的那种明显的生活失衡现象。那么针对他们进行解鬼仪式的深层意义又是什么呢？在与他们的父母交谈中，我听到这样的一句话："他们在外时间太长了，外面也有鬼，心都不在寨子了。回到家了要让他们收收心。"② 外出务工的人回到村子，重新回到传统的秩序之中，而针对他们进行的解鬼仪式，在某种程度上说是一种认同的方式，一种试图使他们重新回到村落轨道上的努力。解鬼仪式，一方面清除了他们从外面带回的"坏"的东西，安抚他们浮躁的心态，强化他们关于内与外、好与坏的认知；更重要的一方面是，对村民和他的家人而言，通过这种方式确认了外出务工人员的一种村寨成员、家庭成员的身份，重新将他们纳入一个共同体之中进行约束。我们不能过度地强化这种仪式的意义。在人类的情感和认知之中，还有我们无法解释但却真实存在着的割舍不断的亲情和乡情的作用。外出的游子因为这种感情，加上家庭、村寨的生活体验的基础，所以回到寨子后，并没有表现出多少的不适应。当然，我们前面对村寨人找钱行为的分析也不能忽视，这种行为对于村寨传统的时间制度、性别分工和礼物交换已然产生了影响。

① 信息提供者：吴万贤，男，1982 年生。调查人：王学文。调查时间：2007 年 2 月 4 日中午。调查地点：水利大寨吴国利家。

② 信息提供者：吴国利，男，1953 年生。调查人：王学文。调查时间：2007 年 2 月 4 日下午。调查地点：水利大寨吴国利家。

如果说，对于走出去后又回到寨子中的人，村民们以一种解鬼的仪式行为将其重新拥入他们的怀抱，那么对于我们这些怀着各种目的闯入村寨的人，他们又是如何在心理和行为上予以应对的呢？以我们在水利大寨的调查经历而言，水利大寨的村民对于外来者持有一种开放包容的态度，热情而真诚地接待来访者。他们一贯的来者即友来者即亲的待客习俗，使他们在面对外来者时，总是勉力招待，友好而不失礼节。我们每次到大寨都住在吴国利家，每次他们都会提前更换干净的床单。晚上入睡前会烧热水让我们洗脚。而村民们说，每一个水族家庭都是如此待客。而对于夫妇分房而居的习俗，他们便解释为是表示对客人的尊重。[①] 从另一个角度来理解，水利大寨人对于外来者，不存在敌对的心态，也未曾试图通过仪式或其他方式将我们纳入他们的轨道，我们对他们而言，是“客”，而他们所要做的便是热情友好地接待即可。当然，我们也感觉到由于经济上的穷困，他们在同来自其文化和生活体系之外的外来者交流时，没有足够的自信，就如他们常说的“对不起你”那句话。

这里不能忽视外来者思想和行为对村寨的影响。我们在村寨中所试验的“项目”激发了村民对自身文化的认识，但这还处于初始的阶段。我们这种行为对他们深层的认知框架产生怎样的影响，还需进一步的关注。这里有两个事件，似乎说明到现在为止，我们的进入尚未破坏他们的秩序。一个事件是我们筹资协助他们整治村寨的排水系统。他们遵从了传统的方法，即请水书先生确定开工的时间，然后由水书先生主持了开工的仪式。另一个事件是关于村寨卫生的问题。他们充分发扬了村寨中原有的非常好的

① 吴国利说：“水族夫妇分房而居，就是尊重客人，尊重家里的老人。就是传说在结婚时候，三天后才进洞房。第一天对方的人送亲，要住在这，不能进洞房。回门后再回来，男方这也有客人。如果有女的，她要陪女的睡。有男的客人，男方要陪男的睡。我们所有的客人，如果是男的，我们男的就要陪男的睡，是女的就要妇女陪女的睡。”（信息提供者：吴国利，男，1953 年生。调查人：王学文。调查时间：2007 年 7 月 29 日下午。调查地点：水利大寨吴国利家。）后来我们仔细观察，的确，各个家庭的夫妻都各自有独立的房间。

协作传统，轮流打扫村寨卫生。至今，这一制度已经执行了近一年，村民们都自觉地遵守。

7.2 电视媒介

空间的位移是就人员的流动而言。在村寨中，还有着众多的与外界沟通的媒介。由于区位、自然环境、基础条件和历史等多方面的原因，一些少数民族村寨经济发展仍较为缓慢，但传媒在这些村寨的发展步伐并不慢。人们已然突破了村落传统的主要局限于人与人之间面对面的沟通方式，而进入到一个跨地域、跨时空的“传媒社会”。水利大寨的人们早已熟悉和接受了电话、手机、广播、电视这些媒介。以手机为例，所有外出打工归来的人身上都会增加这一现代化的标记。一个有趣的现象是，在村寨这一有限的范围内，人与人之间也开始用手机来联系，而实际他们之间的距离不足百米，大喊一声便可以听到。本节所要重点分析的电视，进入大寨也有了近20年的历史。

电视是一个将外部世界都拉到村民面前的媒介。它使人们足不出户便获得信息，而且它没有给观看者以直接互动的权利，完全是一种硬性的输入。电视，进入到每一个家庭，就像是在每一个家庭都安置了一面可以穿透时空的魔镜，一个观看外面世界的窗口。它对人们思想和行为产生着深远的影响。这一节我将讨论村寨中的电视媒介，分析它对于水利大寨人文化图式的影响。

7.2.1 电视进入村寨

水利大寨的民居多为干栏式，历经岁月风雨的侵蚀，房屋多已失去木材的原色，而呈现出一种年久的黑色。但就是在这绿树掩映的青瓦木楼之上，点缀着一个个白色的卫星信号接收器。这种卫星信号接收器，村民称为“天锅”，是用来接收电视信号的。而村中每一个有电视的家庭，都会有这样一个卫星接收器。

水利大寨开始有电视是在20世纪90年代初。吴国利家是村中第一批购买电视的家庭，时间是在1990年，购买的是一台17英寸黑白电视机。他当时担任村干部，同时也是远近有名的歌师。因为他能说会道，而且办事公平，至今在村中仍非常受人尊敬。在当时，他是村里的能人，家境还可以。他购买电视机后，村里人都到他家来看电视，每天都有好多人。讲起买电视这段经历，国利还是非常自豪。他说："我买电视时，村里还没有几家有，大家都来看，现在我家这台已经是第二台了，这台是彩电，是2005年换的。"① 郭建斌分析了电视对中国西南一个独龙族社区的影响，指出在一个传统的社区，拥有和使用电视，具有皮埃尔·布迪厄（Pierre Boride）所说的"象征资本"的涵义。作为一种稀缺资源，使得最早拥有和使用电视机的人获得村里人某种程度上的另眼相看。（2005）从国利的讲述中，的确传递出一种自得之情，但从后来的发展来看，在水利大寨电视所具有的这种"象征资本"的涵义很快便消失了。村中各个家庭开始陆续购买了电视机。据我粗略统计，时至今天，水利大寨70多户家庭中，没有电视的家庭不超过10户。

水利大寨村2000年从水利乡政府那里拉过有线电视讯号到村里，使用了五年，2004年拉线的线杆损坏了，乡里一直没有给钱维修，所以水利大寨村民便各自购买"天锅"来接收电视讯号。最初用有线时，村里各家所收的电视频道是一致的，有中央1台、贵州卫视等。近年改为"天锅"接收后，因为各家"天锅"的性能、所放的方位和所对的方向不同，各家收到的电视频道也稍有区别。我们在北京无法收到的一些国外的电视频道、民族语电视频道在村子里都会收到，如内蒙蒙古语频道、延边的朝鲜语频道、凤凰卫视资讯频道，还有英语、阿拉伯语的一些频道等。

电视进入水利大寨已经有近20年的历史，因此，村民早已习

---

① 信息提供者：吴国利，男，1953年生。调查人：王学文。调查时间：2007年7月30日。调查地点：水利大寨吴国利家。

惯了电视的存在。空闲的时候，特别是在夜晚，通常会一家人坐在电视机前看电视，期间间或聊聊家庭琐事。人们在夜晚偶尔也会串串门，但这种情况已经很少。小伙伴们有时会约在一起，欣赏他们喜爱看的电视剧。据村民讲，在电视没有在村寨普及之前，村民们夜晚走动的比较频繁，经常会聚在某一家，聊天话家常，妇女们还会带着女红边聊天边做活。电视的进入，一定程度上改变了村里人的业余生活安排。业余时间里村中家庭与家庭面对面沟通的机会变少，人们更倾向于在自己家中看电视。

同时，我们在大寨还看到这样一种现象，即年轻人比中老年人更热衷于看电视；男性比女性更热衷于看电视。分析其原因，主要有以下二点：从语言角度来说，水利大寨日常交流中以水语为主，汉语说的较少。但他们所接收到的电视节目的语言，汉语是绝对的主流语言，其他的英语、蒙古语等语言他们也听不懂。在四五十个电视频道中，没有一个水语的频道。村里人对汉语的掌握程度，恰好是年轻人的汉语好过中老年人，男性的汉语好过女性。这种汉语掌握水平上的差异，直接影响了人们看电视的选择。“她们女的听不懂电视上面说什么。只有我们看时，给她们翻译，她们才知道是什么。”① 这也正是我们看到水族女性在电视机前总是漫不经心的原因。对她们而言，看电视，就同不懂或不精通英语的人在看一部没有字幕没有翻译的美国片一样，获得的只是一种视觉上的信息。再者从接受能力来看，尽管近年来水族妇女也开始走出村寨，到一些城市打工，但从人数和频率来说，都远低于村中的男性外出务工者。她们对村寨之外生活的接触深度和广度均不如男性。所以对于电视节目里所呈现出的生活和事件，村中的女性也就不如男性理解得快。而年轻人，因为从小接受学校教育，加之对流行文化的偏好，他们自然会较中老年人热衷于看电视。

---

① 信息提供者：吴国利，男，1953 年生。调查人：王学文。调查时间：2007 年 11 月 26 日。调查地点：水利大寨吴国利家。

水利大寨人喜欢看哪些电视节目呢？这个问题的回答，需要从看电视人群的年龄、性别、知识水平和社会经历等多方面来考虑。因为水利大寨能收到的电视频道很多，所以人们的选择也呈现出多样化的倾向。吴国利说："我最喜欢看凤凰卫视。"① 他代表了村中的社会阅历丰富、关心政治、与外界接触较多的一类人。有些时候他们的兴趣会让来自传媒发达地区的我们都觉得非常惊讶。当我们围坐在火塘周围，一起吃火锅的时候，他们会突然问我们怎么看台湾问题，他们也会说出他们的政治评价，什么阿扁贪污，马英九会成为总统等等。而曾热播的韩剧和台湾的 F4，则是年轻人们喜欢的明星。在一些年轻人的房间的墙上，总会贴着他们喜欢的明星的艺术照。无论是台湾问题，还是年轻人喜欢的明星，与他们生产生活之间都存在着难以想象的距离，但他们所表现出的兴趣却是真实而自然的。

7.2.2 共同的国家记忆

我们在村子调查期间，正好各大电视台都在播《狼毒花》、《铁道游击队》、《双枪李向阳》、《激情燃烧的岁月》、《亮剑》等抗日战争和解放战争题材的电视剧，村中四五十岁的人对此表现出极大的热情。他们出外做活落下一两集，回来后便会向其他人询问情节，而平日里在与他们聊天时，他们也会津津有味地谈起这些电视剧。我们知道，这些题材的电视剧拥有着广泛的观众，在整个中国社会都非常受欢迎，因此它们在一个水族村寨受欢迎也不足为奇。但如果从现代民族国家建构的角度来看这种现象的话，我们应该可以认为这些电视剧在水族村寨中受欢迎，反映出这样一个群体对国家历史的认同。而这一同质化的欣赏倾向，一方面与电视节目内容本身的同质化有关，但更重要的则是与一个更大范围的、持续至今日的现代民族国家构建过程有关。水利大

---

① 信息提供者：吴国利，男，1953 年生，调查人：王学文，调查时间：2007 年 11 月 26 日，调查地点：水利大寨吴国利家。

寨作为中国西南的一个少数民族村寨，参与到了这一建构过程，也因此获得了与中国其他地方民众趋同的一种近现代民族国家的历史认识。

我们在第二、三章介绍族群记忆、家族记忆的部分，并没有涉及水利大寨民国以后的发展史。查考相关的档案文献和通过村民的讲述，我们可以粗略地勾勒出这一时段水利大寨的情况。水利大寨村民没有直接的抗日战争经历，但其邻近的九阡的一些水族村寨却经历过日军的入侵。（潘朝霖、罗春寒，2004：54～56）新中国成立后，水利大寨在中国共产党的领导下开始了社会主义历程，进行了“清匪、反霸、减租、退押、征粮等五大任务和土地改革、抗美援朝、镇压反革命和社会主义改造等一系列的伟大斗争”，（《三都水族自治县概况》编写组，1986：70）。这期间，水利大寨也进行了阶级划分，划定了地主，与其他几个村组成超美人民公社（贵州省荔波县地方志编纂委员会，1997：358）。随后实行家庭联产承包责任制，改革开放。而今日，又加入到建设社会主义新农村的行列。水利大寨始终是在这样一个大的历程之中的，没有脱离开从上而下实行的民族政策、教育宣传和发展轨道。因此，在民族国家层面，水利大寨人拥有与我们一样的中华民族的历史认同和国家观念。这也就是他们热衷于抗日战争和解放战争题材电视剧的心理原因。

同时，我们也应该看到，电视媒介在一定程度上也充当了塑造和强化国家认同的工具。本尼迪克特·安德森（Bendict Anderson）在研究民族主义的起源与散布时指出，“想象的共同体”的产生与报纸这一现代传媒有关，它创造了一种横向的、与时间交错的、跨地域的同时性，“即使是‘世界性的事件’也都会折射到一个读者群的特定的想象之中；而且，我们也已经知道了一个穿越时间的稳定的、坚实的同时性（simulaneity）概念对于一个想象的共同体有多么重要”（2003：72）。电视媒介与报纸的传播逻辑是一致的，它更加生动和真实地创造了同时性。一个村寨的生活，也伴随着一个国家的节奏在律动。同时一定程度上抹去了族群性和地方性的区隔，是在坚持“多元”上的“一体”。

7.2.3 拉近的异域

电视媒介，强化和塑造了共同的国家记忆的同时，也将与大寨人不同的生活和文化拉进大寨。

我们前面提到，大寨人通过“天锅”能收到一些民族语和外语电视频道。据我们观察，他们并不看这些频道的节目。但每当调到这些频道的时候，上面的语言总会引起看电视者的微笑。我们在场的时候，他们曾问我们：“他们说的是什么话，他们怎么那样说话?”语言上的差异，使他们立刻感觉到一种人群的区别，这种区别扩大一点即是我们常说的“我群”与“他群”、“自我”与“他者”的一种区分。电视媒介给他们共同国家认同的同时，也传递着人类多样化的一种现实。

被拉近的不仅是有别于水族的各个人群，还有与水族人居住地的环境和生活方式不同的各种图景。一望无际的草原、浩瀚的大海、荒芜的沙漠有别于他们青山间的平坝；城市里的高楼大厦、拥挤车流有别于他们的木楼马车。“电视中的人”穿着与他们不同的服饰，讲着与他们不同的语言，也不围坐在火塘吃火锅，他们所日常实践着的供神、解鬼的仪式更在电视中难寻踪影。从某种程度上说，电视所拉近到村寨的，对他们而言是种种的“异域”，包含着种种“异言”与“异行”。

这种“异域”的进入，对于大寨人的生活文化又会产生怎样的影响呢？因为我没有调查到人们最初面对这种“异域”时是否有过震惊或是行为上的一些表现，所以只能就现在所观察到的情况来说。电视无疑扩大了大寨人对外界的认知。尽管并不是所有人都已熟练掌握电视上的语言——汉语，但电视画面的视觉信息却源源不断地传递给观看者。外面的世界很精彩。我们不能说是电视媒介创造了这一认知，但至少电视媒介强化、扩大了这种认知。而这种认知，也一定程度上催化着人们走出去的行为。在大寨调查时，经常会有人问我：“你们北京就同我们在电视上看的一样吗?”“北京，那有多远呀？那里不吃火锅吧?”电视，就是一个窗口，人们从窗口中看到的图景都是有限的，但就是这有限的图景，却会在他们心中建立起遥远的想象。我们这些从北京来的人，就是从他们心中的“北京”走来的，因此，他们想通过我们确认他们心中“北京”的真实性。

电视在水利大寨作为“象征资本”的涵义已经没有了，但对于从电视中获得的关于异域的认识却是日常交流的一种资本。“你说的不对。你没听电视上说吗?”“电视上讲，猪肉都涨价了。我们这也跟着涨。”这种话语，在水族人日常的交流中经常会听到。而且，当他们在现实生活中与他们的遥远想象建立了真实的联系时，他们表现出欢欣鼓舞的神情。我们这些“北京人”来到村寨，在村民看来，他们已经从对北京的想象，升华为他们的寨子与北京联系到了一起。

以上重点分析了电视媒介与村落社会的关系。电视媒介进入到村寨，一定程度上改变了村寨原有的信息、知识的来源和传播渠道。一方面，水书先生、歌师，作为传统的水族社会中知识的拥有者和传承者的地位日益削弱。以前，水族人农业生产的安排都要依赖水书先生，由他们通过查看水书来决定。但随着电视、广播等媒介的进入和接受，水书先生和歌师的社会影响逐渐退缩到一些仪式生活领域，如婚丧嫁娶、起房建屋、供神解鬼等仪式生活中。他们作为知识权威的地位已经今非昔比。另一方面，村寨中原来通过面对面的、口耳相传的传统交际方式获取信息的渠道虽然仍旧存在，但在村落社会中电视等媒介已经成为知识、信息的另一种重要传播渠道。电视媒介所传递的信息，使村寨与一个更广阔的空间、更长远的历史联系在一起，同时也将各种异域拉进一个地域社会。

在现代民族国家的体系中，电视媒介承担着传播意识形态、政策、法规等任务。这一天然的属性决定了，在村寨中的电视媒介，发挥了政治治理的作用。在电视进入村寨之前，国家权力对乡村社会的管理主要依靠：一是基层政权，即乡政府、村委会、村民小组长这种行政体系；二是学校教育；三是党员、团员、民兵体制这三种制度设计来实现。电视媒介进一步整合了这一制度。在村寨中的很多人看来，电视所传达的，是一种上级的声音。通过电视，他们不仅了解与他们密切相关的计划生育、民族政策、基本农田保护、退耕还林等政策，而且对于台海局势、美中关系、嫦娥探月这些遥不可及的问题也能讲得头头是道。一个地处西南内陆的少数民族村寨，就这样与国家联系在一起，随着国家的脉搏律动。国家认同，就在这一过程中不断得以强化。

前文我们提到电视媒介改变了人们夜晚生活的安排。没有电视之前，人们夜晚的生活是围绕着火塘展开的。人们聚在火塘周围，使用本民族语言进行交流，交流的方式是与村寨、家庭生产生活密切相关的东西，交流也是你一言我一语的多方互动的。但电视逐渐将人们吸引到它的周围后，人与人的互动交流逐渐成为电视机的独角戏，传递出的是人们无法选择的官方语言汉语，呈现的生活是非本地化、本族化的图景。这样下去，对村寨文化的影响可想而知。

7.3 自己的影像

电视媒介将各种各样的异域拉近水族村寨的同时，水族本身的文化、生活也进入到传媒的生产之中，有关他们的影像也开始在电视等媒介上传播。本节关注的是水利大寨人如何看待关于水族人的影像。

近年来，有关水族生活文化的影像越来越多。根据制作者和制作目的的不同，可以分为三类：第一类是由国家各级新闻媒体制作，用于文化展示和宣传的影像。此类影像传播面甚广，超越了水族地区，而且因为制作方的原因，通常有一定的权威性质，得到地方政府的大力支持。例如：中央电视台《新闻会客厅》栏目播出的《水族女抢救神秘文字“水书”》、《中华民族》栏目播出的《水族：水之族水之书》、《走进科学》栏目播出的《破译水书》，中国新闻社制作的《中国水族》等。我们在 2007 年卯节期

7.3－1　在寨子中传递的水歌光盘

间，还遇到西班牙媒体在水族地区拍摄专题片。这类影像，倾向于展现族群文化的独特性，通常伴以揭秘和历史溯源的噱头。在拍摄过程中，大量地进行摆拍。第二类是相关研究者，以记录和保存民族民间文化为目的而拍摄制作的影像。这类影像没有通过大众媒介传播，只在研究范围内使用。文化部民族民间文艺发展中心在水族地区拍摄的影像资料即属此类。拍摄采取的是人类学影像记录的方法，关注文化持有者的观念和行为，不刻意进行情节和场景的设置，注重细节和全过程，拍摄时间一般较长。第三类是由民间人士用非专业的录制设备制作的影像。拍摄者将这些影像压缩成光盘后，作为一种文化商品在音像店出售。影像内容主要是水族节日和庆典，如水族的卯节、端节、婚礼葬礼等，重

点拍摄的是水族在上述场合所唱的水歌。这类影像不讲求画面和技术，拍摄后只进行简单的剪辑，便上市出售，制作和传播速度非常快。2007 年我调查了水各卯节，三天后来到水利大寨，便发现在大寨已经有了水各卯节的影像，而我的身影也在这些影像中出现。这类影像的拍摄、制作和销售，已经基本形成一个链条。为了拍到所需的影像，已经有制作经营者们花钱雇歌手演唱。在水利和水各的卯节时，我都遇到同一个水歌唱得很好的男青年。我们发现一直有一台家用 DV 机跟着他拍摄，经询问后得知，他是被拍 DV 的人雇来充当男歌手，来找女歌手唱情歌的。

7.3－2　**村民观看我们拍的影像**

不管是上述哪类影像，水利大寨村民对其都表现出极大的热情，不仅热衷于观看，也非常配合拍摄。因为水利大寨地处世界自然遗产地荔波，且村口的二十多棵参天古树营造出的环境非常优美，所以，在众多的关于水族的影像中，都会有水利大寨的画面。2007 年 2 月和卯节期间，我在水利大寨时就碰到了中央电视台和西班牙鲁纳制片公司的拍摄队伍。在他们的要求和当地政府的组织下，大寨人举行了两次祭树神的仪式。

7.3－3　妇女们在品评她们的照片

村民热衷于观看自己的影像。大寨的很多家庭，都拥有多张关于水族的，主要是水歌的光盘（见表 16）。这些光盘多属于我们上面所说的第三类，即由民间的影像经营部制作的。大寨村民在赶场时从场上以 4 元到 10 元不等的价钱购买回来。一家购买的光盘，会被村寨内其他家庭借用，因此，一定程度上，这些光盘在村中始终处于一种流通状态。在村寨调查的日子里，我们总能听到水歌的声音。我们将调查期间拍摄的影像刻成光盘，送给了吴国利一份。村人知道后，连续数天都有人到他家观看这些影像，后来，又被村中其他家借走。

表 16　水利大寨两个家庭的水族方面的影像

家庭	张数	制作者	内　容
吴国利家	19 张	民间影像经营部	1. 远古走来的贵族（上下）三都建县五十周年，2007 年；2. 榕江水尾开控（葬礼），2005 年；3. 三都对水歌；4. 荔波对水歌；5. 国体水歌；6. 三都敬酒歌；7. 水各 2007 年卯节；8. 佳荣对歌；9. 水利岩寨酒歌；10. 水利那我家族立碑
		文化研究部门	1. 水利卯节；2. 岩寨葬礼；3. 大寨建新房礼（文化部民族民间文艺发展中心拍摄制作）
吴国安家	37 张	民间影像经营部	1. 春节龙狮拜年；2. 三洞水歌；3. 优妹水歌；4. 水各水歌；5. 水丰水歌；6. 三洞端坡；7. 岜合水歌；8. 水歌王；9. 懂东水歌；10. 美水歌；11. 板寨水歌；12. 格更水歌；13. 白喜事；14. 三梨水歌；15. 亮水歌（多为荔波县佳荣佳光电器音像经营部制作）

但与在看电视节目时所表现出的男性比女性热衷、年轻人比中老年人热衷的现象不同，女性更加喜欢欣赏与水族相关的影像。原因有两点：一是这些影像的语言，多是水语。二是在这些影像中，水族女性占据着重要的位置。在生产生活中，水族女性仍保留着传统的服饰。影像的拍摄者下意识地会拍摄她们，用以表现民族特色。这种现象不仅在水族的影像中出现，在展示其他族群传统文化的过程中，也表现出一种女性化的倾向，即通过族群中女性的身体、歌曲、服饰及行为举止等来呈现族群文化，作为族群的代表。（Schein，2000）

不同类别的水族文化影像，对于水利大寨人的意义是不同的。第一类的影像，即经由中央电视台等媒介在一个更广大时空范围内传播的这类影像，给村民的是一种自豪感。“你看电视了吗？我们村子那几棵树都上中央台了”。“外国人都来拍了。那外国都会知道我们村子了”。在与村民的聊天中，每每谈及寨子上了电视，他们都表现出难以抑制的兴奋。当我们在拍人类学记录性质的影像时，以及其后将我们拍的片子给他们看，他们也总是问我们，我们拍的会在哪个电视台播放。当我们解释我们拍的不会播放，主要是作为资料保存时，他们脸上总会流露出一丝失望。由地方上的影像经营部制作的影像，深受他们喜欢，为他们的生活提供了更多的情趣，也一定程度上满足了他们的精神生活需求。但他们也逐渐有了疑问，为什么他们的生活，被别人拍了后，反过来他们在看时还要花钱买回来。族群的文化被商品化后，又被文化持有者消费，一方面，使他们的文化有了更多的传播渠道，另一方面，在市场链条中，他们直接地体悟到文化与金钱是可以联系到一起的，文化资本的启蒙教育就在这样的过程中完成了。

同时，各类影像的制作和播放渠道，有可能会改变村寨传统的思维观念与生活秩序。第一类影像的制作，多为快餐式的且非常强势，时间、空间、人物都可以进行设计和摆拍。以水利大寨祭树神为例。祭树神一般一年一次，但2007年因为有电视台要拍摄，大寨人进行了两次祭树神。通常祭树神是全村性的，主持者一般是本村的水书先生和寨老，但为了电视画面，我们看到的两次祭树神，都有荔波县水家学会带来的多位水书先生参加，而且有些喧宾夺主。作为为全村祈福的仪式，只有部分大寨村民参与了，而且仪式所用的供品也不是由村民集资购买，而是当地政府提供的。据此可以说，在影像制作的影响下，祭树神的组织过程已然与传统的方式有区别了。尽管仪式的程序和所具的神圣意义还在，但在这种强势的媒介之下，还能坚持多久呢？毫无疑问，这一神圣仪式正面临着沦为一种完全的表演和展示的危险。

当然，不能只看到这种危险，而没有看到电视媒介积极的一面。不管出于何种目的制作的影像，其行为本身都会激发村民对自身文化的认识。他们的文化得以在广阔范围里传播，获得更多的关注和认可，无形中也为他们建立了文化上的自豪与自信，也可能使他们更加坚定地传承他们的文化。在村民的认识中，上电视，代表着一种地位，一种合法性的获得。当人们还未完全从以破“四旧”为代表的多次政治运动中走出来，还没有在现行的宗教信仰政策中找到合法化的依据时，供神解鬼的仪式进入电视，无异对他们是一种鼓舞。他们也因此有了保持这种思想观念和行为方式更多的理由和底气。

7.4 小结

变迁是社会的一种常态。只是有些变迁是渐进式的，有些变迁是突变式的；有些变迁是内发的，有些变迁是外发的；有些变迁是局部的，有些变迁是整体的。水利大寨，一个中国西南的少数民族村寨，无论是过去、现在还是未来，都不曾是停滞的。因此，我们要始终秉着一种变迁的视角来看待这样一个村寨社会。前面的各章，我们显然更多地侧重于描述和分析社会关系的状况和生产，以及从中所反映出的思想观念。本章则是对前面各章的一个补充，是要说明我们所提取出的水族村寨的思想观念与生活秩序正处在一个充满各种变迁诱因的环境之中，有着各种发展的可能。

影响社会变迁的因素很多。人群的流动、电视媒介的进入以及有关他们自身的影像制作与传播，都直接或间接地对村寨产生影响。这些影响有些作用于生产生活的表层，有些则已经触及深层的思想观念和社会秩序。首先，它们正在改变着水利大寨人原有的时间体系。时间体系，既关系着一个人群日常农业生产的安排，也关系着一个人群社会关系的生产及人类再生产。人群的流动和媒介的进入，对日常农业生产安排的影响很有限，但对社会关系的生产及人类再生产的影响却是巨大的。水族传统的差序节日的安排因为人们越来越多地外出务工，其原有的社会功能正在萎缩，而电视也一定程度上减少了人们农闲时的交往。其次，流动和电视媒介极大地拓展了人们对外界的认识，人们的空间观念变得更加复杂。在这一过程中，既有电视媒介不断强化的共同的国家记忆，也有通过走出去走进来和电视让人们获得的异域的现实和想象。生产生活的巨大差异，无疑会对他们的思想和行为形成一种无形的压力，使他们的村寨从一个相对自足的聚落走向世界体系。另外，在各种因素的影响下，性别分工、财富观念等也在发生着变化。

结合前面章节对村落社会文化秩序的考察，可以说，家族内的关系，人与祖先、鬼神的关系及姻亲关系都在这种变迁的影响之中。人群的流动、现代传媒以及与此相伴随着的发展追求，让水族社会的三种基本社会关系已经发生了微妙的变化。在卯节等差序性的节日安排中，走亲访友的人逐渐减少，传统的婚姻缔结方式正在发生变化。走出去的人越来越多，已经对村落社会中家族内的协作形成影响，而一种相对平衡的协作体系正在失去大致相同的劳力砝码。面对生活失衡时，尽管仍会求助于神媒，希望通过供祭而与鬼神达成契约，但同时也转而寻找“现代”应解之道。这尤其表现在对于疾病的治疗中，人们已经多采取“神药两解”的方式。但总体而言，本文所揭示的水利大寨的文化秩序还相对稳定，变化还很缓慢。

辩证地看，这些作用于村寨的种种因素，不是只在改变着传统的思想观念和社会秩序，它们还有着强化和维持传统思想观念和社会秩序的一面。同时，我们也应该认识到，传统的思想观念和社会秩序也不只是一张脆弱的纸，一捅即破。它们是一张网，有着一定的韧性和张力，有一定的适应和处理各种影响的能力。如外出务工者回到村寨后所要经历的供神解鬼仪式，从某个角度来讲可以视为一种社会纳入机制。虽然人们在礼物交换过程中的礼物更多地变为礼金，但是否送礼、送多少还是遵从着传统的规矩。外来者的文化保护行为和各类型的水族文化影像，都激发着水利大寨人对自身文化的认识。谁又能说那每日里萦绕在村中的水歌不是一种文化传承呢?

传统与现代在村寨中更多地表现为一种并置，而且这种分野对于村寨人的意义并不大。水利大寨人可以这边供神解鬼，那边谈着台海问题；可以这边围着火塘吃火锅，那边拿着手机在发短信；可以这边听着水歌，那边哼着流行歌曲。这些没有什么不妥。

8. 结语：规束与共享

本书是一个水族村落生活文化的民俗志。这一民俗志的描写一定程度上没有采取民俗事项/象本位的方法，而是从影响人们生产生活的“关系”入手。同时，不是以呈现这种关系为目的，而是希望通过描述，观察这些“关系”的产生、运作以及更新的过程，揭示由种种关系所构成的生活文化秩序及其背后的思想观念，进而丰富我们对族群社会的理解。

8.1 立体的关系网络

水利大寨处在一个和谐的族群环境之中。各族群所拥有的政治、经济资源基本一致，不存在显著的资源竞争，这是族群和谐相处的一个原因。从水族的角度来看，水族的族群记忆和文化也表现出平和与共享的特征，这也一定程度上影响着水族人的交往行为。第二、三章关于家族记忆和族群记忆的分析中曾指出，水族的族群认知从过去到现在一直处于一个动态的生产过程。水族研究者关于族源、族称的研究使水族混沌的发展历程脉络化的同时，还将这一历史与华夏文明史嫁接到一起。在政府、资本和研究者的共谋和现代传媒的推波助澜下，“远古走来的贵族”这一概念也正在生成。水族民众层面的族群认知显然受到以上的影响，但更多地表现出生活化的特质，是在生活实践下的一种选择。“居住在哪是哪族”的说法，似乎表明水族人对自己族属很淡薄，是一种“实践理性”。其实不然，水利大寨家族记忆中通过古歌所反映出的各种人群和自然界“同体共生”的观念，以及吴姓家族始祖吴泰伯的确定和江西白米街珠市巷的祖籍地记忆，已然给予各种选择一种象征的意义。正如萨林斯所说：“人的独特本性在于，他必须生活在物质世界中，生活在他与所有有机体共享的环境中，但却是根据由他自己设定的意义图式来生活的。”（1976［2002］：前言2）而这种意义的图式在大寨就是通过家族关系，人与祖先、鬼神的关系，姻亲关系体现出来的。水族与其他族群的区隔，以及水族与其他族群的相处、共生，不是通过形而上的观念来实现的，而是通过在族群中具有通则性的各种关系的知识来实现的。这种种的关系的知识，所构成的就是在村寨层面上绵延发展的生活文化。

水利大寨人的家族记忆，包含着三个层次，即关于水族族群的记忆，吴姓宗族的记忆和内部家支的记忆。这些记忆与现实中的祭祖和家支协作紧密相联。记忆与实践两者相互支撑，有效地维系了一个家族体系的运转。这也直接促成、发展了水利大寨生活文化中一个最基本的面向即家族。水族的家族，与汉族家族一样，是以父系血缘关系为基础的。血缘社会的稳定性，决定了家族的稳定，而血缘上的继替，创造并厘清了一个家族的边界与内核。每一个人，每一个家庭，都被纳入到家族的荫蔽之下，在其中享有相应的权利，承担各自的义务。水利大寨的家族体系，兼顾着等级和平权的原则。一方面，人们遵从着辈分的等级，强调长幼。另一方面，人们又不囿于等级的限制，分为四个家支，强调家支内部的协作义务。但不管是等级原则还是平权原则，其都与家族记忆一起，强化着家族的认同，并在现实的生产生活中发挥规束和指导的作用。

在水族人的观念中，人们的生活世界是一个充满着鬼神的世界。这也是我们所发现的水族村落中另一个重要的面向即鬼神。个人、家庭、村落的种种异于常态或没能达到心理期许的状态，即失衡，都可以归结为鬼神的原因。水族的鬼神体系十分庞大复杂，且表现出丛集性和无等级性的特征，它们的影响力涵盖着人们生产生活的方方面面。在村落和家居的空间里，有着鬼神的栖居之处，与人共处、共享或争抢着现世的利益；在人的生命历程里始终有善鬼的佑护和恶鬼的侵扰，福祸皆可在鬼神中找到对应。鬼神的性格是多重的。他们的善恶以及作用人们生活的方式，一方面与他们成为鬼的原因有关，他们要在现世寻找补偿；另一方面，也与他们在现世中所得的供祭有关系。神鬼与人们生活的关系是复杂而微妙的，但不是不可控制。处理人与鬼神的关系，就是在调适现实生活本身。人们可以通过谈判来和解，通过对抗来吓阻，但更多的是通过供祭来换和平。于是，在水族村落社会中，神媒，即水书先生、过阴婆、埃幕，就担负起了沟通和协调鬼神世界与生活世界关系的职责。

我们通过水族在节日时间上的差序性安排，呈现了姻亲关系的生成和意义。这是继家族、鬼神之外，理解水族生活文化的另一基本面向。如果说家族关系是强调群体向心力和稳定性的一种关系网络，人与鬼神关系是强调异化和变动的一种关系网络的话，姻亲关系，则是一种强调交换和群体间联系的一种关系网络。这一关系网络以女人的交换开始，以女人的离去而逐渐衰落，而在这一持续的过程中，伴随着频繁的礼物流动。为了构建和强化这种关系网络，水族人在时间上给予了巧妙的安排，在“做活”的时间里，发挥主导作用的是家族的关系网，在“做人”的时间里，则重点要建立和强化在“做活”时冷落了的姻亲关系。差序性的节日时间，就是这一生活智慧的体现。

当然，三种关系网络不是一层层地叠加在水族人生活之上的，互不重合、互不影响、各自发挥作用，实际上，三种关系背后的观念和制度原则已然嵌入到村落的日常生活之中，它们共同构成的更像是一个立体网状的关系体，而不是三个平行的层面。家族的界限，形成的是姻亲的禁地，其内部不以等价交换为原则，但家族要在其成员的姻亲关系中承担起协助的义务。姻亲关系，是家族间联系的纽带，是对家族认同的另一种确认方式。而在水族庞大的鬼神体系中，既有着本家族的鬼，也有着姻亲关系所带来的鬼。在供神解鬼的仪式中，无论是家族成员，还是外家的群体，都要履行其规定性的义务要求。我们可以说，三种关系的生成和运转，就构成了今日所见的水族村寨的生活制度体系。

这一制度体系，在总体性的社会事实——礼物交换中得到充分体现。以广义的礼物概念来看，水族社会的礼物既有有形的物，还有着无形的礼。祭祖供神解鬼之礼、协作之礼和主家外家之礼三种主要的礼物交换类型中，主导的送礼还礼原则不同，礼物也有一定的规定性。祭祖供神解鬼之礼是通过神媒，以象征性的祭祀和参与者共享祭祀品的方式，调适人与祖先、鬼神的关系，同时其他两种基本的社会制度也将随之启动，本家要协作，外家要送礼。生活失衡回归平衡后，当事者要进行还礼。如果没能达到期许，当事者还要重新开始求助神媒，举行仪式。浓厚的鬼神观念和灵验叙事是这一礼物交换的保障。协作之礼，是以劳力为礼物，主要表现在家族和村寨中人们生产生活中的互助行为。村落成员的角色、血缘关系和家族记忆支撑和决定了此类礼物交换不以等价为原则，不提倡物化的礼品。以上二类礼物交换关系，当事者无从选择，从一出生，便进入到这种观念和制度之中，而且不以个体生命的终止而终止。主家外家之礼与此不同。主家外家之礼是姻亲关系的产物。此类礼物交换关系的建立是由女性的流动启动的，也随着女性生命的终止而逐渐消失。同时，主家外家之礼强调等价原则，甚至更多的时候以还礼多于送礼为宜。水族社会的礼物交换，呈现出水族生活制度的体系，同时也建构和强化着这一体系。在各类型的礼物交换中，人们遵从由三种基本社会关系构建的立体的关系网络所赋予个体、家庭、家族和村寨的权利义务，每一次的送礼和还礼又是对这种权利义务关系的确认和强化。

莫斯指出古式社会的礼物交换，“所有这些体制，全都表明了同一个事实、同一种社会制度和同一种特定的心态，即一切——食物、女人、儿童、财物、护符、土地、劳动、服务、圣职和品级——都是可以转让和移交的”。（1923［2002］：23）我们考察的水族社会是一个处在传统与现代并置中的社会，区别于他所描述的古式社会，但就礼物交换而言，仍体现出“一般的义务理论”。我们所强调的生活文化中的关系网络，其背后的支撑是与家族、鬼神和姻亲的观念分不开的。在这种观念体系下的礼物交换，物、情、理是融通的，人们的生活是彼此相融的。交换的礼物虽没有毛利人的“hau”一样的“礼物之灵”，但同样是融通了道德、信仰和功利的法则，融通了家族、鬼神和姻亲所构成的立体关系网络。

8.2 规束与共享的生活秩序

绪论中已经设定了本论文的目的，即揭示水族村落生活中所遵循和实践的价值观念和行为逻辑。通过前面各章节的分析，我们初步厘清了以家族、鬼神和姻亲为主导的水族村落生活的一个立体关系网络的生成和运作状态。这一将水族的生活文化归结为由家族、鬼神和姻亲构成的立体关系网络的结论，是从分析水族村落社会中的“标志性文化”，即复杂多样的仪式、节日、礼物交换等得出来的。反过来，以此来考察和解释水族社会的任一文化事项/事象，我们都能发现这一立体关系网络的影子，从中可以发觉它们复杂的处理机制。这也进一步印证了这一立体关系网络的结论有一定的解释能力。但应该清楚，这一立体关系网络，不仅是行为的产物，而且是观念的产物。村寨中的人，就是这种关系的创造者、持有者，同时也是关系中人，受其约束和指导，这也是马克斯·韦伯（Max Weber）所说的“人是悬在由他自己编织的意义之网中的动物”的深刻之处。我们所要揭示的水族人的价值观念和行为逻辑就深蕴在人们日常生活对这一立体关系网络的实践之中，是一种规束与共享的生活秩序。一方面，村寨成员共享由历史记忆、节日时序、生产安排、鬼神媒介等共同构成的生活文化，表现出内外张弛有度，互帮互敬，包容共担的生活意识；

另一方面，村寨成员的思想和行为也处在柔韧的关系之网中，受到惯习、禁忌的约束。

立体关系网络的意义不能简单理解为是对水族人思想和行为的束缚。生于斯长于斯的水族人，早已深得这一立体关系网络的精髓，可以根据情势和场合作出合乎情、理、法的行为选择。水族人一切的思想观念和文化安排与我们所指出的立体关系网络的关系是互为支撑、互为因果的。只要在这一群体中和地域上，无论是通过神媒与神、鬼的交流，有别于历史真实的家族记忆，还是差序性的节日安排，都是合理的，而且共同维系和推动着一个家族村寨的年复一年、日复一日的日常生活。这种规束，在我们看来像是构成一个无形的牢笼，但对深处其中的人来说，更像是生产生活延续下去的保障。它是无形的，消弭在一个大的文化时空之中。在这一文化时空中，人们实在没有违反和抛弃的理由。这一时空中的人，都深谙神、鬼、祖先的性情，都长久地处在同样的生活境遇和时间安排之下，都有着类同的家族记忆，他们的行为也是一致的，有着共同的规束与共享意识。

规束与共享的生活秩序并非是水族村落社会所独有。现代社会是一个社会分工日益深化的社会，是一个生产生活日益程序化、法律化、功利化的社会。它所追求和倡导的就是达成一种规束与共享的生活秩序。但其与水族村落社会这种生活秩序的形成基础和保障机制存在着截然的不同。水族村落社会生活秩序是以家族体系、鬼神观念和姻亲制度为基础的，是通过礼物的交换来实现和维持的。其中所表现出的功利性，不是手段—目的的关系最大化，而是混融了物、情、理，打通了人、鬼、祖先的一种交换逻辑，是一种充满着道德体验的交流。而现代社会分工制度下的生活秩序，是以法规、条文及其相伴随的惩罚所构成的，是一种刚性的制度设计。这也就是我们这些习惯了现代社会体系生活的人，进入到水族村寨，常会感到亲切和震动的原因所在。

由这一立体的关系网络所构成的规束与共享的生活秩序不是一成不变的。这一秩序的三种基本关系，即家族关系，人与神、鬼、祖先的关系和姻亲关系始终处于一个动态的发展过程之中，特别是在当前现代化日益影响村寨生活的今天。但从当下关于水利大寨生活文化的民俗志描写来看，这一秩序的核心内核尚未变化，规束与共享的基本观念仍为民众坚持，三种基本关系没有根本性的变化，仍在村寨的生产生活中发挥着作用。我们当然乐见这种充满人情味和协作精神的生活秩序一直持续下去，能在现代化变迁的过程中，维系村落的安宁与人群的道德情操。然而，我们不得不面对现代化的一些负面的东西，不得不正视水利大寨这样的村寨所处的现状。从某种程度上说，人员的流动和媒介的力量，已经使水利大寨进入到“媒介社会”，成为“世界的村落”。现在看来一些微小的变化，都可能对村落生活秩序形成“蝴蝶效应”。我们可以以村里不断增多的外出务工人员为例，进行一次简单的推演。随着外出务工的村民越来越多，村民们在稻作农业生产中的换工、建房的帮工和家支在红白喜事的协作会因人手的缺乏而无法维持下去；过卯节、赶卯坡在姻亲缔结方面的作用会因年轻人的缺少和其他交流渠道的增多而逐渐减弱；人民币为代表的金钱将替代传统的种种礼物形式，这些变化将对村落生活秩序的三种基本关系产生影响。这三种基本关系，因为是相互纠结在一起的，所以有一种发生变化，也会牵涉到其他两种。村民外出务工可能导致的一种悲观的结果就是传统的生活秩序的失灵。当然，这种推演的方法不够严谨，科学性还有待商榷。任何社会在面对外来的压力和内部的发展动力时，都不只是被动的承受者，都有一定的适应机制。正如我们上文所说，水利大寨的立体关系网络有其对待异常和变化的方法，有一定的柔韧性，也正因为此，我们今天在水利大寨的田野调查还可以发现传统的生活秩序。

水利大寨生活文化的考察对于我们理解整个水族社会，分析水族与其他族群的关系有重要的启示意义。首先，在水利大寨的生活秩序体系中，民族的维度显然不是一个直接的、关键的面向。无论是家族记忆，还是生产协作和仪式行为，都没有表现出强烈的不同族群的区分。我们可以认为，族群，在水利大寨的生产生活中，是超地方的、超时空的一种存在。其次，正因为族群之名与实所具有的超越性，在具体时空中的村寨生活文化就有了“多样性”的可能，也就有了多族群“同体共生”的古歌，有了不同族属的村寨相互并立、交融、区隔的区域社会。要说明的是，这种并立、交融、区隔的区域社会的基础和保障，则是一个个村寨的生产生活，一个个像水利大寨一样，拥有对于家庭、家族、村寨以及更大范围的族群来说都有意义的、具有通则性的生活文化体系。另外，从水利大寨生活文化的民俗志描写中，我们欣喜地看到水族与其他族群间一种淡定和包容的关系。

以水族的视角来看水利大寨这样的民族村寨，就是要寻求族群在村寨中所具有的“生活化”意义。族属观念的产生离不开村寨生活，但它是从生活中抽离和概括而来，再加上民族治理、经济发展和传媒塑造等因素的影响，它已经部分地失去了历史由来的真实性和结群的深层机理，而更多地保留了通过语言、文字、民俗风情来辨识的意义。水利大寨的民俗志，是一个充满生活气息的水族社会的描写。水族认同以及水族社会的存在、发展，是在村寨层面由家族、鬼神、姻亲所构建起的关系网络中实现的。

至此，本论文已经完成对一个民族村寨生活文化的考察。本文以一种整体性的观照描述了一个民族村寨的生活文化。通过研究，我们可以看到村寨本身所具有的生活秩序的价值。从目前来看，这一秩序很好地调适着村寨内外的关系，处理着个体与家庭、家族的关系，协调着生活世界与精神世界、神圣与世俗的关系等。这一秩序，不能简单地贴上传统的标签，更不是我们所熟悉的现代体制，因此，我们提倡这种生活秩序的价值，不是在宣扬对传统文化采取束之高阁式的、“遗产化”的保护，而是要说明在进行文化保护工作和建设社会主义新农村的过程中，要关注和挖掘村寨原有文化体系的意义，发挥村寨生活文化秩序的作用。

8.3 思考

本研究是在对族群研究、水族研究和村落研究的思考之中进行的，并试图与已有的研究成果进行对话，在理论和方法上有所突破。

以往的族群研究，多关注族群关系和族群认同的问题。这些问题通常指涉一个大的政治、经济、社会场域，较缺少对一个相对微观的具体时空的全景式的分析。但在我看来，在微观的具体的时空中进行研究，恰是理解和阐释族群关系和认同的重要基础。“民族性不是建立在一个族群内部其文化的相似性基础上的，也不是建立在族群之间不同的文化特征基础上的”（斯蒂文·郝瑞，2000：27），而是建立在族群日常生活中的思想观念和行为实践之上。因此，选取一个民族村寨进行族群研究，是对原有族群研究的重要补充，而且这一研究所提供的翔实的个案，将与宏大叙事中的族群关系和认同研究形成鲜明对照。在村寨生产生活的脉络中，所有的群体认知和行为都可以找到合理性的解释，也可以发现民众在处理族群问题时所展现出的智慧。水利大寨这一水族村寨生活文化的研究，进一步表明村寨生活关涉着水族自身的认同，关涉着水族与其他族群的关系。族群的研究，不仅要有宏观的政治维度、经济维度，更不能忽略相对微观的生活维度、文化维度。所以，在族群研究中，坚持在地化和在群化的原则，倡导从族群生活层面入手，将有助于民众声音的发出，有助于全面地认识族群的问题。

我们在绪论中已经指出目前水族研究中存在的问题，即“主客位的失衡”与“脱离生活”。本文的研究力图规避这些问题。水利大寨面临着“走出去与走进来”的冲击，水族的研究也应该主动地迎接这种挑战。一方面，要改变文化史研究的套路，在理论和方法上进行更新，拓展与民族学、人类学、民俗学对话的空间。

另一方面，要立足田野调查，挖掘民众生活文化的特质。水利大寨生活文化的研究就是在这两方面的一个尝试，是对习惯于概括和大文化、大历史书写的水族研究的一种补充。当然，这里也存在着一个文化身份的问题。尽管我在田野调查和写作过程中，有意地传递民众的认知，但总免不了作为外来者对其文化的误读。因此，本文的解读尚需要水族人，特别是水利大寨人的审读。这种局内人与局外人解读上的差异，也正是研究的魅力所在。

作为民俗学参与族群研究的一次尝试，本文没有选取某一文化事象进行解读，而是以整体的、联系的视角描述了一个水族村寨的生活文化体系。之所以从水族村寨中三种基本的关系入手，是受到了刘铁梁“标志性文化统领式”民俗志思想（2004）的启发。水利大寨的民俗志是对民俗学“生活整体”研究的实现方式的一次探索。当前的学科发展，已经不主张分门别类的，按照传统的“物质民俗、社会民俗、精神民俗、语言民俗”的四分法来研究作为一个整体的民众的生活文化。但在调查和书写中如何实现这种整体化的研究取向，还处于一个摸索的阶段。本文从“关系”入手的方法，对于理解整体的民众生活文化应该是有所助益的。民众的思想和行为就在形形色色的关系中产生、发展。厘清了这些关系，就能看到一个社会的运作机制。但本文只能说找到并描述了水族村落社会的立体关系网络，还没有更好地剖析关系的主体——人——的心理意识。人不只是关系的动物，还是关系的创造者。关系的建立、维系、终止及断裂，与民众的文化心理是相关的。特别是在不以市场交换理论为交往原则的民族村寨中，更需要进一步研究他们的心理图式。总之，我们民俗学的村落研究，需要更多地从“关系”入手的案例，需要更多的生活整体性的研究成果。

这里简单回应“村寨生活与族群社会”的主题。一个生机勃勃的族群社会，是由一个个生机勃勃的村寨支撑着的。从村寨生活看族群社会，基本上是一种自下而上的视角。这一视角，将有助于我们反思当下因为族属所引发的种种社会问题，有助于我们理解文化多样性的现实和“多元一体”的丰富内涵，特别是对于族群内部的差异性和族群间和谐相处的可能性会有更深的认识。从大的族群社会聚焦到具体的村寨生活，基本上是一种自上而下的视角。这一视角，将有助于我们淡化“族群”或“民族”在现代民族国家的发展中形成的强烈的政治意义、经济意义，而增加些生活气息。同时，我们也要时刻注意到族的观念是如何进入并影响着村寨生活的问题。

水利大寨的生活文化研究暂告一段落，但仍有许多未解的问题，需要今后加以弥补。单就论文提出的“村寨生活与族群社会”的研究主题而言，还有两个重要的开掘方向：一是村寨生活与族群社会的沟通桥梁的研究。村寨生活与族群社会的关系，一定程度上类同于在传统汉人社会研究中所强调的村落与国家的关系。村落与国家不属于一个层级，通过绅士（费孝通，1952［2006］）、经纪人（杜赞奇［Prasenjit Duara］，1994）紧密联系在一起。绅士和国家经纪人，就是我们所说的沟通桥梁。他们在传统社会中占据着结构性的位置，维系着一个传统社会体系的运转。在传统的民族村寨中，同样有这样的人，即水书先生。水书先生，是水族文化的代表，拥有着最丰富的族群知识。他们的存在，维系了水族族群具有通则性的生活秩序。他们具有超村寨的意义，但同时又身处村寨，与村民的生产生活紧密联系在一起。本文虽已指出水书先生的重要性，但研究还不够深入。二是同一区域不同民族村寨的对比研究。本论文的研究集中在水利大寨，兼及与水利大寨同宗的水各大寨。其后续研究将选取同一区域不同民族村寨进行，以期更全面地呈现族群间在生活层面的互动状态。除此之外，水族人鬼神观念的变迁、水族婚姻中的交换、水族葬礼中的仪式等问题也需要进一步研究。

从第一次走进水利大寨，到写完本书，过去了两年多的时间，尽管从情感上已经进入并接受了大寨人的文化体系，但我对它的了解还只是刚刚开始。这一研究的过程，就像在用一个竹篮从井里打水一样，提起得越高，竹篮里的水就越少；相反，在水中，竹篮里的水却是满的！

附　录

附录 1　水利大寨罗氏过阴过程的记录[①]

一早，水岩村上水降组二位老年妇女和一位中年妇女到罗氏家求她过阴。她们一起来，但是分别来找过阴婆过阴，因此，她们分别带了一瓶酒、一斤米和数量不等的钱。罗氏的香火前的方桌上，摆放着一插香的香筒。香筒中已经插满了残余的线香，可见已经有些时日了。香筒前是一圆形竹箩，竹箩中散放着上次过阴时别家带来的米。她首先点燃一根香，插在香筒里。然后将竹箩中的米清理走，而将来探事三人所带的米包分放在竹箩中，接着倒上三杯酒摆放在竹箩中。来人此时将数量不等的钱半埋在各自的米包里。准备就绪后，她在方桌前坐定，并取一块毛巾挂在脖子上，开始过阴。

罗双手下垂，眼睛微闭。最开初是发出不规律的打嗝声，并伴有哈欠，不时有鼻涕眼泪流出。很快，她开始唱歌，其中有水语，也有布依语和汉语，口中念念有词，继而轻轻吹起口哨，身体也筛糠般抖动。从种种迹象表明，她已经上身了。她先给蒙光妹看。蒙坐在她一侧，开始认真听她说话。罗用右手捏几粒蒙带来的米，放在嘴边，或唱或说，过程中将捏起的米放在左手中，同时还向身边的蒙诉说、解释。这样往复多次，而蒙则按罗的指

① 调查人：王学文，翻译：吴国利，时间：2007 年 8 月 5 日上午。

示，也时而捏几粒米放在嘴边吹一下，然后撒向香火案，并不断进一步询问。大约持续了二十多分钟，蒙看完了，罗将一点米让蒙带回。然后，开始给中年妇女吴忍看。程序基本一样，但没有再重新上身，而是继续着前面一个上身的先生。给吴看的过程中，吴另加了一次米和一元钱。第三位也是如此。三位全部看完，应该送先生了。但也许是因为我在场的缘故，罗开始以上身先生的身份与我交流，他说他是荔波县城的王二先生。这期间，并说我三个哥弟，排行老大（其实不对）。他和我一样乘飞机来的，都是在工作！所以将三位过阴的给她的钱，分给我一元六角。并让我和三位一起与她喝了几杯酒。接着，罗又开始唱，并不住地点头、流泪、打呵欠。最后还阳，罗氏恢复如初。她说她并不知道刚才干了什么。但我发现，罗并不是完全沉浸在上身的先生的指挥下，因为，旁边人在做早饭时，她还告诉别人盐、油在什么地方。

（罗过阴时与一老太太的交流）

（罗唱）

牙花散从阴间把人分出来，我的命是最苦的，人们在人间就下来了，现在我到处漂泊。人们从地府来，每人都有十二个命运，别人都很平安，我的命运比较苦，离开了人间，到处漂泊。十二个命运和十二个魂，别人的灵魂平安，我的灵魂悲惨，现到处跟人家讨饭，丢了房屋和耕地，一无所有回地府。十二个命运和十二个魂，别人的灵魂平安，我的灵魂悲惨，丢完田地未耕种，丢掉庄稼不去管。十二个命运和十二个魂，别人的灵魂平安，我的灵魂悲惨，丢完田地未耕种，丢掉庄稼不去管。十二个命运和十二个魂，别人的灵魂平安，我的灵魂悲惨，日夜想不比别人。十二个命运和十二个魂，别人的灵魂平安，我的灵魂悲惨，离开人间几十年，到处漂泊去讨饭，遇见兄弟不相识，来世相遇才知道。十二个命运和十二个魂，别人的灵魂平安，我的灵魂悲惨，离开人间几十年，到处请去解危难，有时还叫去开会，一去就是六七天，有时看见井水冒，冒水浪花很汹涌，冒出人间忧和愁。

（罗唱 用布依语）未翻译

（罗说）上面组长，还是组长，司法部门死去，还是在司法部门，人间有多少单位，下面就有多少单位。天生下来别人命好，我的命苦，死了以后埋在半路，没有来为我超度亡灵。但我到阴间，也经常为人间去做好事，解神用鬼。现在人间请我们办案。

（罗唱）人世出生命最苦，到处漂泊去讨饭，讨到路边无人给，只能靠为人解鬼来度日。人世出生命最苦，留下孤独我一人，到处漂泊来讨饭，今日出来给你断案。天天闹夜夜闹，闹去闹来不出名堂，始终命苦还是苦，最苦命运就是我。

（罗喊人名）老王、老杨、老李、老蒙、老耿、老付、老江、老欧、老白、老魏、老吴、老莫、老罗、老唐，

（罗唱）十二种食物哪一种好吃，现在很不好吃了才来问你们，是问你们知道是何人？请问吃米是何姓？

（水降老太太）是姓吴的。

（罗说）请问米的魂，你们家有什么事情？请你一五一十地告诉我们，我们好帮你们去查。你们的米非常齐全，非常灵敏，请你一五一十地告诉我们，我们好帮你们去查。你想问什么？

（水降老太太）先问牲畜。

（罗说）你们的米非常齐全，非常灵敏，现查猪牛不如别人的，现问米魂来回答。你们家的牲畜不漂亮，你家牛不吃草。

（水降老太太）对。

（罗说）如果你们回家去，你们的牲畜好了以后，你们就用一头猪来敬大保财。你们家的牲畜上顿吃草，下顿就不吃了。你们家现在上面显灵，出了一个叫的牲畜，穿衣不好。请问米魂，讲清家里面的事情，不要瞒着我们。你们高脚杆的牲畜不健康，现在我们在上面看是这样的。

（水降老太太）是什么使它这个样子？请给我们说一下。

（罗唱）请问米魂，请问是谁，我们好祭他，保我们的平安。

（罗说）现在你们家好像没有祭要狗（三保财）的那个公。

（水降老太太）祭了，你去帮我们看看，他得了没有？

（罗说）在上面是见了，但是你们给鬼师用了，测得日子不

对，他还没有得。现在叫你们来重复洗脸（赔礼道歉）。

（水降老太太）洗脸用什么东西呢？

（罗说）要用肉。

（水降老太太）要什么肉？要几斤？

（罗说）要猪肉，只要一斤六两就可以了。

（罗唱）大保财你不要来扰他们牲畜了，保他们的牲畜健康，他们会对得起你。如果你再扰他们的牲畜，他们没有牲畜了，你想要也没得了。请你对得起人间的凡人。请你大保财公来保护他们这一家的人畜平安，到了秋收以后，粮米入仓后，就给你。

（罗说）知道你们承认洗脸给那小公，三天后你们的牲口就会平安无恙。

（罗唱）请问米魂，来解难，上下相对好祭你们。

（罗说）你们第二的小公留太久了，没有祭他了。

（水降老太太）你是帮看我们留了多久？

（罗唱）请问米魂，来解难，上下相对好祭你们。

（罗说）你们是三年前祭过他。

（水降老太太）好像不是吧。请你再查一下。

（罗唱）请问米魂，来解难，上下相对好祭你们。请吴家米魂来做证。

（罗说）看见你们那张桌子了。你们已经给了。你们今年给的。

（水降老太太）对了。

（罗说）狗的那个公你们给的不大合适，所以叫你们洗脸。

（水降老太太）好的。我们家的米魂有点狡猾，不说实话。

（罗说）原来我们还没有写字，所以你们的米魂就没说实话。现在我们已经写字了，所以现在才说实话。

（罗唱）请问二公，你胸怀大度，保了一家平安，现在是新社会，只要我们叫到你的名字，你就来，如果我们送大猪给你，那么就是一半吃，一半卖。现在人间都在改革，你们也该改革。

（罗说）现在什么都没有了，就是要狗的那个公。只要你们同他赔礼就可以了。

（水降老太太）现在家时有没有什么事情呀？

（罗说）没有什么事情。从上面看，你们家里一切平安。

（罗唱）你们来到这里，我们帮你们查牲畜问题。现在牲畜已经查清，保证以后牲畜平安，听从我的话，不要违约。保证双方平安。

（罗说）有没有了？

（水降老太太）有。现在查一下家里户主。

（罗说）是哪年的？

（水降老太太）是属鼠的。

（罗唱）请问米魂，查看属鼠的户主身上有什么灾难？来此地讲明。讲明好了我们会酬谢。

（罗说）属鼠的户主他身体一般，可以吃可以喝，但他经常叫腰痛。

（水降老太太）为什么？

（罗说）因为男人要立马（男人补高寿，又叫立马。）就要给补绿添粮。

（水降老太太）哪一天给他补绿添粮？

（罗说）这个补绿添粮不能随便给，必须五谷进仓的时候才可以。要到九月、十月以后。

（罗唱）请问米魂，讲清该户主的粮仓，要他的粮满仓米满桶。来到这里讲清楚。试问哪月适合补？

（罗说）定在九月。

（罗唱）请问米魂，讲清该户主的粮仓，要他的粮满仓米满桶。来到这里讲清楚。保他身体健康，不要腰酸背痛。

（罗说）有时候还脚杆还疼。

（水降老太太）也怪这个补粮吗？

（罗说）对。回去以后你们给他补绿添粮，就好了。

（罗唱）请问米魂，讲清该户主的粮仓，要他的粮满仓米满桶。保你吴家粮满仓米满桶。

（罗说）现在粮食够了，以后补给你。

（水降老太太）嗯嗯。

附录2　水利大寨龙狮队白事哀调[①]

念：金山走兰山，兰山走正步，正步朝房前，再绕山弯路曲，走去走来走到孝家的财门屋，孝家财门三尺三，孝家财门是开不是关，孝家开门狮子进，千代贤人万代官。

问：半夜三更外面何人在打叫？

答：外面是狮子，就是我们一伙来到此。狮子狮子不是林中狮，也不是海螺狮，是大金南竹五花六色布人造狮。三更前来是悼孝狮，孝家开门狮子进，子孙发达富贵双全。

天上梭落树一根，张郎过路不敢砍，李郎过路莫敢行，鲁班的师傅法律大，一斧砍来造对门，二斧砍来造财门。

左边财门开是金鸡叫，右边财门开来是凤凰吉，两边财门斧开起，万石黄金滚进孝家门。

一张桌子四个方，一张桌子摆在中央。大楠木是鲁师造，摆在客房是茶几，摆在餐厅是饭桌，摆在孝堂是迎孝客。

（灵堂上香）一报狮子到，二报狮子来，狮子踩狮子拜，一拜孝主，二拜亡人，三拜狮神。

今天晚上来这里是 * 乡 * 村 * 组 * 同志邀请我 * 乡 * 村 * 组 * 来到这里以悼念这位亡人，那么我们就打起锣鼓唱起来吧！

一、门前调

狮子一脚踩到孝家门，孝家子孙出文人。门口孝对写得明，白白说报亲恩，孝亲恩。

二、孝堂调

打孝鼓，玩孝狮，请问的孝家孝何人，报到父母亲养育恩。

---

① 本文本根据水利大寨吴万贤提供的资料整理。

亡人在世乖又乖，挖杉树是后园栽。告回亡人生天去，将就杉树是割棺材。

亡人在世乖又乖，挖榛树是后园栽。告回亡人生天去，将就榛树是榛棺材。

亡人在世乖又乖，挖根金竹是后园栽。告回亡人生天去，将就金竹捆棺材。

一进孝家闹洋洋，看见孝对是贴门方。龙门头上三路字，不见亡人是在何方。

二进孝家闹洋洋，亲戚送酒是摆满堂。添了亡人三杯酒，不见亡人是在何方。

三进孝家闹洋洋，亲戚送祭是挂满堂。亡人面前点蜡烛，不见亡人是在何方。

四进孝家闹洋洋，可怜孝家是哭满堂。哭得八天不见转，哭得十天是不回来。

五进孝家闹洋洋，可怜孝家是哭哀哀。父（母）亲去世飞天去，千年万代是不回音。

孝家门财闹洋洋，看见香亭是供中堂。香亭面前点蜡呀烛，不见亡人是在何方。

孝家门财闹洋洋，看见灵位棺材是供中堂。灵位棺材面前三杯酒，不见亡人是得点堂。

亡人去世慢忙埋，要祭先生是踩地来。踩得龙头得官做，踩得虎尾是得秀才。

亡人去世慢忙埋，要等姑娘是女婿来。要等猪羊来上祭，要等旗伞是插满街。

亡人在世他不务业，江山是主是人是客。棺材才是老房子，黄土才是老家业。

亡人去世脸朝天，睡在懒床是问烟烟。高屋瓦房他不住，去高坡是坐千年。

亡人去世脸朝东，三尺鳞是盖起胸，高屋瓦房他不住，愿去深山是受冷风。

狮子一脚踩到孝家堂，孝家子孙出武郎。狮子一脚走到孝家才，孝家子孙出聪明。

烧纸烧盖在龙王。今日佩服大虎堂王。

三、道谢调

进到孝家闹洋洋，奠祝亡人是永安息。孝家门财闹洋洋，祝福孝家是幸福长。

孝家门财闹洋洋，子孙前也是文武官。孝家门财闹洋洋，子孙发达是富贵双全。

道谢孝家招待好，招待亲戚是圆满了。道谢孝家招待好，招待朋友是周到了。

道谢孝家招待好，多谢鲁酒是三杯散。道谢孝家招待好，亲戚朋友是都颂扬。

诸亲众友合离去，傍享孝家是万代福。

参考文献

［水族研究相关文献］

1. 岑家悟．水书与水家来源［A］．西南民族文化论丛．1985．113－132．

2. 岑秀文．榕江县水尾公社水族的婚姻、丧葬、原始宗教调查［A］．贵州省民族研究所，贵州省民族研究会编．贵州民族调查（二）（内部资料）．1984．87－115．

3. 陈国安．荔波县水族来源及原始宗教调查报告［A］．贵州省民族研究所，贵州省民族研究学会．贵州民族调查（四）．内部资料．1986．183－200．

4. 陈国安．榕江县计划公社水族社会历史调查报告［A］．贵州省民族研究所，贵州省民族研究学会．贵州民族调查（一）月亮山地区民族调查．内部资料．1983．272－283．

5. 陈国安．榕江县水尾公社水族生活习俗调查［A］．贵州省民族研究所，贵州省民族研究学会．贵州民族调查（三）．内部资料．1984．114－133．

6. 陈国安．三都水族自治县九阡区水族节日调查［A］．贵州省民族研究所，贵州省民族研究学会．贵州民族调查（三）．内部资料．1985．313－326．

7. 陈国安．水族［M］．北京：民族出版社．1992．

8. 陈国钧．都柳江苗夷的分布［A］．吴泽霖，陈国钧．贵州苗夷社会研究．北京：民族出版社．1942［2004］．76－78．

9. 陈国钧．水家的地理分布［A］．吴泽霖，陈国钧．贵州苗夷社会研究．北京：民族出版社．1942［2004］．86－88．

10. 程瑜. 乡土医学的人类学分析：以水族民族医学为例［J］. 广西民族学院学报（哲学社会科学版）. 2006. （3）. 35－38.

11. 贵州省档案局，荔波县人民政府编. 泐金［M］. 贵州：贵州人民出版社. 2007.

12. 贵州省地方志编纂委员会编. 贵州省志民族志［M］. 贵州：贵州民族出版社. 2002年.

13. 贵州省荔波县地方志编纂委员会. 荔波县志［M］. 北京：方志出版社. 1997.

14. 贵州省水家学会编. 水家学研究（二）［C］. 内部资料. 1993b.

15. 贵州省水家学会编. 水家学研究（三）［C］. 内部资料. 1999.

16. 贵州省水家学会编. 水家学研究（四）［C］. 内部资料. 2004.

17. 贵州省水家学会编. 水家学研究（一）［C］. 贵州：贵州民族出版社. 1993a.

18. 韩荣培. 古代水族社会基层组织和土地、山林的管理方式［J］. 贵州民族研究. 1999. （4）. 89－93.

19. 韩荣培. 水族农耕文化［A］. 潘朝霖，石国义. 中国水族文化研究. 贵州：贵州人民出版社. 2004. 197－252.

20. 黄晓. 踩街游将一展民族风采［J/OL］. http://www.gz.xinhuanet.com/zbpd/20070928/2007－09/25/content_11246317.htm（新华网），2007.

21. 雷广正. 水族原始宗教信仰调查报告［A］. 贵州省民族研究所，贵州省民族研究会编. 贵州民族调查（八）（内部资料）. 1990. 94－102.

22. 李方桂. 莫话记略·水话研究［M］. 北京：清华大学出版社. 1977［2005］.

23. 刘锋. 百苗图疏证［M］. 北京：民族出版社. 2004.

24. 刘剑. 水族蛋卜探析——以姑引村石氏蛋卜为例［J］. 怀化学院学报. 2007.（1）. 28－30.

25. 刘剑. 在死亡中追求永生——水族“控拟”葬仪的人类学考察［J］. 贵州民族研究. 2007.（5）. 46－52.

26. 刘之侠，潘朝霖. 水族双歌［M］. 贵州：贵州人民出版社. 1997.

27. 刘之侠，石国义. 水族文化研究［M］. 贵州：贵州人民出版社. 1999.

28. 卢敏飞. 广西融水水族生活习俗调查［J］. 广西民族研究（2）. 2001. 85－89.

29. 罗春寒. 水族民俗［A］. 潘朝霖，石国义. 中国水族文化研究. 贵州：贵州人民出版社. 2004. 501－542.

30. 蒙爱军. 水家族鬼神观中的认识结构［J］. 贵州民族学院学报. 1998.（4）.

31. 蒙爱军. 水族古朴的原始信仰［A］. 潘朝霖，韦宗林. 中国水族文化研究. 贵州：贵州人民出版社. 2004. 543－577.

32. 蒙育民，蒋南华. 水历是中华远古历法的“活化石”［J］. 贵州文史丛刊. 2007.（4）. 28－32.

33. 莫永言.“远古走来的贵族”三都县庆闪亮登场［J/OL］. http：//www.gz.xinhuanet.com/zbpd/20070928/2007－09/25/content_11246240.htm（新华网），2007.

34. 潘朝霖，罗春寒. 水族史话［A］. 潘朝霖，韦宗林. 中国水族文化研究. 贵州：贵州人民出版社. 2004.

35. 潘朝霖，韦宗林. 中国水族文化研究［M］. 贵州：贵州人民出版社. 2004.

36. 潘朝霖.“水书”难以独立运用的死结何在？［J］. 贵州民族学院学报. 2006.（1）. 6－10.

37. 潘朝霖. 荔波与水族社会［J］. 贵州民族研究. 2003.（3）. 21－25.

38. 潘朝霖. 六山六水调查与水家学研究［J］. 贵州民族研

究. 2002. (3). 84.

39. 潘朝霖. 试论卯节——稻作丰收与人口增殖并重的水家年节［A］. 贵州省水家学会编. 水家学研究（三）. 内部资料. 1999. 235－239.

40. 潘朝霖. 水族的“卯”节. 周瑾瑜，祖岱年. 黔南民族节日通览（内部资料）. 1986. 81－97.

41. 潘朝霖. 水族的借端. 周瑾瑜，祖岱年. 黔南民族节日通览（内部资料）. 1986. 63－80.

42. 潘朝霖. 水族汉族二十八宿比较研究［J］. 贵州民族学院学报（哲学社会科学版）. 2000. (2). 6－10.

43. 潘朝霖. 水族原始宗教鬼神观试说［J］. 贵州民族研究. 1990. (2).

44. 潘一志. 水族社会历史资料稿［M］. 贵州：三都水族自治县文史研究组. 1981.

45. 潘玉熙. 水家学研究的情况和面临的主要任务［A］. 贵州省水家学会编：水家学研究（一）. 贵州：贵州民族出版社. 1993. 3－11.

46. 三都水族自治县概况编写组. 三都水族自治县概况［M］. 贵州：贵州人民出版社. 1986.

47. 石国义. 从雎的寻踪论及水族的源流演化与民族过程［A］. 各种民族论丛. 贵州：贵州民族出版社. 2002.

48. 石国义. 水族村落家族文化［M］. 贵州：贵州民族出版社. 2007.

49. 水族简史编写组. 水族简史［M］. 贵州：贵州民族出版社. 1985.

50. 王品魁，莫汉俊. 水族来源初探. 贵州民族研究. 1981. (3).

51. 王品魁. 天文学四象与水书二十八宿［A］. 贵州省水家学会编. 水家学研究（四）［C］. 内部资料. 2004. 71－77.

52. 文永辉. 水族习惯法及其变迁——以贵州三都水族自治县

塘党寨为例［J］．民族研究．2006．（4）．40－47．

53．吴国仁，蒙明儒．水家的“端”、“卯”节日初探［A］．贵州省水家学会．水家学研究（一）［C］．贵州：贵州民族出版社．1993．138－144．

54．吴泽霖．水家的妇女生活［A］．吴泽霖，陈国钧．贵州苗夷社会研究．北京：民族出版社．2004［1942］．63－75．

55．吴正彪．论水族服饰在现代社会中的文化调适与价值取向［A］．贵州省水家学会编．水家学研究（四）（内部资料）．2004．152－161．

56．夏勇良．都匀市潘洞水语语音调查报告［A］．贵州省民族研究所，贵州省民族研究学会．贵州民族调查（五）．内部资料．1987．483－496．

57．夏勇良．三都廷牌水语语音浅探［A］．贵州省民族研究所，贵州省民族研究学会．贵州民族调查（三）．内部资料．1985．538－562．

58．颜勇．荔波县佳荣、岜鲜、水维三乡水族神话传说及习俗调查［A］．贵州省民族研究所，贵州省民族研究会编．贵州民族调查（四）（内部资料）．1986．275－288．

59．杨庭硕．三都水族人家［M］．云南：云南大学出版社．2001．

60．曾晓渝．汉语水语关系论：水语里汉语借词及同源分层研究［M］．北京：商务印书馆．2004．

61．张钧如．水语简志［M］．北京：民族出版社．1980．

62．张为纲．水家来源试探［A］．吴泽霖，陈国钧．贵州苗夷社会研究．北京：民族出版社．2004［1942］．89－91．

63．中国科学院民族研究所，广西少数民族社会历史调查组编．广西壮族自治区水族社会历史调查（资料本）．1962．

64．祖岱年，周隆渊．水族民间故事选［M］．上海：上海文艺出版社．1988．

[专著]

1. 埃文思-普里查德著．褚建芳，阎书昌，赵旭东译．努尔人——对尼罗河畔一个人群的生活方式和政治制度的描述［M］．北京：华夏出版社．1940［2002］．

2. 埃文思-普里查德著．覃俐俐译．阿赞德人的巫术，神谕和魔法［M］．北京：商务印书馆．1937［2006］．

3. 爱弥尔·涂尔干著．渠东，汲喆译．宗教生活的基本形式［M］．上海：上海人民出版社．1912［1999］．

4. 保罗·康纳顿著．纳日碧力戈译．社会如何记忆［M］．上海：上海人民出版社．2000．

5. 本尼迪克特·安德森．吴叡人译．想象的共同体：民族主义的起源与散布［M］．上海：上海人民出版社．2003．

6. 褚建芳．人神之间——云南芒市一个傣族村寨的仪式生活、经济伦理与等级秩序［M］．北京：社会科学出版社．2005．

7. 杜赞奇．文化、权力与国家：1900—1942 年的华北农村［M］．南京：江苏人民出版社，1994．

8. 费孝通．乡土中国 生育制度［M］．北京：北京大学出版社．1947［1998］．

9. 费孝通．中国绅士［M］．北京：中国社会科学出版社．1953［2006］．

10. 弗雷德里克·巴特．斯瓦特巴坦人的政治过程——一个社会人类学研究的范例［M］．上海：上海人民出版社．1959［2005］．

11. 高丙中．民俗文化与民俗生活［M］．北京：中国社会科学出版社．1994，

12. 户晓辉．现代性与民间文学［M］．北京：社会科学文献出版社．2004，

13. 黄应贵．空间、力与社会．台北：中央研究院民族学研究所．1995．

14. 黄应贵．人观、意义与社会．台北：中央研究院民族学研

究所. 1993.

15. 黄应贵. 时间、历史与记忆. 台北：中央研究院民族学研究所. 1999.

16. 黄应贵. 物与物质文化. 台北：中央研究院民族学研究所. 2004.

17. 霍布斯鲍姆，兰格编. 顾杭，庞冠群译. 传统的发明［M］. 南京：译林出版社. 1983［2004］.

18. 克利福德·格尔兹著. 纳日碧力戈等译. 文化的解释［M］. 上海：上海人民出版社. 1973［1999］.

19. 克利福德·格尔兹著. 王海龙，张家瑄译. 地方性知识［M］. 北京：中央编译出版社. 1983［2000］.

20. 克利福德·格尔兹著. 赵丙祥译. 尼加拉：十九世纪巴厘岛剧场国家［M］. 上海：上海人民出版社. 1980［1999］.

21. 拉德克利夫－布朗. 梁粤译. 安达曼岛人［M］. 广西：广西师范大学出版社. 2005.

22. 李亦园. 宗教与神话论集. 台北：立绪文化事业公司. 1998.

23. 利奇，张恭启译. 上缅甸诸政治体制——克钦社会结构之研究［M］. 台湾：唐山出版社. 1999.

24. 梁永佳. 地域的等级——一个大理村镇的仪式与文化［M］. 北京：社会科学出版社. 2005.

25. 刘铁梁. 北京民俗文化普查与研究手册［M］. 北京：中央编译出版社. 2006a.

26. 刘铁梁. 中国民俗文化志·北京·门头沟区卷［M］. 北京：中央编译出版社. 2006c.

27. 刘铁梁. 中国民俗文化志·北京·宣武区卷［M］. 北京：中央编译出版社. 2006b.

28. 马凌诺夫斯基著. 梁永佳，李绍明译. 西太平洋的航海者［M］. 北京：华夏出版社. 2002.

29. 马戎. 民族社会学——社会学的族群关系研究［M］. 北

京：北京大学出版社．2004．

30．马塞尔·莫斯著．汲喆译．礼物［M］．上海：上海人民出版社．1923［2002］．

31．马塞尔·莫斯著．佘碧平译．社会学与人类学［M］．上海：上海译文出版社．1950［2003］．

32．马歇尔·萨林斯著．蓝达居，张宏明，黄向春，刘永华译．历史之岛［M］．上海：上海人民出版社．2003．

33．马歇尔·萨林斯著．张宏明译．“土著”如何思考：以库克船长为例［M］．上海：上海人民出版社．2003．

34．马歇尔·萨林斯著．赵丙祥译．文化与实践理性［M］．上海：上海人民出版社．1976［2002］．

35．莫里斯·哈布瓦赫著．毕然，郭金华译．论集体记忆［M］．上海：上海人民出版社．2002．

36．斯蒂文·郝瑞著．巴莫阿依，曲木铁西译．田野中的族群关系与民族认同——中国西南彝族社区考察研究［M］．广西：广西人民出版社．2000．

37．王明珂．华夏边缘：历史记忆与族群认同［M］．北京：社会科学文献出版社．2006．

38．阎云翔．李放春，刘瑜译．礼物的流动：一个中国村庄中的互惠原则与社会网络［M］．上海：上海人民出版社．2000．

39．杨念群．空间·记忆·社会转型——“新社会史”研究论文精选集［C］．上海：上海人民出版社．2001．

40．杨庆堃著．范丽珠等译．中国社会中的宗教——宗族的现代社会功能及其历史因素之研究［M］．上海：上海人民出版社．1961［2006］．

41．赵世瑜．小历史与大历史——区域社会史的理论，方法与实践［M］．北京：生活·读书·新知三联书店．2006．

42．赵世瑜．眼光向下的革命——中国现代民俗学思想史论［M］．北京：北京师范大学出版社．1999．

43．钟敬文．建立中国民俗学派［M］．黑龙江：黑龙江教育出版社. 1999.

44. 钟敬文. 钟敬文文集·民俗学卷［M］. 合肥：安徽教育出版社. 2002.

45. 周晓虹. 传统与变迁：江浙农民的社会心理及其近代以来的嬗变［M］. 北京：生活·读书·新知三联书店. 1998.

46. Barth Fredrik. Introduction. In Ethnic Groups and Boundaries［M］. London：George Allen & Unwin. 1969.

47. Bartlett F. C.. Remembering：a Study in Experimental and Social Psychology［M］. London：London：Cambridge University Press. 1932.

48. Bourdieu Pieer. Outline of a Theory of Practice［M］. London：Cambridge University Press. 1995.

49. Claude Lévi – Strauss. The Elementary Structure of Kinship［M］. Boston：Beacon Press. 1969.

50. Louisa Schein. Minority Rules：The Miao and the Feminine in China ' s Cultural Politics［M］. Durham：Duke University Press. 2000.

51. Marilyn Strathern. The Gender of the Gifts［M］. Berkeley：University of California Press. 1988.

52. Robert Redfield. The Little Community and Peasant Society and Culture［M］. The University of Chicago Press.. 1986.

［论文］

1. 巴莫曲布嫫. 史诗传统的田野研究：以诺苏彝族史诗“勒俄”为个案［D］. 北京：北京师范大学博士学位论文. 2003.

2. 朝戈金. 口头史诗诗学：冉皮勒《江格尔》的程式句法研究［D］. 北京：北京师范大学博士学位论文. 2000.

3. 范可. 中西文语境的“族群”与“民族”［J］. 广西民族学院学报. 2003.（4）.

4. 方慧容. “无事件境”与生活中的“真实”——西村农民土

地改革时期社会生活的记忆［A］. 杨念群. 空间·记忆·社会转型. 上海：上海人民出版社. 2001. 467－586.

5. 费孝通. 百年中国社会变迁与全球化过程中的“文化自觉”——在“21世纪人类生存与发展国际人类学学术研讨会”上的讲话［J］. 厦门大学学报（哲学社会科学版）. 2000. （4）. 5－11

6. 费孝通. 反思·对话·文化自觉［J］. 北京大学学报（哲学社会科学版）1997. （3）. 15－22.

7. 费孝通. 关于“文化自觉”的一些自白［J］. 学术研究. 2003. （7）. 5－9.

8. 费孝通. 中华民族的多元一体格局［A］. 宋蜀华，陈克进. 中国民族概论. 北京：中央民族大学出版社. 2001［1988］. 3－39.

9. 高丙中. 生活世界：民俗学的领域和学科位置［J］. 社会科学战线. 1992. （3）. 328－335.

10. 郭建斌. 电视，象征资本及其在一个特定社区中的实践——独乡个案之田野研究［A］. 张国良. 中国传播学评论（一辑）. 上海：复旦大学出版社. 2005.

11. 何翠萍. 生命、季节和不朽社会的建立：论景颇、载瓦时间的建构与价值［A］. 黄应贵. 时间，历史与记忆. 台北：中央研究院民族学研究所. 1999. 157－228.

12. 黄涛. 民间语言现象的民俗学研究——以河北省景县黄庄语言现象的几个方面为例［D］. 北京：北京师范大学博士学位论文. 1999.

13. 简美玲. 让吃鼓藏及我们的村子走向世界：地方菁英的叙述与苗的现代性. 民俗曲艺. 2007. 第156期. 157－201.

14. 乐国安. 图式理论对社会心理学研究的影响［J］. 江西师范大学学报（哲学社会科学版）. 2004. （1）. 19－24.

15. 李承宏. 互惠原则，互酬原则与关系网络——两个水族村落礼物交换的实地考察［D］. 南开大学博士学位论文. 2004.

16. 林淑蓉. 生产，节日与礼物的交换：侗族的时间概念［A］. 黄应贵. 时间，历史与记忆. 台北：中央研究院民族学研究所. 1999. 229－281.

17. 刘铁梁. “标志性文化统领式”民俗志的理论与实践［J］. 北京师范大学学报（社会科学版）. 2005. （6）. 50－56

18. 刘铁梁. 标志性文化与昆仑神话. 青海省艺术研究所，格尔木市政府编昆仑文化新谈. 陕西：陕西旅游出版社. 2004.

19. 刘铁梁. 村落——民俗传承的生活空间［J］. 北京师范大学学报（社会科学版）. 1996. （6）.

20. 刘铁梁. 村落生活与文化体系中的乡民艺术［J］. 民族艺术. 2006d. （1）38－42.

21. 刘铁梁. 民俗志研究方式与问题意识［J］. 北京师范大学学报（社会科学版）. 1998. （6）.

22. 刘志伟. 附会，传说与历史真实——珠江三角洲族谱中宗族历史的叙事结构及其意义［A］. 上海图书馆编. 中国谱牒研究. 上海：上海古籍出版社. 1999.

23. 陆晓琴. 乡土中的歌唱传统——广西西部德靖一带壮族社会的“吟诗”与“暖”［D］. 北京：北京师范大学博士论文. 2006.

24. 罗柳宁. 族群研究综述［J］. 西南民族大学学报（人文社科版）. 2004. （4）. 5－16.

25. 马光亭. 时间之争——对苏北依村基督教群体的民俗学考察［D］. 北京：北京师范大学博士论文. 2007.

26. 纳日碧力戈. 族群/民族. 叶舒宪，彭兆荣，纳日碧力戈著：人类学关键词. 广西：广西师范大学出版社. 2004. 153－222.

27. 阮西湖. 民族，还是“族群”——释 ehtnic group 一词的涵义［J］. 广西民族学院学报. 2004. （3）.

28. 王明珂. 族群历史之文本与情境——兼论历史心性，文类与模式化情节［A］. 西北民族论从五辑. 2007. 25－59.

29. 王铭铭，刘铁梁. 村落研究二人谈［J］. 民俗研究. 2003.（1）. 24—37.

30. 王铭铭. 天地人：古代观念的人类学意义［J］. 西北民族研究. 2007.（1）. 108－115.

31. 王嵩. 导论：展示文化. 民俗曲艺. 第156期. 2007. 1－9.

32. 王晓莉. 碧霞元君信仰与妙峰山香客村落活动的研究——以北京地区与涧沟村的香客活动为个案［D］. 北京：北京师范大学博士学位论文. 2002.

33. 岳永逸. 家中过会：中国民众信仰的生活化特质［J］. 开放时代. 2008.（1）. 101－121.

34. 张虎生. 拉萨转经——一项对神圣空间和时间生活的研究［D］. 北京：北京师范大学博士论文. 2006.

35. 张士闪. 乡土社会与乡民的艺术表演——以山东昌邑地区西小章村竹马表演为个案. 北京师范大学博士学位论文. 2005.

36. 赵世瑜. 传说·历史·历史记忆——从20世纪的新史学到后现代史学［J］. 中国社会科学. 2003.（2）. 175－188.

37. 赵世瑜. 祖先记忆，家园象征与族群历史——山西洪洞大槐树传说解析［A］. 赵世瑜. 小历史与大历史——区域社会史的理念，方法与实践. 北京：生活·读书·新知三联书店. 2006. 96－124.

38. 郑长天. 瑶族"坐歌堂"的结构与功能——湘南盘瑶"冈介"活动研究［D］. 北京：北京师范大学博士学位论文. 2007.

39. 周大鸣. 论族群与族群关系［J］. 广西民族学院学报. 2001.（2）.

40. 周典恩. 中文语境里"民族"与"族群"混淆原因解析［J］. 广西民族研究. 2006.（1）. 50－83.

致谢

本书是在我博士论文的基础上修改而成的。这一研究对于我来说是一次跨文化的旅行。我的故乡在北方，民族是蒙古族，在本科三年级之前，从来没有到过南方；在博士一年级前，从来没有接触过水族，头脑中没有一点关于这一族群的知识。但种种机缘，让我接触并走进这一分布于我国西南的少数民族，并试着去理解他们的情感与生活。时至今日，我已经来到这一文化之旅上的一个驿站，这本书就是对过往历程的一个初步的总结。水族人的生活是丰富多彩的，理论本身也是灵动迷人的，但在文化的转述、描写中，我可能已经让生活和理论的魅力都减色了许多。这皆因自己的惰性和学力，希望在继续的研究中加以弥补。

每一个民俗学者都会对自己的田野调查地满怀感激之情。水利大寨，已然成为我心中割舍不下的情愫。在水利大寨生活的日日夜夜，我始终在奢侈地享受着那浓浓的亲情、质朴的友情。我与他们一起插秧、抓鱼、摘野果、打平伙，一起到路口解鬼、在村边祭树神、到邻村去做客。我的心在那里变得分外宁静。感谢国利一家对我无微不至的照顾，还有我在水利大寨的姐姐、姐夫，友凤、国安、建可、小七等水利大寨人给我的帮助！

2002 年，我很偶然地进入北京师范大学学习。在刘铁梁教授的引领下，我走上民俗学研究之路。他人格上的率直、坦荡、高尚和学术上的博识、严谨、敏锐，深深吸引着我，教育着我。无论是在学习、工作，还是生活上，刘老师都给予我格外的关爱和呵护。他身体力行的实践和不懈的学术追求，让我感受到作为一名勇于担当社会责任的学者，一位认真负责的教师，一个真诚朋友所应具有的品格。感谢刘铁梁老师！我学习民俗学后进行的第一次田野调查是在岳永逸博士的带领下完成的。在本研究的过程中，他更是不厌其烦地给我建议，并仔细阅读了我的初稿。我永远难忘我们一起并骑穿过梨树地时的情景和推杯换盏时的酣畅惬意，这里向他致谢。万建中教授、杨利慧教授、康丽副教授，是他们让我初步掌握了民俗学的知识体系，为我进一步的学习和研究打下基础。资料室王德宽老师的帮助，免却了我不少查阅资料的辛苦。在博士论文答辩中，刘魁立研究员、张小军教授、徐万邦教授、张海洋教授、万建中教授提出了许多批评和建议。在本书的修改过程中，因为时间和学力的问题，还未能将各位老师的意见完全领会和实现。

“鱼和熊掌不可兼得。”当我在四年前选择一边工作一边读博的道路时，就注定要苦苦挣扎在“鱼”和“熊掌”的平衡之中。不过，我是幸运的。一方面刘铁梁老师给予了我最大限度的宽容和理解。我的论文实在愧对于他给予我的教诲。另一方面，我要感谢我所在的单位——文化部民族民间文艺发展中心。在我写作过程中，中心的李松主任、刘嘉副主任、王泽洲副主任、张刚副主任，毅然将我的工作分担出去，让我可以专心进行写作。李松主任虽非民俗学、人类学专业出身，但长期从事民族文化保护工作的阅历、热情和敏锐的思维，给了我诸多启迪。中心的王静老师、邱邑洪老师、朱飞跃老师对我的研究给予了关心。李明、许雪莲、耿永辉等各位同事更是毫无怨言地承担了我的部分工作。本研究所使用的费用也都由中心提供。在此对中心的领导和同事表示感谢！

感谢同门的曹荣、刘目斌。三年来，我们三人同处一室，相互扶持，共同进退，为学生时代画下了美好的、值得怀念的句号。大学时代的好友陈首一直关注我的学业，并帮我翻译、修改了论文的摘要。

在进行研究过程中，水族研究专家潘朝霖教授给予了细心关照，无私地提供资料，阅读了论文初稿并百忙之中为本书作序。

他对后学的提携，让我深受感动。荔波县的陈稠彪县长、档案局的姚炳烈局长、水利乡蒙书记等给我提供了多方面的帮助，向他们表示感谢。

最后，我要感谢我的爱人维维，还有一直在背后默默支持我们二人前进的父母和姐弟！本书出版时，我和爱人爱情的结晶糖糖将来到人世。这本书也是我送给糖糖的一个礼物。希望糖糖健康快乐！

王学文

2009 年 12 月 31 日